몸이 아프다고 생각했습니다

몸이 아프다고 생각했습니다

Head First: How the mind heals the body

**현대 의학이 놓친 마음의 증상을 읽어낸
정신과 의사 이야기**

앨러스테어 샌트하우스 지음 · 신소희 옮김

시심

세라와 아이들에게

차례

일러두기

- 단행본의 제목은《 》로, 언론명·프로그램 제목·노래 제목은〈 〉로 표기했다.
- 파인트 등 영국의 도량형 단위는 리터와 같이 국내에서 통용되는 단위로 변환했다.
- 의료인의 인명은 로마자로 병기했다.

환자가 무슨 병에 걸렸는지 고민하지 말고
그 병이 어떤 사람에게 생기는지 고민하라.

월리엄 오슬러 William Osler, 1849~1919

종합병원의 정신과 의사

나는 롤런드를 두 번밖에 만나지 못했지만 아직도 그를 생생히 기억한다. 사실 롤런드 본인을 직접 만난 것보다 그가 내는 소리를 들은 게 먼저였다. 점심을 먹고 오후 진료를 시작하러 대기실로 걸어가다가 무시무시한 소리를 듣고 깜짝 놀랐던 기억이 난다. 기침 같기도 하고 콧바람 같기도 한 소리였다.

롤런드는 진료실에서 내 앞에 앉아 자기 사연을 들려주었다. 서른세 살 미혼으로 가봉(아프리카 중서부에 있는 국가)에서 영국에 온 지 3년이 되었다고 했다. 영국에 온 이후로 점점 더 목이 불편해지더니 이제는 자꾸만 기침이 터져 나온다고 했다.

롤런드는 영국 생활을 힘들어했다. 일자리도 구하기 어려웠고, 영국에 가족도 없는 데다 딸이 보고 싶어도 전 배우자와 함께 가봉에 살고 있어 만날 수 없다고 했다. 몇 년 전 시작된 기침 증상은 이제 최악의 상태로 치닫고 있었다. 롤런드가 가래 끓는 소리를 내며 콧김을 내뿜을 때마다 멸균 티슈로 책상을 문지르고 싶은 생각이 굴뚝같았지만 꾹 참아야 했다. 그러다 보니 그의 이야기에 귀를 기울이기가 쉽지 않았다. 롤런드는 친구들의 권고로 지역병원(영국 보건의료체계인 국민보건서비스에 따르면 지역별로 지정되어 있는 일반 병원에서 1차 진료를 받은 다음, 소견에 따라 종합병원 전문의에게 2차 진료를 받을 수 있다—옮긴이)을 찾아갔다. 처음에 지역 보건의는 롤런드의 증상이 염려할 정도는 아니라고 했으나 결국에는 다른 소견을 들어볼 수 있도록 그를 종합병원으로 보냈다.

내가 보기에 롤런드의 신경성 안면 경련은 영국에서 살아가며 겪은 스트레스와 실망감 때문인 게 분명했다. 이제는 경련이 그의 운동신경에 각인되어 거의 반사적으로 일어날 정도였다. 비정상적인 동작이나 행동이 자주 일어나다가 마침내 신체에 '고착'된 것이다. 나는 예전에도 이런 증상을 본 적이 있었다. 걸음걸이가 특이해서 걷는 게 부자연스럽고 힘들어 보이는 환자들을 만난 적이 있는데, 그들은 근육이나 신경에 아무 문제가 없었지만 그렇다고 그들의 증상이 가짜인 것 같진 않았다. 혹은 끊임없이 통증과 어지러움을 느끼는 환자, 아무리 노력해도 아주 작은 목소리밖에 나오지 않는 환자도 있었다. 그러나 몇 달 몇 년씩 검사를 해봐도 이런 증상의 생리학적 원인이 발견되지 않았다. 이런 환자들을 대할 때면 그들의 병이 명확한 물리적 원인은 없더라도 결코 꾀병은 아니라는 사실을 명심해야 한다. 설사 심리적 원인 때문이라고 추정된다 해도, 그들의 아픔 또한 다른 환자들의 아픔만큼 뚜렷이 실존한다.

이런 식으로 한 개인이 특정한 증상을 보이는(어지럼증부터 마비 증상까지) 이유를 알아내긴 어렵다. 20세기 초의 몇몇 정신과 의사들은 이 개인의 증상에 상징적 의미가 있다고 믿었다. 끔찍한 사건을 목격한 사람은 시각 장애인이 될 수 있다는 식이었다. 아직도 정신학 교재에 가끔 이런 견해가 언급되긴 하지만, 그렇게 믿는 사람들은 이제 거의 없다.

롤런드의 초기 증상은 기침과 인후염이었지만, 그가 계속 호흡에 집착하면서 일종의 선입견이 그의 마음속에 생겨났다. 사촌에게 그가 저주를 받은 게 분명하다는 말을 들은 뒤로 롤런드는 자기가 저주 때문에 중병에 걸렸다고 믿게 되었다. 롤런드가 근심에 빠지면서 증상은 더욱 악화되어, 요란하게 기침하고 콧바람 소리를 내는 것이 그에게는 숨 쉬는 것만큼이나 당연한 상태에 이르렀다. 이런 상태는 심리적 스트레스가 신체 증상으로 '전환'된다는 이론에 따라 종종 '전환 장애'로 불린다(물론 이것이 합의된 공식 명칭은 아니라는 사실도 잊지 말아야겠다).

정신의학은 분류 체계가 무질서한 편인데, 사람들이 오랫동안 관련 증상을 제멋대로 다양하게 이해해왔기 때문이다. 지그문트 프로이트Sigmund Freud의 정신분석 이론에 기인한 '전환 장애' 같은 진단명이 존재하는 반면 '지속적 신체 증상' 같은 기술적 진단명도 있으며, 이 두 가지는 같은 증상을 가리킬 수 있다. '전환 장애'라는 용어는 흔히 신경, 근육, 내장 기관 등 신체 구조가 모두 온전한데도 그 기능에 문제가 있는 경우를 의미한다. 의사들은 때로 경멸적이거나 모욕적인 용어를 쓰기도 하고('골칫거리 환자'라는 말은 그들이 의사의 사기를 떨어뜨린다는 뜻이며, '두툼한 서류철'이라는 말은 환자의 서류가 엄청나게 두껍다는 뜻이다) 충분히 정중하고 의학적으로 들리는 '천막 위(뇌의 한 부분을 가리킨다)' 같은 용어도 쓴다. 하지만 이는 사실 질병의 원인이 뇌에 있으며 환자가 겪는 문제가 순전히 정신적인 것이라고 동료 의사들에게 암시하는 용어다(천막tentorium은 대뇌와 소뇌 사이의 얇은 막이며, 따라서 천막 위supratentoria는 그 위의 대뇌를 가리키는 말이 된다. 그러니 의사가 '천막 위에 이상이 있다'고 말하면 환자에게는 그럴싸한 의학 용어처럼 들리지만 사실 '그냥 머리가 이상한 사람이다'를 돌려 말하는 셈이다—옮긴이).

롤런드의 지역 보건의에게 보낼 편지를 구술하면서(전문의는 환자 진료를 의뢰한 지역 보건의에게 소견서를 보내게 되는데, 소견서는 보통 음성으로 녹음한 다음 비서가 문서로 정리한다—옮긴이) 그의 서류철을 집어 들자 속에서 편지 두 통이 빠져나와 떨어졌다. 하나는 롤런드의 성대에 문제가 있다고 진단한 이비인후과 전문의의 편지였고, 다른 하나는 그의 신경계에 이상이 있다고 진단한 신경과 전문의의 편지였다. 문득 걱정이 되었다. 내가 상황을 완전히 잘못 판단한 걸까? 자신감이 약해지면서 내가 진단한 내용을 진료 기록에 포함시키지 말아야 할까 하는 생각마저 들었다. 내가 아는 한 우리 병원 이비인후과와 신경과 전문의들은 기민하고 똑똑하며 함부로 진단을 내리지 않는 사람들이었다. 그런 그들이 신체에 문제가 있다고 단언하니, 스트레스 때문에 경련이 생긴 거라는 내 진단이 맞는 건지 확신할 수 없었다.

3주 뒤 롤런드가 다시 나를 찾아오자 내 진단에 더욱 확신이 없어졌다. 그는 미소 지으며 자기가 완치되었다고 말했다. 그가 만난 세 의사 모두 신뢰할 수가 없어서 어느 자상한 성직자를 찾아가 자기를 치료해달라고 했다는 것이었다. 성직자는 롤런드가 저주를 받았다는 데 동의하고 성수 치료를 거행해 그를 기적적으로 '낫게' 했다.

내가 잘못 생각했구나 하는 생각이 들었다. 롤런드는 네 명의 '치료사'를 만났고, 그들은 각각 자기가 인간의 심신을 이해하는 방식에 따라 결론을 내렸다. 네 명 모두 자기가 보고 싶은 것을 보았다. 이비인후과는 롤런드의 성대에서, 신경과 의사는 그의 신경계에서, 정신과 의사는 그의 마음에서, 그리고 성직자는 그의 영혼에서 문제를 발견했다. 나로서는 무척 심란한 일이었다. 나는 내가 항상 환자의 증상을 있는 그대로 본다고 믿어왔으니까.

의학이란 이렇게 편협한 것이다. 의사들은 자신이 믿는 것을 좀처럼 의심하지 않는다. 모든 의학 교재에는 각각의 질병을 나타내는 공식이 적혀 있다. 그 공식은 역학(질병의 발생 빈도)으로 시작하여 병인학(질병의 원인)과 증상(의사에게 보이는 질병의 외적 특징)으로 이어지고, 경과(질병을 치료하지 않을 경우 자연히 진행되는 과정)를 거쳐 예후(결과)로 끝난다. 자연적인 예후를 바꿔놓을 수 있는 치료가 검토되고, 그리하여 인간은 자연을 상대로 승리를 거둔다.

나는 의사가 된 뒤로 쭉 대학병원에서 의대생들을 가르쳐왔다. 학생들은 모든 증상이 질병의 산물이므로 이를 철저히 조사하여 치료법을 제시해야 한다고 믿는다. 이런 사고방식은 수련 기간 동안 습관이 되고 그 뒤로도 쭉 변하지 않는다. 이 사고방식에서 벗어나는 것은 진정한 의학이 아니라는 절대적 믿음이 의학계에 존재한다. 내가 학생들에게 다른 사고방식을 가르치려 하면 그들은 의심스러운 기색을 보이다가 급기야는 불안해한다. 나는 학생들에게 증상이란 삶의 일부이며 피로, 통증, 어지러움, 요통 등은 대부분 질병과 아무 상관없이 나타난다고 설명한다. 좋은 의사는 이 사실을 잘 알고 있으며, 그의 역할 중 상당 부분은 조사해야 할 증상과 무시해도 될 증상을 구분하는 것이다. 하지만 주류 의학계와 대중의 의견은 이와 다르다. 서구에서 관행이 된 '전염병 모델'에 따라,

증상은 곧 질병의 징후로 여겨진다.

전염병 모델이란 감염원이 확인되면 이를 공격할 항생제나 약물을 개발하여 치료를 실시하는 방식이다. 전염병 치료는 현대 의학이 최초로 거둔 중요한 성공이었고, 근거 중심 치료(임상적인 의사 결정에 있어서 의사들의 경험과 적절한 과학적 근거를 통합하여 환자에게 최선의 진료를 제공하기 위한 의학적 방법론—옮긴이)가 독단과 미신을 대체하기 시작했다. 순전히 과학에 입각한 이 모델은 여러 의학 분야에서 대성공을 거두었다. 암, 심장병, 신장병을 비롯한 많은 질병의 기전이 밝혀지고 치료법이 개발되었다. 그리하여 전염병 모델은 지난 수십 년간 의학에서 유일한 선택지가 되었다.

하지만 의학계는 자꾸 질병의 과학적 측면에만 집중하고 질병의 사회적 측면을 무시하는 실수를 저지르고 있다. 과학적 접근만으로는 환자가 증상을 외면하거나 치료를 거부할지, 병에서 낫기 위해 생활 방식을 바꿀지, 가족의 지지를 받을지, 우울증에 걸려 자살할지, 그 자신도 몰랐던 회복력을 발견하게 될지 전혀 알 수 없다. 다시 말해 질병의 과학적 측면을 이해하는 것만으로는 환자가 얼마나 잘 치료될 것인지 알아내기 어렵다.

그뿐만이 아니다. 의료에 대한 과학적 접근은 불필요한 검사로 이어지는 경우가 많으며, 검사 결과 특별한 문제가 나타나지 않으면 증상이 환자의 상상으로 치부되기 쉽다. 때로는 혈액 검사나 정밀 검사에서 원래 조사하려던 증상과 전혀 상관없는 소위 '부수적 발견'이 발생하고, 그러면 또다시 과잉 검사와 과잉 치료가 이어진다. 롤런드와 같은 환자의 문제는 그의 증상이 실재하는지가 아니라(물론 실재한다) 그 증상이 의학 교재에서 다루는 생리학적 원인에서 비롯되지 않았다는 것이다.

우리는 왜 더 아픈가

우리는 건강이란 **과연** 무엇인지 깊이 생각하지 않는다. 다만 건강한지 아닌지 직관적으로 판단할 뿐이다. 우리가 생각하는 건강은 대체로 '생물학적' 개념, 다시 말해 내장 기관이 제 구실을 하고 있느냐의 문제다. 하지만 건강이란 단순히 내장 기관이 제대로 작동하는지를 넘어 다양한 요인에 영향을 받는 주관적인 안녕安寧의 감각이다. 더욱 정밀한 신체검사가 우리의 장수와 건강 전반에 도움이 된다는 것은 착각이며, 사실은 그 반대에 가깝다. 18세기에 벤저민 프랭클린이 남긴 통찰력 있는 격언처럼, "건강을 지나치게 염려하는 것만큼 건강에 해로운 것도 없다." 우리는 아직도 이 교훈을 새기지 못하고 점점 더 많은 검사와 건강 검진, 이런저런 '인식 제고' 캠페인에 이끌려간다. 그리하여 우리는 역사상 그 어느 때보다도 자신의 건강을 염려하게 되었지만, 사실은 역사상 그 어느 때보다도 건강한 상태다. 프랭클린보다 백 년도 더 늦게 태어난 마르셀

프루스트는 이렇게 말했다. "의사는 약으로 한 가지 병을 치료할 때마다(듣자 하니 그들도 이 일에는 종종 성공한다고 한다) 다른 건강 문제를 십여 가지 만들어낸다. 세상의 모든 미생물보다도 천 배는 더 치명적인 병원체, 즉 '자신이 아프다는 생각'을 건강한 사람에게 주입하기 때문이다."

훗날 의학사 연구자들이 우리 시대의 의학을 비평하게 된다면 아마도 '자가 확인의 시대'라고 할 것이다. 우리는 착용 장치를 통해 수면 시간과 심박, 매일의 걸음 수를 직접 측정할 수 있지만, 이런 분석이 장기적으로 건강에 유익하다는 근거는 거의 없다.[1] 오히려 심약한 사람에게 건강 염려증을 유발하고 과도하게 자세한 건강 데이터에 따른 걱정으로 건강을 손상시킬 뿐이다.

더구나 건강과 안녕감에 대한 집착으로 고통받는 것은 신체적 약자만이 아니다. 의학 발달로 치사율이 떨어지고 질병 치료법이 개선되었음에도 현대인들은 자신이 과거 세대만큼 건강하지 못하다고 느낀다. 20세기 후반 미국인의 건강에 관한 조사는 이들이 선조보다 오히려 더 많은 질병과 장애에 시달렸음을 보여준다.[2] 또 다른 조사에 따르면 미국 인구가 10퍼센트 증가할 때마다 영구적 장애를 지닌 인구도 37퍼센트 증가했다고 한다.[3] 어떻게 이럴 수 있을까? 어째서 질병이나 장애를 겪는 사람이 이토록 급속히 증가하는 걸까? 적어도 원인의 일부는 건강이란 무엇인가 하는 우리의 인식과 기대에 있을 것이다.

요통을 예로 들어보자. 요통은 미국에서만 매년 1천억 달러 이상의 의료보험 부담을 발생시키는 것으로 추정된다.[4] 서구 국가에서의 연구를 살펴보면 그 어떤 척추 질병의 증가로도 도저히 설명 불가능할 만큼 요통이 급증하고 있음을 알 수 있다.[5][6] 이에 대한 가장 그럴듯한 해석은 1990년 이전 동독과 서독에서의 요통 발생률을 10년 뒤 통일 독일에서의 요통 발생률과 비교한 연구에서 찾을 수 있다. 1990년 이전까지 공산주의 국가였던 동독은 서독보다 요통 발생률이 10퍼센트 이상 낮았다. 그러나 이후로 10년이 지나면서 서독을 '따라잡았고' 연구가 끝날 무렵에는 서독과 같은 발생률을 보였다. 연구자들이 자신 있게 주장한 바에 따르면 서독에서 동독으로 전파된 것은 요통 자체가 아니라 요통에 대한 관점과 태도이며, 그런 관점 변화가 요통의 발생률 급증으로 이어졌을 가능성이 크다는 것이다.[7]

그렇다면 우리는 건강 문제를 어떻게 생각해야 할까? 가난한 동독 사람들이 부유한 서독 사람들보다 더 건강하다고 느낄 만큼 동독과 서독의 요통에 대한 기대치가 크게 달랐던 이유는 무엇일까? 통일 후 10년 동안 독일인의 허리에는 아무 변화가 없었지만, 요통에 과잉 진료와 불편 및 경제적 불이익이 따라오면서 그들은 예전보다 더 허리가 아프다고 느끼게 되었다. 질병에 대한 이런 관점은 대중의 통념이나 내가 의대에서 공부하면서 갖게 된 견해와는 전혀 다르다.

건강은 단순히 질병이 없는 상태가 아니라 훨씬 더 모호하고 미묘한 것이다. 때로 측정하기 어려우며, 우리의 변덕스러운 기분과 기대에 좌우되는 주관적 감정이다. 그야말로 끔찍하게 비과학적이고 혼란스러운, 의학과 정신 사이의 어딘가에 위치하는 미지의 영역이다. 많은 의사들이 그 영역으로 나아가기보다는 정밀 검사와 엑스레이, 외과 수술의 명확한 결과에 의존하려 한다.

인체에 대한 과학적 이해가 깊어지면서 의학은 다양하게 파편화된 전문 분야로 갈라졌다. 한 사람이 다 알기 불가능할 만큼 의학 지식이 방대해졌기 때문이다. 세분화와 전문화의 장점은 신체 기관별로 전문 지식이 엄청나게 쌓여서 특정 기관 질환자가 높은 수준의 치료를 받게 되었다는 것이다. 단점은 자기 전문 분야 말고는 잘 모르는 의사가 많아졌다는 것이다. 전문화로 관점이 편협해지면서 의학계는 많은 지혜를 상실했다. 다시 말해 의료 행위가 협소하고 기술적으로 변하면서, 환자의 성격이나 정신 건강처럼 외적 증상에 큰 영향을 미치는 기타 요인들을 고려하지 못하게 되었다.

바로 이 때문에 의학에 대한 기술적 접근이 문제가 되는 것이다. 질병과 무관한 증상을 겪는 환자들은 결국 여러 차례 검사를 받고서도 병인을 알아내지 못한다. 안 맞는 열쇠로 잠긴 문을 열려는 셈이다. 열쇠를 억지로 자물쇠에 쑤셔 넣고 낑낑대며 돌려 봤자 무의미한 짓이다. 아무 소용도 없을 뿐만 아니라 해로운 결과가 발생하는 경우도 흔하다. 이런 이치는 의학에서도 마찬가지다.

의사들은 많은 환자에게 도움을 주지 못할 뿐 아니라 더욱 많은 환자에게 불필요한 의료 행위로 해를 입히기까지 한다. 애초에 치료받을 필요가 없는 사람을 환자로 만들고, 질병에만 집중하는 우리의 접근법에 부합하지 않는 사람들을 의학적 실패로 분류하며, 실패를 해결하기 위해 더 많은 의료를 제시한다. 이런 경우가 의학적 실패인 것은 **사실이지만**, 그렇게 된 것은 의사에게 인체를 이해할 전문적 능력이 부족해서가 아니다. 의사가 사람들을 이해하는 데 실패해서다. 그들에게 왜 이런저런 증상이 나타나는지, 그들이 왜 의사를 만나러 오는지, 사람들이 의료진과의 관계에서 무엇을 원하는지 이해하지 못하기 때문이다.

경험으로서의 건강과 수치로서의 건강이 어떻게 다른지와 관련하여 종종 생각나는 연구 결과가 있다. 심장마비에서 회복된 사람들을 다룬 연구다.[8] 심장마비를 겪고 나면 심장 근육 일부가 손상되어 심장 기능의 효율도가 떨어진다. 좌심실에서 뿜어져 나오는 피의 양을 나타내는 지표를 '박출률'이라고 한다. 정상 박출률은 55퍼센트 이상이지만 심장마비를 겪고 나면 근육 손상 정도에 따라 그 수치가 줄어든다. 연구자들은 심장마비 이후 발생한 장애가 항상 박출률과 정비례하지는 않으며, 오히려 놀랍게도 환자가 믿는 본인의 상태에 달려 있다는 사실을 발견했다. 자신의 병이 치명적이라고 믿는 환자는 활동이 위축되고 운동과 성행위를 중단하며 예전보다 훨씬 정적인 생활을 한다. 반면 자신의 병세를 통제할 수 있다고 믿는 환자는 재활 프로그램에 참여하고 일상을 유지하며 업무와 예전에 즐겼던 활동을 재개할 확률이 높다. 심장마비 이후에는 적당한 신체활동을 하는 것이 유익하기 때문이다.[9] 이는 심지어 심장마비로 근육이 심하게 손상된 경우에도 마찬가지다. 박출률이 45퍼센트인데도 무력 상태에 빠질 수 있는 반면 박출률이 35퍼센트인데도 활발하게 살아갈 수 있다. 즉, 환자의 믿음이 병의 예후와 진행을 좌우하는 것이다.

의사들은 인체를 해부학, 생리학, 병리학적으로 충분히 알고 있다. 하지만 우리의 감정이 인체를 인식하고 건강을 경험하는 방식에 얼마나 큰 영향을 미치는지에 대해서는 놀라울 만큼 무관심하다(의사든 환자든 마찬가지다).

내과 의사에서 정신과 의사가 되다

내가 정신과 의사가 된 데는 기나긴 우여곡절이 있었다. 나는 원래 의학을 전공할 생각이 전혀 없었지만 부모님의 오랜 강권으로 결국 의대에 지원하게 되었다. 나 자신은 영국에서 태어나고 자랐지만 부모님에게는 여전히 이민자 2세대 고유의 출세 관념이 남아 있었다. 부모님은 내가 의사가 되면 영국에 제대로 자리 잡을 수 있을 거라고 생각했다.

의대 면접 과정은 기묘했다. 왜 의대에 지원했느냐는 질문에 '사람들을 돕고 싶어서' 같은 진부하고 피상적인 대답을 하면 끝장이라고들 했다. 소문이 사실이든 아니든 간에 나도 그렇게 대답할 생각은 없었다. 기억에 따르면 내 동기 중 면접에서 그렇게 대답한 사람은 한 명뿐이었는데, "그러면 간호학을 전공하지 그랬나?"라는 퉁명스러운 대꾸를 들었다고 했다. 내가 애초에 그런 질문을 받지 않은 게 다행이다. "부모님이 시켜서요"도 썩 좋은 대답은 아니었을 테니까.

지금 내게 왜 의학에 관심이 있는지 묻는다면 아마도 "사람들에게 관심이 있어서"라고 대답할 것이다. 막상 그렇게 대답했어야 할 의대생 시절에는 그런 생각을 전혀 못 했지만 말이다. 과학으로서의 의학이 가장 중요했던 시기였다. 우리는 인체 해부를 배웠고, '의학 발전'을 위해 자기 몸을 기증한 사람들의 사체를 베었다. 지금도 폼알데하이드 냄새를 맡으면 해부대 위에 사체가 줄줄이 놓여 있던 그 옛날의 해부실로 돌아가는 기분이 든다. 3학기가 시작될 무렵 나는 수강생들더러 '각자 해부할 다리를 골라 보라'는 실기 강사의 말에 무심하게 교실 뒤편의 커다란 양동이로 다가가 다리 하나를 끄집어낸 다음 그걸로 누굴 치지 않게 조심하며 자리로 돌아올 만큼 무덤덤해져 있었다.

하지만 10대 청소년이 삶과 죽음을 비롯한 실존의 중요한 문제를 알아봤자 얼마나 알겠는가? 정신과 전공생의 과반수가 대학원에 와서야 정신과 수련을 시작하는 건 분명 그런 이유 때문이리라. 의대에서는 인체와 질병의 냉정하고 임상적인 분석을 가르친다. 우리는 해부학(인체 내장 기관의 위치), 생리학(정상적인 인체의 작용), 생화학(세포의 작용), 신경해부학(인간의 뇌 분석), 신경생리학(정상적인 뇌의 작용), 병리학(질병 연구), 조직병리학(병에 걸린 인체의 정밀 조사)을 배웠다. 이런 수업에서 환자와의 관계 변화를 통해 질병 경과에 영향을 미칠 수 있는 방법들은 단 한 번도 언급되지 않았다.

정신과 의사는 의대에서 심장 전문의, 신경과 전문의, 지역 보건의와 동일한 수련을 거쳐 의학 박사 학위를 받은 사람이다. 따라서 인체의 작용, 질병의 기전, 약품이 인체에서 처리되는 과정과 인체에 미치는 영향 등을 잘 안다. 하지만 정신과 의사에게는 특별한 점이 하나 더 있다. 바로 사람의 삶에 대한 관심에서 나오는 인간 본성의 이해다. 사람들이 성격, 지성, 유전자, 그리고 운에 따라 각각 얼마나 다양한 질병과 경과를 겪는지 지켜보아왔기 때문이다.

의사 자격증을 따고 나자 과중한 업무가 밀려들었지만 정신적 지원은 거의 없다시피 했다. 따라서 환자를 희망과 두려움, 감정을 지닌 인간이 아니라 해결해야 할 임상적 문제로 볼수록 업무를 버텨내기가 쉬웠다. 나는 동료에게 이런 식으로 말하곤 했다. "난 1번 병상의 쓸개를 보러 갈게. 자네는 4번 병상의 치질을 맡아. 그런 다음 함께 중환자실에 있는 과다 복용을 검사하러 가자고." 아무도 환자가 이름으로 불리지 않는다는 걸 이상하게 여기지 않았다. 시간이 지나면서 환자가 약물을 과다 복용하게 만든 분노와 절망은 어떤 것이었을까 하는 호기심은 물론 내 인간성도 서서히 소진되어 갔다. 나는 초조하고 성급한 사람이 되었으며 환자들에게 짜증을 내기 시작했다. 그들로 인한 수고 때문이기도 했고 수면 부족 때문이기도 했다. 병원을 한시도 떠날 수 없다는 느낌이 나를 깊은 우울감에 빠뜨렸다. 내가 애인이 없는 것도 항상 일해야 하는 탓으로 돌렸고 점점 더 사람들에게 심술궂게 굴었다. 반년 만에 체중이 7킬로그램 가까이 늘었다. 교대 근무 틈틈이 전자레인지에 돌려 먹는 인스턴트 음식과 감자 칩, 간호사실에서 얻은 초콜릿으로 연명한 결과였다.

당직이었던 어느 날 밤, 문득 내가 얼마나 끔찍한 상태인지 실감하게 되었다. 새벽 세 시였고 나는 전날 아침 여덟 시부터 쭉 일하다가 간신히 눈을 붙인 터였다. 내 호출기가 울렸다. 나는 아침이 됐나 보다 생각하며 몽롱하게 눈을 떴지만, 호출기를 확인하니 병원 전화교환대 번호가 떠 있었다. 이는 병원 외부에서 호출이 왔다는 뜻이었고, 호출한 사람은 지역 보건의일 터였으며, 다시 말해 한 시간쯤 지나면 응급실에 환자가 도착한다는 것이었다. 잠은 다 잔 셈이었다. 내일도 바쁜 하루가 될 텐데 오늘 밤까지 지새워야 한다는 생각에 기운이 쭉 빠졌다. 나를 호출한 지역 보건의에게 연락했더니 심장마비가 온 일흔여섯 살 여성을 받아줄 수 있겠냐는 요청을 받았다. 나로서는 거절할 수 없는 요청이었지만 짜증스럽고 속상해지는 것도 어쩔 수 없었다.

　나는 수화기를 내려놓고 꾸벅꾸벅 졸기 시작했다. 응급실에 환자가 도착하는 즉시 깨어나야 한다는 걸 알았기에, 얇디얇은 벽 너머에서 문이 요란하게 열리는 소리가 들리지 않나 귀를 곤두세우고 있었다. 하지만 아마도 다시 곯아떨어져 버렸던 모양이다. 호출기가 다시 울리자 아까처럼 당황하여 허겁지겁 깨어났으니까. 응급실에서 내 환자가 도착했다고 연락이 온 줄 알았지만, 호출기에 뜬 번호를 보니 응급실이 아니라 또 외부에서 온 호출이었다. 환자가 또 생긴 모양이었다. 무거운 마음으로 연락해보니 방금 내게 연락했던 지역 보건의였다. 아까 말했던 환자가 구급차에서 사망하여 응급실 이송이 취소되었다고 했다. 갑자기 하룻밤의(적어도 반나절의) 잠을 되찾은 셈이었다. 나는 신이 나서 불을 끄고 병원에서 지급한 흐늘거리는 매트리스에 도로 드러누웠다. 하지만 곧 상황이 파악되자 잠이 오지 않았다. 내가 도울 수도 있었던 한 인간이 그날 밤 죽었다는 게 실감나자 마음이 쓰라려왔다. 그 사람에게는 가정이 있었을까? 퇴직 연금은? 부양할 식구는? 만족감은 금세 수치심으로 변했다. 이건 내가 아니었다. 내가 되고 싶었던 사람도 아니었다. 의사에게 가장 중요한 자질인 인간성을 잃어버린 것 같았다.

　정신과 수련을 시작한 것은 그 뒤로도 몇 년이 더 지나서였다. 그 무렵 나는 영국 왕립내과학회 회원으로 선출되었고 전문의 바로 아래 직위에 올라 있었다. 그대로 내과의로 머무는 편이 의사로서 일하기 수월할 터였다. 병원 진료에도 꽤 익숙해졌기 때문에 선뜻 전공을 바꾸는 것도 어려웠다. 그렇지만 나는 권태를 느꼈다. 몇 년이 지나자 모든 심장이 똑같아 보이기 시작했다. 폐 감염이든 신장 질환이든 관절염이든 모든 환자의 병세가 다를 바 없어 보였다.

하지만 환자가 겪은 극적인 사건을 들을 때는 달랐다. 나는 환자의 이야기에 열중하고 끔찍한 결과에 섬뜩해하며 귀를 기울이곤 했다. 그들의 인간적 약점에 공감하고, 그들이 종종 사소한 계기로 비극적인 결정을 내린다는 데 경악했다. 남자친구가 바람을 피웠고 직장도 따분해서 살기가 힘들었다던 어느 여성이 기억난다. 그 여성이 충동적으로 약물 과다 복용을 결심한 순간은 욕실 바닥에 떨어진 머리빗을 주우려고 몸을 굽혔다가 세면대 아래에 뒤통수를 부딪친 때였다. 세면대에 머리를 박은 것이 마지막 결정타가 되었다니 희한한 일이었다. 이런 이야기는 나를 매혹시켰고 인생의 다른 측면을 보여주었으며, 누구나 내면에 근본적인 약점과 나약함을 품고 있다는 것을 깨닫게 했다.

몸과 마음이 만나는 곳에 이끌리다

내가 전공 분야를 바꾼 지도 25년이 넘었다. 정신과 의사가 되면서 비로소 내가 항상 원했던 일을 할 수 있었다. 나처럼 평범한 사람들의 이야기를 듣고 그들을 이해하는 것 말이다. 수천 명이 나를 찾아와서 마음속 깊이 숨겨둔 두려움, 이루지 못한 꿈, 신체적 질병에 대한 감정과 정신질환에 대한 분노를 털어놓았다. 그들을 통해 나는 인간에게 차이점보다는 공통점이 훨씬 많다는 사실을 깨달았다. 나는 그들에게서 사랑, 상실, 속죄, 스트레스, 정신적 문제에 관한 똑같은 인간적 반응을 보고 듣는다.

우리 모두는 두려워하고 불안해하는 연약한 존재지만 그 사실을 자기 자신에게조차 좀처럼 인정하지 못한다. 우리는 자신이 성공했음을 증명하기 위해 온갖 방식으로 위세와 자신감을 과시한다. 우리가 모는 차, 사는 집, 휴가 여행, 옷차림과 잘 다져진 신체, 이 모두가 우리의 완벽함과 중요성을 드러내기 위한 것이다. 하지만 이렇게 우리가 자기 자랑을 하는 것은 욕구불만과 의혹과 불안을 느끼기 때문이다. 우리는 타인의 인정을 통해 자기 삶을 확인받고 싶어 하지만, 사실 마음 깊은 곳에서는 누구나 똑같은 것을 원한다. 내면의 비판적인 목소리를 잠재우는 것, 나 정도면 충분히 괜찮은 사람이라는 믿음, 내 삶도 나름대로 괜찮다는 확신.

우리의 성격과 태도, 신념은 삶의 매 단계에 영향을 미친다. 누구나 학창 시절 무슨 사고를 치든 무사히 빠져나가던 친구 하나쯤은 기억할 것이다. 그만큼 매력적이지 못한 학생들에게는 어림도 없는 일이었다. 노력하지도 않는데 점점 더 성적이 좋아지고 모두의 주목을 받는 학생이 있는 반면, 친구조차 제대로 못 사귀는 아이도 있는 법이다. 지능과 재능에 있어 평범한 사람이 노력과 끈기로, 가끔은 자신의 능력을 과장하여 우수한 경력을 쌓는 반면, 매우 똑똑한 사람이 직업적 슬럼프에 부딪히기도 한다. 자신의 공격적인 말투나 수줍다 못해 퉁명스럽게 보이는 태도를 인식하지 못하기 때문이다. 우리의 인생 경로는 우리가 언어로, 혹은 언어 없이 세상과 관계 맺는 무수한 방식에 따라 결정된다.

마찬가지로 우리의 성격은 우리가 건강과 관계 맺는 방식에 직접적인 영향을 미친다. 증상이 있어도 무시하는가, 아니면 몸에 새로운 감각을 느낄 때마다 전전긍긍하며 몇 번이고 의사를 찾아가는가? 의사를 포함한 타인을 신뢰하는가, 아니면 그들의 결정 뒤에 '대형 제약 회사'가 있다고 믿으며 의학적 조언을 무시하는가? 의사의 판단이 틀렸다고 생각하거나 인터넷에서 읽은 조언, 혹은 의사의 말과 정반대로 행동한 친구의 사연을 선호할 수도 있다. 매력 있고 생존 의지가 강한 환자를 만난 의사가 그를 더 오래 살게 하고 싶은 마음에 새로운 치료법을 알아보거나 제약 회사에 신약을 개발해달라고 촉구할 수도 있다. 종교적·문화적 신념 때문에 자신의 병을 일종의 벌로 받아들이는 환자도 있을 것이다. 절망에 빠진 환자는 치료가 부질없다고 생각하여 제풀에 포기하기도 한다. 심지어 자기가 의사이며 따라서 어떤 치료를 받을지 직접 결정해야 한다는 망상에 빠져 비극적인 결과를 초래한 경우도 있었다. 환자의 신념, 논리, 기대, 매력, 의지, 정신 건강 모두가 치료의 경과에 중대한 영향을 미치지만, 이런 요소의 중요성이 충분히 고려되는 경우는 드물다.

내가 전공한 정신의학은 몸과 마음의 교차 지점에 위치하는 분야다. 내과 의사로서의 초기 경력은 이후 지역병원과 정신과 입원 병동에서 일했던 시간만큼 지금의 나에게 많은 영향을 미쳤다. 나는 거의 20년을 종합병원 정신과 진료소에서 일하고 있다. 많은 사람들이 여러 차례 드나들게 되는 그런 병원이다. 의사들은 외래 환자 진료와 수술을 하고 입원 병동을 회진하고 예약 환자도 만나야 한다. 환자들은 신체 건강 문제로 찾아오며 진료 끝에 진단과 처방, 어쩌면 수술 날짜를 받기를 기대한다. 진료 결과 정신과 의사를 만나게 될 것을 예상하고 찾아오는 사람은 드물지만, 이런 경험은 많은 환자의 치료 과정을 크게 바꿔놓을 수 있다.

건강이란 복잡한 문제다. 의사가 환자를 효과적으로 치료하려면 인체뿐만 아니라 인간 본성도 이해해야 한다. 어려운 결정을 내리고 불확실성을 인지해야 한다. 유연해지고 모호함을 감당할 수 있어야 한다. 인체는 무수한 방식으로 문제를 일으킬 수 있지만, 인생과 경험과 성격과 정신 건강이 신체 건강과 상호작용하여 나타날 수 있는 증상 또한 무수히 많다. 내가 평생 매혹되고 이끌려왔던 것은 바로 이 지점이다.

이 책에서는 우리의 성격과 정신 건강이 어떻게 평안한 삶을 좌우하는지 다루려고 한다. 정신이 신체에 그토록 큰 영향을 미친다는 게 믿기 어려울 수도 있지만, 실제로 정신은 우리의 현재뿐만 아니라 미래도 좌우한다. 이뿐 아니라 우리의 사고방식을 형성하고 신체 증상에 반응하며, 우리가 받는 치료와 그 성공 여부에까지 영향을 미친다.

이제부터 그간 우리 정신과 진료소를 찾아온 환자들의 다양한 사례를 살펴보겠다. 이를 통해 종합병원 정신과 의사가 어떤 일을 하는지 어느 정도 이해할 수 있을 것이다. 나아가 독자 여러분도 자신의 심신과 건강을 새로운 관점으로 생각할 수 있길 바란다.

2

정신질환자라는 낙인

1980년대와 1990년대에 정신질환이 논의되는 일은 거의 없었다. 정신질환자임을 인정하는 것은 수치스러운 일로 여겨졌다. 정신질환은 타인의 연봉이나 혼외정사 여부만큼 금기시되는 화제였다. 사람들은 정신질환자에 관한 이야기를 남몰래 속닥거리곤 했다. 왕족을 포함하여 모든 사람이 공공연히 정신질환을 언급하는 지금에 와서 보면, 우리가 이 주제를 그토록 불편하게 여겼다는 게 가물가물할 정도다.

내가 얼마 전부터 숙고해온 문제가 있다. 정신질환에 대한 최근의 이런 개방성이 과연 전적으로 바람직한 현상인가 하는 것이다. 정신질환(언론에서는 보통 '정신 건강 문제'로 표현된다)을 논의하는 것이 이 병에 따르는 수치와 낙인을 줄이는 데 유익하다는 점은 확실하다. 역사를 통틀어 거의 항상 정신병은 두려움의 대상이었으며 정신질환자는 박해를 받아왔다. 연구 자료에 따르면 감정적 고민을 입에 올리지 못하는 사람들, 그중에도 특히 사회적으로 고립되고 외로운 사람들은 자살 위험이 높다.[1] 자신의 문제를 털어놓거나 필요한 조언과 도움을 구할 수가 없기 때문이다. 이는 '정신질환은 비정상적'이라는 편견 때문이다. 이런 편견이 사라지려면 더 많은 사람들이 터놓고 정신질환을 논의해야 한다. 무엇보다도 남자라면 강인하고 과묵해야 하며 정신질환은 나약함의 표시라는 관념을 버려야 한다.

하지만 사람들이 언급하는 정신질환은 대체로 비교적 덜 심각한 것들이며 대중의 취향에 맞게 적당히 살균되어 있다. 이제는 왕족들도 사별 때문에 우울증을 겪었다고 인정하는 시대라지만 조현병이나 환각, 편집증 경험을 고백한 왕족은 아직까지 한 사람도 없을 것이다. 그리하여 어떤 질병은 입에 담기 어려울 만큼 수치스러운 것이라는 관념이 유지되며, 정상인의 경험 범위를 벗어나지 않는 상대적으로 가벼운 질병만이 대중적으로 언급되곤 한다.

그래도 사람들이 자신의 마음을, 즉 감정적인 면을 터놓고 이야기하는 경향은 확실히 강해졌다. 영국인들이 이렇게 감정을 터놓고 이야기하게 된 계기는 미국 문화의 유입일 것이다. 제리 스프링거(1990년대부터 2010년대까지 폭력성과 선정성으로 악명 높은 동명의 토크쇼를 진행한 미국 방송인—옮긴이) 스타일의 요란한 사적 폭로가 이어졌던 1990년대의 텔레비전 토크쇼를 그 누가 잊을 수 있겠는가(잊으려고 발버둥 쳐도 못 잊을 듯하다). 과거 어느 시대에든 지극히 부끄럽게 여겨졌을 사연들이 이제는 대놓고, 심지어 어느 정도 자랑하듯이 거론된다.

그 당시 병원에서 어느 모녀와 함께 엘리베이터를 탔던 일이 기억난다(딸은 성인이었다). 두 사람은 엘리베이터 앞에서 옥신각신하며 말다툼을 계속했다. 내가 그들의 언쟁을 들을 수밖에 없는 상황을 민망해할지 모른다거나 이것이 그들에게도 민망한 상황이라는 생각은 전혀 없는 듯했다. 두 사람이 힐끗힐끗 내게 던지는 눈빛을 보면 오히려 다투는 내용을 은근히 과시하는 것 같기도 했다. 감정 표현과 관련된 사회적 행동의 변화와 새로운 규범 정착을 잘 보여주는 사례였다.

〈빅 브라더〉(외부 세계와 단절된 저택에서 몇 달간 매일 24시간을 여러 사람과 함께 지내며 일거수일투족이 촬영되는 상황에서 마지막까지 쫓겨나지 않고 살아남는 한 사람에게 상금을 주는 텔레비전 리얼리티 쇼―옮긴이) 와 그 뒤로 이어진 여러 텔레비전 리얼리티 쇼는 자기 폭로 유행을 더욱 부추겼고, 어떤 면에서는 한층 개방적이며 당당한 사회 분위기를 조성했다. 인내를 중시하는 영미권의 전통적 가치관은 집요한 인정 욕구로 대체되었으며, 그리하여 기존 관습을 이탈한 행동과 인간 유형이 대중과 사회에 받아들여지게 되었다. 그중에 정신질환도 포함된다는 것은 확실히 긍정적인 지점이다.

2002~2005년에 영국 왕립정신과의사협회장을 지낸 마이크 슈터Mike Shooter 박사는 이 같은 사회 변화에 박차를 가했다. 그는 2002년 학회에서 자신이 겪은 우울증에 관해 이야기했다. 나 역시 그 연설을 듣고 감동했던 기억이 난다. 슈터 박사는 의대생 시절 시작된 우울증이 자기에게 어떤 영향을 미쳤는지 털어놓았다. 메모 대신 청중을 보며 연설하여 친밀한 분위기를 형성하며, 우울증의 어두운 심연을 생생히 묘사했다. 내가 그처럼 솔직하고 내밀한 순간에 동참할 수 있다는 게 영광스러웠다.

하지만 이런 사회 변화로 인해 나는 첫 번째 전문의 면접에서 다소 불편한 상황을 겪었다. 그 무렵에 정신과 전문의를 고용할 때 정신과 상담 경험이 있는 환자, 일명 '사용자'를 면접관으로 앉히는 것이 유행했다. 면접이 시작되자 한 '사용자'가 내게 물었다. "선생님이 좋은 정신과 전문의가 될 수 있다고 생각하는 이유가 뭐죠?" 면접에서 충분히 나올 만했고 나도 적당히 대답할 수 있는 질문이었다. 나를 당황하게 한 것은 그 다음 질문이었다(당시의 분위기를 생각하면 어느 정도 예상했어야 하는 질문인지도 모른다). "선생님은 정신질환에 걸린 적이 있나요?" 면접이 원활히 진행되도록 협조하고 싶었던 만큼 퉁명스럽게 '아니요'라고 대답하면 안 될 것 같았지만, 그래도 무례한 질문이라는 생각이 들었다. 심장 전문의는 면접에서 심장마비 경험이 있느냐는 질문을 받진 않을 테니까. 이 정도면 자기 고백 풍조가 도를 넘은 게 아닌가 싶었다.

세상을 피해 집에 틀어박히다

정신질환에 걸린 적이 있느냐는 질문에 맨체스터에서 보낸 어린 시절이 떠올랐다. 우리 친척들은 모두 맨체스터에 살았다. 유대인을 박해하고 학살하던 유럽 대륙에서 탈출한 내 증조부모가 그 도시에 정착했기 때문이다. 친척 중에는 노스맨체스터 프레스트위치의 단독주택에서 함께 살던 펄과 새디 대고모도 있었다. 두 분은 성인이 된 이후로 쭉 그 집에서 살았고, 처음 입주한 1940년대 이후로 거의 모든 것을 그대로 유지하며 지냈다. 우리 가족은 토요일 오후마다 대고모들을 방문했다. 맨체스터 교외의 유대인 구역 중심가를 걷다 보면 두 분의 집이 나왔는데, 주말이면 예배당을 오가는 검은 외투와 모자 차림의 수염 난 남자들로 길거리가 북적거렸다.

새디 대고모는 1962년에 있었던 우리 부모님의 결혼식 이후로 단 한 번도 집을 나선 적이 없었다. 10대 시절의 어느 날 집을 나섰다가 아찔한 현기증을 느꼈다고 했다. 불안해서 견딜 수가 없었고, 안전한 집으로 돌아온 뒤에야 현기증이 사라졌다는 것이었다. 이후로도 집을 나서면 매번 어지럽고 숨이 막혀서 점차 외출을 줄이고 단조로운 생활을 하게 되었다. 부모님의 결혼식 날에 최후의 노력을 한 뒤, 새디 대고모는 아예 집에서 나가지 않는 게 낫겠다는 결론을 내렸다.

새디 대고모는 집 안에서 할 일을 찾았다. 요리를 무척 잘했던 대고모는 우리 가족이 떡갈나무 널판을 두른 작은 방에 둘러앉는 토요일마다 부엌으로 연결된 문을 통해 생선 튀김, 청어, 피클과 직접 만든 온갖 케이크를 내왔다. 우리 삼남매는 앉아서 탄산음료를 마시고 케이크를 먹었다. 케이크 속에서 긴 머리카락이 나올 때마다 슬쩍 눈빛을 주고받으면서. 차를 마시고 나면 어른들은 계속 대화를 나눴고, 우리는 거실로 가서 누가 파커 놀 가구회사의 발판 달린 자줏빛 벨벳 안락의자에 앉을지 다투곤 했다. 그런 다음 둘러앉아 텔레비전을 켜고 〈월드 오브 스포츠〉의 레슬링 중계에 이어 〈닥터 후〉까지 보았다. 문제는 우리 중 하나가 화장실에 가고 싶어질 때였다. 집 안의 고요하고 으스스한 분위기에 압도된 나머지 혼자 돌아다니기가 두려웠던 것이다. 우리 셋은 화장실에 항상 둘씩 짝지어 가기로 약속했고, 한 사람이 얼른 오줌을 누는 동안 다른 하나가 화장실 문 밖에서 보초를 섰다.

두문불출했던 새디 대고모는 반려견을 벗 삼아 지냈다. 하지만 대고모가 외출을 하지 않기에 반려견도 같은 신세가 될 수밖에 없었다. 브랜디가 활기를 띠는 것은 현관 초인종이 울릴 때나 누가 자기 엉덩이의 흉측한 털 뭉치를 가위로 잘라내려 할 때뿐이었다. 녀석은 몇 년이고 그 덥수룩한 털 뭉치를 시계추처럼 좌우로 흔들며 집 안을 어정어정 돌아다녔다. 새디 대고모는 브랜디를 애지중지했고 온갖 응석을 다 받아주며 최고급 고기만 먹였다. 그래도 녀석이 화려한 우리에 갇힌 신세였다는 건 부정할 수 없다. 브랜디의 세계는 녀석의 목걸이에 연결된 낚싯줄이 미치는 범위에 그쳤다. 녀석은 앞마당을 거닐 수는 있었지만 그게 전부였다.

시간이 지나면서 동족 친구가 없었던 브랜디는 의기소침해지고 정신이상 증세를 보였다. 마침내 브랜디가 세상을 떠나자 미지^{Mij}라는 이름의 푸들(예전 주인이었던 짐^{Jim}의 이름을 거꾸로 쓴 것이었다)이 그 자리를 대체했다. 미지는 누가 의자에 앉기만 하면 달려들어 다리에 마운팅을 하는 까불이 강아지였다. 그 사이 10대가 된 나는 미지도 집 안에 갇혀 지내다 정신이 이상해질까 봐 걱정했다. 개도 사람처럼 정신질환에 걸리는 건지, 얌전하던 반려견이 부루퉁해지고 스트레스를 참다못해 우편배달부를 물게 되는 것도 그런 이유 때문인지 궁금했다.

반려견들이 아무리 위안을 주었다 해도, 새디 대고모가 광장공포증 때문에 성인이 된 뒤의 평생을 집 안에서만 보냈다는 것은 부정할 수 없는 현실이다. 누구나 가택연금 종신형을 받는다면 완강하게 항의할 텐데, 대고모는 자기 자신에게 그런 형벌을 부과한 셈이다. 취직, 배우자 선택, 어쩌면 출산과 같은 인생의 평범한 이정표를 거치지 못했을 뿐만 아니라 삶을 이루는 소소한 일상도 누리지 못했다. 같은 버스에 탄 승객과 주고받는 눈인사, 슈퍼마켓 계산원과의 잡담, 가을의 낙엽 태우는 냄새, 한밤의 드라이브 중 라디오에서 딱 좋은 음악이 흘러나오는 순간, 여름 오후의 갓 깎아낸 잔디 냄새 등 인생의 크고 작은 경험들을 놓친 것이다. 새디 대고모는

1962년 이후로 그 작은 집을 나선 적이 없었기에, 바깥세상에 관한 대고모의 지식은 텔레비전과 라디오로 접한 것이 전부였다. 이 모두가 광장공포증 때문이었다. 조현병이나 '중증 정신병'과 달리 사소하고 별것 아닌 듯 치부되는 이 증상이 그 어떤 병보다도 더 대고모의 삶을 황폐하게 만들었다.

새디 대고모의 거실 찬장에는 항상 밀스 앤드 분 출판사의 진부한 로맨스 소설책이 잔뜩 꽂혀 있었다. 어찌나 빨리 대량 생산되는지 달마다 신간이 나오는 그런 책들 말이다. 그중 의학 로맨스는 앞 표지 구석에 찍힌 심전도 파형 마크로 구분할 수 있었다. 이 그림은 누구나 잘 알듯 심장의 활동 전위를 나타내는 것이지만, 한편으로 로맨스 소설의 조마조마한 중독성을 암시하는 듯했다. 이런 소설에서는 잘생겼지만 오만한 의사가 아름답고도 사려 깊은 간호사의 매력에 반했다가 상대의 미모뿐만 아니라 선한 품성에 빠져들기 마련이다.

이런 소설을 통해서만 로맨스를 체험하는 사람은 결국 그런 책의 내용을 정말로 믿어버리게 된다. 그래서 새디 대고모는 요즘 사람들이 컴퓨터 가상현실 속에서 살듯 로맨스 소설 속에서 살았다. 수년 뒤에 대고모는 심장 발작을 일으켜 몇 주 동안 섬망 상태(과다행동이나 착각, 망상, 초조함, 불안 등이 자주 나타나는 상태-옮긴이)에 빠졌다. 새디 대고모가 말하는 내용은 눈앞의 현실과 상상 속 세상을 오락가락했다. 대고모는 키 크고 가무잡잡한 이름 모를 미남이 자기를 데리러 올 거라 말했고, 그 말을 들을 때마다 나는 가슴이 찢어 질 듯 슬펐다.

새디 대고모의 언니 펄은 평생 과체중이었지만 나이가 들면서 더 더욱 몸집이 커지는 듯했다. 펄 대고모는 날마다 가족이 경영하는 로치데일의 가구점에 나가서 생계비를 벌어 왔고, 새디 대고모는 요리와 살림을 도맡았다.

펄 대고모는 새디 대고모와 마찬가지로 평생 결혼하지 않았을 뿐만 아니라 한 번도 병원에 가지 않았다. 게다가 자기는 의사랑 상종 안 한다고 큰 소리로 거듭 선언하곤 했다. 왜 그랬는지는 모르겠지만 체중에 대한 자의식 때문이었을 거라고 짐작한다. 펄 대고모는 어린 시절에도 주치의가 왕진하러 오면 벽장에 숨어 있었다고 했다. 어쩌면 그 시대 의사들은 지금보다 더 오지랖이 넓어 대고모의 과체중을 무자비하게 강조했던 게 아닐까. 어쨌든 그 결과로 펄 대고모는 건강에 어떤 문제가 생기든 절대 의사를 만나지 않으려고 했다.

성인이 된 뒤로도 펄 대고모는 그런 극단적 입장을 포기하라고 설득하는 사람들에게 항상 고집스럽게 똑같은 대답만 되풀이했다. "난 병원 안 가." 대고모가 이렇게 말하고 턱을 쑥 내밀면 이 이야기는 끝이라는 의미였다. 그래서 펄 대고모는 체중 문제뿐만 아니라 정강이에 올라온 울긋불긋한 적갈색 반점에 관련해서도 진료를 받은 적이 없었다(새디 대고모의 정강이 피부도 비슷한 상태였는데, 전기 히

터에 너무 바짝 붙어 지내서 생긴 증상이었다. 나는 훗날 의대에서 이런 증상을 열성홍반이라고 칭한다는 걸 알게 되었다).

이런저런 사건들을 겪으면서 마침내 펄 대고모도 집에서 지내게 되었다. 첫 번째 사건은 대고모의 가족이 경영하는 가구점에 노조가 생긴 것이었다. 직원들은 경영진에 요구 사항을 제시했으며, 고용주 측의 흔한 변명을 비롯한 일체의 반발을 노동자에 대한 억압으로 받아들였다. 노조와 사측 모두에게 유감스러운 일이었지만, 펄 대고모와 친척들은 상점의 재정 상태를 과장한 것이 아니었다. 노조의 요구가 점점 커지면서 가구점은 파산에 이르렀다. 결국에는 영업자고 현장감독이고 계산원이고 할 것 없이 모두가 직장을 잃었다. 물론 펄 대고모도.

이처럼 갈등이 커져가던 상황에서 펄 대고모가 퇴근길에 사고를 당했다. 인도 가장자리에 걸려 길가에 넘어진 것이다. 대고모는 몸집이 큰 분인데다 통증도 심해서 좀처럼 일어나지 못했다. 그럼에도 구급차를 불러주겠다는 제안은 거절했다("난 병원 안 가."). 결국 대고모는 사람들의 부축을 받으며 겨우 일어나 집까지 차로 실려 왔다. 이 사고로 큰 충격을 받은 펄 대고모는 또 비슷한 일이 생길까 걱정되어 이후로 두 번 다시 외출하지 않았다.

제때 치료할 수 있었더라면

우리 가족은 토요일 오후마다 두 분을 찾아갔다. 펄 대고모가 커다란 두 손바닥과 열 손가락으로 찻주전자를 단단히 붙잡고 있던 기억이 아직도 생생하다. 다른 사람들은 손가락도 못 댈 만큼 뜨거운 찻주전자였지만 대고모는 아무렇지도 않은 듯했다. 펄 대고모가 특유의 새된 목소리로 일주일간 있었던 일을 자세히 이야기하는 동안, 나는 문간을 힐끔거리며 거실 안락의자에 자리를 잡고 〈월드 오브 스포츠〉와 〈닥터 후〉를 틀 기회를 엿보곤 했다.

두 대고모의 집을 떠날 때면 항상 죄책감이 들었다. 대고모들은 우리를 후하게 대접해주었고 나 역시 두 분의 상냥함과 애정을 느낄 수 있었지만, 어린아이였던 나는 거기에 제대로 보답하지 못했다. 두 분을 다시 만나는 다음 주말까지 나는 학교에 다녔고 우리 부모님은 직장에 나갔다. 우리 가족 모두 바깥세상과 소통하고 있었던 반면, 두 분이 볼 수 있었던 것은 그 작은 집 안이 전부였다. 주말의 방문을 마칠 시간이 되면 나는 구레나룻이 돋은 대고모들의 뺨에 키스했다. 펄 대고모의 유난히 발그레한 얼굴을 바라보며 두 분이 내 손에 쥐여 준 5파운드 지폐에 감사를 표하고 짖어대는 개를 피하며 차에 올라탔다. 그 다음날에는 일요일마다 열리는 축구 시합에 나갔고, 저녁이 되면 또 학교에서 일주일을 보내야 한다는 생각에 우울해지곤 했다.

새디 대고모가 돌아가신 뒤 펄 대고모는 점점 더 거동이 불편해졌지만, 병원에서 진찰을 받아보라는 권유는 꿋꿋이 거절했다. 대고모는 서서히 생활 반경을 줄였고 일층 거실을 침실로 쓰기 시작했다. 아직도 어린 시절 그 거실에서 보냈던 유월절(이집트 탈출을 기리는 유대인의 전통적 축제일―옮긴이) 저녁이 뚜렷이 기억난다. 하지만 결국에는 대고모도 고집을 꺾고 입원할 수밖에 없었다. 펄 대고모가 갑상선 기능 저하증이라는 게 밝혀진 건 바로 그때였다. 의대생이 되어 있었던 나는 그제야 모든 걸 명확히 이해할 수 있었다. 대고모의 과체중, 발그레한 안색, 항상 쉬어 있는 목소리, 성긴 눈썹, 모두가 잘 알려진 갑상선 기능 저하 증상이었다. 해결책은 간단했다. 호르몬의 역할을 대신할 티록신을 하루에 한 알씩 먹기만 하면 되었다.

그러니까 노스맨체스터의 한 묘지에 나란히 누워 있는 내 대고모 두 분의 삶은, 오늘날이라면 사소하게 여겨질 건강 문제로 인해 완전히 뒤바뀌었던 것이다. 새디 대고모는 광장공포증 때문에 평생을 집 안에서만 지냈으나, 그것은 그분이 도움을 구하기만 했더라면 치료할 수 있었던 증상이었다. 펄 대고모 또한 의사에 대한 지나친 불신만 극복할 수 있었더라면 매일 티록신 한 알을 처방받아 갑상선 기능 저하로 인한 증상을 겪지 않고 살아갔으리라. 치료를 거부하는 증상도 일종의 정신 건강 문제로 보아야 할지는 잘 모르겠지만, 일생을 좌우하는 건강 문제라고 하면 대다수가 펄과 새디 대고모 같은 경우가 아니라 암, 신장병, 다발성 경화증 등을 떠올리지 않을까.

내 인생 최초로 전문의 고용 여부가 결정될 자리였지만, 내 가슴속의 회한과 절망을 어떻게 면접관들에게 전달할 수 있을지 나는 도저히 알 수 없었다. 사랑하는 펄과 새디 대고모, 강인하고 상냥하고 관대하며 내 유년기에 빠질 수 없는 존재였던 그분들을 둘러싼 복잡한 감정과 생생한 기억을 어찌 제대로 표현할 수 있겠는가? 나로서는 불가능한 일 같았다.

게다가 내가 군이 그 얘기를 꺼내고 싶은지도 알 수 없었다. 설사 선의로 묻는 것이라 해도 개인적인 정신질환 이력에 관한 질문은 불편하게 느껴졌다. 나는 뻣뻣하고 형식적인 대답을 했다. 정신질환은 매우 흔한 일이며 많은 이들에게 어떤 식으로든 영향을 미친다는 뻔한 얘기를 했던 것 같다. 이후 내가 면접에서 떨어졌다고 전해 들었을 때도 나는 전혀 놀라지 않았다.

3

과잉 검사, 차가운 병원

한 사회의 문화가 의료 문화에도 스며들어 환자를 대하고 증상을 판별하는 데 큰 영향을 미친다는 사실이 새삼 충격적으로 느껴질 때가 있다. 건강과 질병에 대한 의학계의 관념에는 오늘날의 생물학적 이해뿐만 아니라 문화적·철학적·종교적 신념이 복잡하게 뒤얽혀 있다. 히포크라테스가 살았던 고대 그리스에서도 사람들은 건강과 질병의 정의를 놓고 지금과 같은 질문을 던지곤 했다. 당시에는 발작과 경련을 비롯한 많은 질병이 광증이나 신의 저주로 일어난다는 관점이 지배적이었다. 하지만 지금까지도 의사가 따라야 하는 선서를 만든 위대한 의학자 히포크라테스는 이런 관점에 반대했으며, 질병은 뇌의 이상이나 신체 질환 때문이라고 믿었다.[1] 히포크라테스는 질병이 악령이 아니라 신체와 연관된 문제라고 선언함으로써 의학 개념을 현대화하려고 했다.

현대 의학에서 정신과 신체가 어떻게 연결되고 상호 작용하는지에 관한 논쟁은 항상 17세기 프랑스의 철학자 데카르트로 거슬러 올라간다. 데카르트는 신경, 근육, 혈관 등의 신체가 물리적 실체를 이루며 정신은 유한한 영혼이라고 생각했다. 그는 정신을 신체와 완전히 별개의 존재로 보았고, 정신이 뇌를 통해 신체와 상호 작용할 수 있을지언정 신체의 일부는 아니라고 여겼다. 이 같은 정신과 신체의 분리를 흔히 '데카르트적 이분법'이라고 한다. 이분법은 신체와 분리된 동시에 연결된 영원한 영혼이라는 기독교적 관념에 기원한다. 하지만 의학에서의 이분법은 임상적 의미에서 정신과 신체의 단절을 의미하게 되었다. 현대의 주류 의료 문화에서 신체는 각각의 내장 기관이 예측 가능한 방식으로 작동하는 기계다. 따라서 문제가 발생하고 환자가 증상을 보일 때면 어느 기관이나 계통이 잘못되었는지 쉽게 추적할 수 있다.

그러나 사회학자 고^故 릭 J. 칼슨이 1975년 저서 《의학의 종말The End of Medicine》에 언급했듯이 "인간을 기계로 생각하는 관점은 인체 기능과 인간이 우주에서 수행하는 역할을 이해하는 데 요긴하지만, 인간을 기계로 취급하는 것이 치료에 도움이 되진 않는다. 하지만 의학계는 이런 관점을 의료 관행의 전제로 받아들였다."[2] 이 문장이야말로 현대 의료 문화의 요약이라고 할 수 있다. 의료계는 과학을 거의 절대적으로 신뢰한다. 환자가 통증이나 피로, 어지러움을 느낄 때 그런 증상이 실재하는 동시에 그 원인이 환자의 체내에 존재하지 않을 수 있다는 관점은 쉽게 이해받지 못한다. 주류 의료 문화와는 정반대이며 의료진과 환자 모두 납득하기 어려워하는 관점이기 때문이다. 실제로 전국 곳곳의 병원에서 날마다 이런 상황이 일어나는데도, 이처럼 당혹스럽고 불편한 진실은 무시당하기 십상이다. 영국 철학자 길버트 라일의 표현을 빌리자면, '기계 속 유령'은 정말로 존재한다.

불안, 우울, 쪽잠과 함께 살아가는 의사들

우리는 우리가 살아가는 문화를 좀처럼 생각하지 않는다. 금붕어가 자신이 헤엄치는 물을 생각하지 않는 것과 마찬가지다. 생업을 유지하는 것만으로도 충분히 힘든 경우가 많기 때문이다. 실제로 내가 의사로서 근무한 첫날 느낀 감정은 오직 두려움뿐이었다. 의료 문화에 관해 생각할 여유는 없었다. 과중한 업무로 허덕이는 의사에게 한눈을 팔 시간은 거의 없었으니까. 1990년대의 병원에는 일에 익숙해지기까지 주는 점진적 적응 기간 같은 건 없었다. 그때까지 한 번도 가본 적 없는 새 직장에 출근하고 누군가에게 호출기를 건네받으면 그걸로 끝이었다. 그냥 알아서 익숙해져야 했다. 주말은 당직을 서며 병원 전체를 통틀어 최소한의 인원만으로 응급실이나 병동에서의 위급 상황에 대처해야 하는 날이었다. 경력이 몇 년쯤 되는 임상의 하나가 병원 어딘가에 있긴 했지만, 그는 언제나 바빴고 수련의가 사소한 것도 결정 못해서 귀찮게 군다며 짜증을 내게 마련이었다. 따라서 내 의사로서의 첫 경험은 환영 인사나 지시도 없이 깊은 물속에 내던져진 것이나 마찬가지였다. 내 가방을 놓을 자리는커녕, 열두 시에서 두 시까지의 점심시간을 넘기거나 여덟 시까지 저녁을 못 먹을 경우 어디서 식사를 해야 하는지도 알 수 없었다.

의사들은 수십 년이 지난 지금까지도 똑같은 제도적 무관심에 처해 있다. 나로서는 한 기관 내에 두 가지 문화가 공존할 수 없다는 뻔한 이치를 되새길 수밖에 없다. 의료진을(그리고 병원 내 다른 직원들도) 제대로 대우하지 않으면서 환자가 잘 대접받기를 기대할 수는 없다. 그런 일은 불가능하다. 푸대접받는 의료진은 짜증을 내고 우울해하며 그런 감정을 그들이 만나는 일반 대중에게 돌리게 마련이다. 그들이 나쁜 사람이라서가 아니라 스트레스를 너무 많이 받고 때로는 박봉과 과소평가에 시달리기 때문이다. 의료진의 건강과 안녕을 돌보지 않으면 그들이 치료해야 하는 환자들도 고통받을 수밖에 없다. 이 문제에 관해 조치를 취하려면 선견지명이 있는 경영자가 필요할 것이다. 굳이 따지자면 병원 경영자들도 정부와 주주의 과도한 압박에 시달리기 일쑤지만 말이다. 그리고 그들의 비참함은 고스란히 수하 직원들에게 내려간다.

신참 의사로서의 첫날, 내 첫 번째 과제는 당직실을 찾는 것이었다. 우중충한 콘크리트 건물 2층에서 간신히 그곳을 발견할 수 있었다. 나는 이후로 수 년 동안 반년마다 직장을 옮기면서 소위 당직실 전문가가 되었다. 당직실의 전형적인 모습은 이렇다. 침대에는 예외 없이 축 늘어진 매트리스가 놓여 있는데(소문에 따르면 병실에서 쓸 수 없는 불량품이라고 했다) 어차피 거기서는 편히 잘 수 없다. 스프링이 망가지고 닳아 떨어진데다 울퉁불퉁해서 자다 보면 한밤중에 푹 꺼진 매트리스 가운데 끼어버리기 십상이니까. 게다가 그 매트리스에서는 불안과 우울을 안고 고단한 쪽잠을 자야 했던 수련의 여러 세대의 체취가 물씬 풍긴다. 창문에는 얄팍한 커튼이 쳐져 있는데, 이유는 알 수 없지만 보통 진한 주황색과 갈색 사이의 애매한 색을 띠고 있다. 실내 온도 조절 장치는 제대로 작동하는 법이 없다. 끓어오르는 라디에이터를 끌 수가 없어서 땀을 뻘뻘 흘리거나, 반대로 엉성한 창문 틈새로 파고들어 창틀을 마구 흔들어대고 주황색 싸구려 커튼을 펄럭거리게 하는 황소바람에 덜덜 떨어야 한다. 당직실은 위치도 좋지 않은데, 대체로 병동에서 떨어져 있고 심지어 병원 본관에서 한참 걸어가야 하는 경우도 있다(밤중에는 위험할 정도로 말이다).

한마디로 당직실은 모든 면에서 병원 근무 수련의에 대한 제도적 무관심을 반영하는 시설이다. 경영 측면에서 보면 그럴 만도 하다. 뭐 하러 당직실 같은 데 신경을 쓰겠는가? 수련의는 반년만 있으면 떠날 테고, 그 자리엔 또 다른 겁먹고 기죽은 신참이 들어올 텐데.

요즘 영국 병원에서는 당직실이 완전히 사라졌다. 그 자리에는 다양한 관리 업무를 위한 사무실이 들어왔다. 이런 경향은 내가 의사 자격증을 딴 1992년에 막 시작되고 있었다. 의료 체계가 변하면서 당직실도 필요 없다고 여겨지게 된 것이다. 내가 처음 의사가 되었던 당시 동료들은 각자 '의료 팀'에 배정되었다. 의료 팀은 전문의 아래 서열 순으로 수석 임상의, 임상의, 수석 수련의, 수련의로 이루어진다. 이후로 반년 동안 의료 팀은 가족 같은 존재가 된다. 거의 모든 시간을(친가족보다도 훨씬 많은 시간을) 그들과 함께 담당 병동 환자를 보살피며 보낸다. 그리고 사나흘마다 야간 당직도 서야 한다. 당직이란 아침 여덟 시에 출근해서 하루 낮밤을 꼬박 일하고(어쩌면 당직실에서 한두 시간 눈을 붙일 수도 있다) 다음 날 또 낮 근무를 하는 것이다. 때로는 무척 힘들기도 하지만(수차례 당직 순서를 바꿔주었다가 한 주 동안 총 140시간을 근무한 적도 있다), 내가 잘 알고 신뢰하는 사람들과 함께 버텨나간다는 사실이 고통을 덜어준다.

요즘 수련의들은 교대 근무를 한다. 언뜻 보기엔 이로 인해 삶의 질이 향상된 듯하다. 물론 근무 시간 자체는 확실히 줄었다. 하지만 의사에게 교대 근무는 당직보다 딱히 나을 것이 없다. 짧게 끊어지는 교대 시간 때문에 양질의 진료와 균일한 의료 서비스를 제공하기가 어려워졌기 때문이다. 그러나 병원 측에 의사의 입장은 중요하지 않게 마련이다. 구내식당과 전문의 전용 식당, 전문의가 수련의들과 함께 일하며 서로를 알아가는 기존의 '의료 팀' 체계가 사라지면서 의사들의 의욕을 북돋워주던 유대감과 소속감도 증발했다.

질병의 심리적 측면에 주목하다

그 당시 종합병원에는 정신과가 없었다. 의사의 일은 신체 건강 문제를 다루는 것이라는 문화와 사고방식이 만연해 있었다. 무엇보다 질병의 정신적 측면을 고려할 시간이 없었다. 환자들의 컨베이어벨트, 증상을 호소하며 검사를 요구하는 무시무시한 얼굴들의 바다가 눈앞에 펼쳐져 있었다. 뭔가를 심사숙고할 여유는 허락되지 않았다. 효율이 우선이었고 속도가 그 무엇보다도 중요했다. 심신 건강의 교차점에 관심을 가진 정신과 의사는 대형 의료센터나 대학병원밖에 갈 곳이 없었고 그 밖의 종합병원에서는 자리를 찾기 어려웠다. 솔직히 말하면 환자에게 심리적 문제는 묻지 않는 편이 나았다. 대답을 듣더라도 해줄 수 있는 일이 거의 없었기 때문이다. 환자들도 금세 의사들이 정신 관련 치료에는 심드렁하다는 사실을 파악하고 굳이 얘기를 꺼내지 않게 마련이었다.

하지만 내 마음속에서는 과연 질병의 심리적 측면을 무시해도 되는가 하는 의문이 싹트고 있었다. 병원 근무 경력이 쌓이면서 나는 외래 진료소 운영을 맡게 되었다. 사람들은 의사라면 누구나 환자를 보자마자 사연을 들을 필요도 없이 바로 무슨 조치가 필요한지 파악할 거라고 기대하며, 외래 의사의 경우도 마찬가지다. 그리고 보통은 느리게나마 실제로 그렇게 된다. 의사는 신규 외래 환자를 만날 때마다 환자의 파일을 훑어보고 그때까지의 상황을 재구성해야 한다. 그러려면 환자가 어떤 증상을 보였으며 검사 결과는 어떠했는지, 앞서 환자를 진료한 의사들이 가능성 있는 진단 목록을 제시했는지(의학계에서는 이를 '감별 진단'이라고 한다) 알아보아야 한다. 또한 전임자들이 어떤 식으로 환자의 문제를 검사하고 해결하려 했는지도 파악해야 한다.

아직 미숙한 수련의들은 (적어도 까다로운 환자일 경우) 진단을 보류하여 환자를 다른 분과로 넘겨 버리곤 한다. 그들은 십중팔구 무의미할 일련의 검사로 두 가지 목적을 달성하려고 한다. 첫 번째는 의미 없고 불필요한 검사를 통해 신중한 분석과 명확한 결단을 회피하면서도 열성적으로 일하는 것처럼 보이려는 것이다. 두 번째는 환자에게 당신의 호소를 진지하게 받아들이고 면밀히 조사한다는 인상을 주려는 것이다. 하지만 사실 능숙한 의사는 보통 메모를 힐끗 보기만 해도 환자가 호소하는 신체 건강 문제가 스트레스, 불행, 우울 등 온갖 심리적·사회적 요인에서 비롯되었음을 눈치 챌 수 있다. 복잡한 가족 관계, 경제적 압박, 기분 및 불안장애도 참고 사항에 기록된다.

하지만 그때쯤엔 이미 상황이 늦기 마련이다. 의사들은 이미 환자의 문제가 신체 질환이라는 판단하에 검사를 진행해왔고 환자도 그렇게 믿고 있다. 의사들이 발견할 가능성도 없는 신체 질환을 계속 찾으려고 했을 리가 없으니까. 그러니 전임자들이 그랬듯 환자와 나눠야 할 대화를 피하는 편이 쉽다. 환자의 신체 질환이라는 것이 사실은 심리적·사회적 압박의 결과일 가능성을 외면하는 길을 택하는 것이다. 그러면 그저 환자가 아직 받지 않은 검사 몇 가지를 생각해내거나 재검사를 실시하면 된다. 순서대로 모든 검사를 실시하고 나서 환자를 다른 의사에게 떠넘기고 잊어버리면 되니까.

내가 의학에서 정신의학으로 전향하게 된 결정적 순간이 있었다면 바로 이 시점이었으리라. 나는 현재의 의료 관행이 많은 경우 환자를 돕기는커녕 환자의 신체 건강을 악화시키고 있다는 것을 서서히 깨달았다. 재난이 대부분 그렇듯 이런 사태도 악의가 아니라 오히려 선의로 인해 일어난다.

실제 자료를 살펴보자. 미국의 어느 1차 의료기관에서 흉통, 피로, 어지러움, 두통, 요통, 마비 등 흔한 증상을 호소한 신규 환자 550명을 대상으로 실시된 유명한 연구에 따르면 그중 16퍼센트만 신체적 잠재 원인을 밝혀낼 수 있었다.[3] 정말로 놀라운 수치가 아닐 수 없다. 흔한 신체 증상으로 병원을 찾는 사람들 열 중 여덟이 병인을 찾지 못하며 따라서 의사가 치료할 방법도 없다는 얘기 아닌가. 이 연구에서 의사가 치료를 시도한 환자는 전체의 절반 정도였지만 그중 상당수는 아무 효과도 보지 못했다. 이후로도 비슷한 연구가 수차례 반복되었으나 결과는 항상 똑같았다. 환자가 의사에게 보이는 증상의 상당수는 대중적 관념과 달리 '의학적'인 것이 아니었다. 이처럼 증상의 대부분은 신체 기관의 질환 때문이 아닌데도, 우리는 여전히 그렇다고 믿으려 한다.

흉통, 골반 통증, 피로, 어지럼증, 소화불량 등의 다양한 불쾌 증상으로 1차 의료기관을 거쳐 전문의를 만나게 된 환자들의 경우에도 통계 결과가 특별히 달라지진 않는다. 런던에서 실시된 연구에 따르면, 한 병원의 여성의학과를 찾은 환자들 중에 전문의가 의학적으로 명확히 증상을 설명할 수 있었던 경우는 34퍼센트에 지나지 않았다. 66퍼센트의 환자는 의학적으로 설명할 수 없는 증상을 보였다는 얘기다.[4] 신경과 의사가 증상을 설명할 수 있었던 환자는 38퍼센트에 그쳤다. 위장내과의 경우 42퍼센트, 심장내과의 경우 겨우 45퍼센트의 환자만이 내장 질환으로 설명할 수 있는 증상을 보였다. 류머티즘내과는 55퍼센트, 흉부외과는 60퍼센트였다. 네덜란드의 외래 병원에서 실시한 연구에 따르면 외래 환자의 48퍼센트만이 증상을 명확하게 밝히는 의학적 설명을 들을 수 있었다.[5]

게다가 의학적으로 설명할 수 없는 증상 때문에 발생하는 비용도 상당하다. 온갖 불필요한 검사로 영국에서만 연간 30억 파운드 이상의 비용이 발생하는 것으로 추정된다. 국민보건서비스 1년 예산의 3퍼센트에 가까운 액수다.[6] 아무것도 찾아내지 못하리라는 걸 잘 알면서도 '환자를 안심시키기 위해서'라는 구실로 무의미한 검사를 정당화하는 의사도 있다. 흥미롭게도 이런 변명조차 대부분은 사실이 아니다. 항상 두통에 시달리는 환자가 뇌 스캔 검사를 받으면 마음이 안정되는지 조사한 연구가 있다.[7] 표면적으로는 이런 경우 검사가 도움이 될 것처럼 보인다. 환자가 그의 두통에 심각한 원인이 있다는 오해를 버리고 일상생활을 계속할 수 있을 테니까 말이다. 하지만 연구 결과는 실망스러웠다. 검사를 받은 지 1년만 지나도 환자는 검사를 받지 않은 환자만큼이나 불안한 상태로 되돌아갔다.

가끔씩 의학적으로 설명할 수 없는 증상의 비용을 강조하는 정책 보고서가 나오기도 한다. 그런 비용에는 불필요한 검사로 인한 예산 소요와 일하지 못하는 환자의 비생산성에 따른 경제적 손실뿐만 아니라 심리적 문제를 '의학적'으로 해결하려 하여 낭비된 인적 비용도 포함된다. 보고서가 작성되고 통계가 제시되면 언론의 보도로 대중이 반짝 관심을 보이기도 한다. 하지만 결국 보고서는 금세 잊혀버리고 의료 관행은 변함없이 계속된다.

옥스퍼드 대학교 정신의학과 교수 마이클 샤프Michael Sharpe는 런던의 골드스미스 대학교 교수인 동료 모니카 그레코Monica Greco와 함께 '병'과 '질환'의 개념 구분에 나섰다.[8] '병'은 환자 본인이 느끼고 고통스러워하는 주관적 증상의 경험이며, '질환'은 의사가 검사 결과로 내리는 진단이다. 질환은 스캔 검사, 혈액 검사, 신체 검진을 통해 '실제'로 확인되고 객관적 입증이 가능하다. 반면 병은 일련의 증상일 뿐 반드시 의사가 내린 진단을 통해 입증되는 건 아니다. 그리하여 질환이 아닌 병은 흔히 '실제'가 아니라고 여겨진다. 검사를 했지만 아무것도 발견되지 않았기 때문이다. 병자가 느끼는 고통은 의심받으며 그들의 상태는 일종의 도덕적 결함처럼 여겨진다. 어떤 사람이 어지럼증으로 의사를 찾아간다고 해보자. 검사 결과 아무 문제도 찾지 못한 의사는 병자에게 이렇게 말한다. "좋은 소식입니다. 검사 결과 완전히 정상이에요. 아무 문제도 없다는 걸 알았으니 이제 안심이 되시겠죠." 그러나 병자의 고통은 그대로다. 그의 병이 정당화되지 못했을 뿐이다. 검사 결과 아무 문제가 없었다는 것은 병자에게 결코 좋은 소식이 아니다. 병자의 동료와 가족은 그의 고통이 정말인지 의심하기 시작할 것이다. 선의를 가진(혹은 악의를 감춘) 사람들은 병자에게 그만 '정신 차리고' 업무에 복귀하라는 충고를 할 것이다. 다양한 증상으로 괴로움을 호소하지만 원인 질환이 규명되지 않은 병자는, 고통받는 사람이 아니라 의지가 약하고 도덕성이 부족한 자로 취급받게 된다.

이런 맥락에서 보면 많은 환자를 좌절시키고 엄청난 비용을 소모하는 현재의 의료 관행도 어느 정도는 납득이 된다. 몇 번이고 되풀이되는 검사는 환자의 고통에 진단명을 붙여 정당화하려는 시도인 것이다. 사람들이 서로를 도덕적으로 평가하는 사회에서 질환이 아니라 심리적 원인에 따른 '병'은 (설사 병자가 엄청난 고통을 느끼는 경우에도) 부정적이고 수치스러운 것으로 여겨질 수 있다. 반면 질환에 걸린 환자는 결백하며 연민과 사회적 지원을 받을 가치가 있다고 여겨진다. 그리고 의학은 병을 질환으로 정당화하는 구실을 한다. 사회적으로 그것이 의학의 역할이라고 정해져 있기 때문이다.

열여덟 달의 악몽

신체를 기계로 보는 모델이 유지되는 것은 위험을 회피하려는 의학계의 문화 때문이기도 하다. 여기서 위험 회피란 무엇보다도 의사가 과잉 검사의 해로움보다 오진을 더 두려워한다는 의미다. 오진은 의료 과실이라는 악몽을 환기하는 반면, 과잉 검사는 소심하게 보일지언정 성실한 의료 수행으로 여겨진다. 100퍼센트 정확하거나 완벽하게 안전한 검사란 존재하지 않기에 과잉 검사도 매우 해로운 결과를 초래할 수 있는데 말이다. 생체 검사가 표적을 놓치거나, 혈관이 파열되거나, 스캔 검사에서 불분명한 응어리가 발견되거나, 실험실에서 수상쩍은 혈액 검사 결과가 돌아올 수도 있다. 이 모두가 환자를 더욱 불안하게 할 뿐만 아니라 십중팔구 더 많은 추가 검사를 부른다.

내가 지난 몇 년간 만난 환자 중에서도 그들의 증상을 마지막 하나까지 찾아내려던 선의 넘치는 의사들 때문에 인생이 망가진 경우가 여럿 있었다. 일례로 어지럼증을 겪는 젊은 남성 환자가 있었다. 심장외과, 류마티스내과, 신경과, 자율신경과, 소화기내과, 이비인후과까지 전문의 여섯 명을 거치고도 원인이 밝혀지지 않자 우리 진료소로 위탁된 환자였다. 그를 만난 다른 의사들도 눈치 챘겠지만, 내가 보기에 그는 불안장애였고 어지럼증은 불안장애에 흔히 따르는 과호흡 때문이 분명했다.

하지만 여섯 명의 의사들 중 아무도 그의 어지럼증이 신체적 원인 때문일 가능성은 없다고 과감히 단언하지 못했다. 그리하여 그 환자는 인생의 한창때에 열여덟 달을 유예 상태로 지내게 되었다. 내이 질환, 균형장애, 저혈압, 뇌 질환, 심장 질환, 혈관을 제어하는 신경의 손상 여부를 검사받았다. 엑스레이 검사와 뇌 스캔, 혈액 검사와 기립경사 검사(실신이나 어지럼증의 원인이 자율신경계에 있는지 판정하기 위해 경사대에 누운 채 머리가 심장보다 위를 향하도록 천천히 움직이면서 맥박과 혈압 변화를 확인하는 검사—옮긴이)를 견뎠다. 며칠씩 심장 모니터를 달고 지내거나, 혈관에 염료를 투입받거나, 구역과 탈진을 유발하는 치료를 받기도 했다. 건강이 악화되고 있다는 믿음 때문에 여자 친구와의 약혼도 미루었고 업무는 검사를 받는 사이에나 신경 쓸 수 있었다. 그는 내가 헤아릴 수 있는 것보다 더 많은(참고로 나는 뭔가를 헤아릴 때 상당히 끈질긴 편이다) 스캔과 검사를 받아야 했다. 소위 말하는 '의원성 위해', 즉 의사들이 의도치 않게 유발한 피해를 입은 것이다.

처음 만났을 때 그는 대화에 끌어들이기가 어려운 사람이었다.

20대였고 외모도 젊어 보였지만 경계심이 강하고 방어적인 인상을 주었다. 자신의 사연도 그때까지 몇 번이나 이야기를 되풀이했기 때문인지 무덤덤하게 자동적으로 풀어놓았다. 그가 살짝 흥분한 것은 내가 혹시 지금까지의 경험 때문에 의사를 불신하게 되었는지 물었을 때뿐이었다. 내 질문이 그의 마음속 봉인을 푼 모양인지, 그는 의학계에 대한 신뢰를 완전히 잃었다고 말했다. 의사들이 그에게 지독한 불편을 끼치고 시간을 엄청나게 빼앗아갔는데도, 그의 상태는 처음 병원을 찾았을 때보다 훨씬 더 악화되었다는 것이었다. 그 점에 있어서는 나 역시 동감이었다.

나는 그에게 이렇게 말했다. 당신은 권위자를 존경하도록 교육받아서 의사의 견해에 반박하기를 꺼린다고 했는데, 그 이유로 아무 말도 하지 않으면 당신이 내 소견을 믿는지 내가 알 방법이 없다고. 그 역시 그 점에 있어서는 확언하지 못했지만 그래도 내 말을 듣자 분노가 누그러진 듯했다. 그는 두려움과 절망이 묻어나는 목소리로 말했다. 자기가 중증 환자인지 아니면 건강 염려증일 뿐인지 몰라 무섭고 불안하다고. 이런저런 검사를 받으면서 중증 질환에 대한 공포만 커졌고, 이 분과 저 분과로 떠넘겨지는 데도 지쳤다고 했다.

나는 그에게 솔직히 터놓고 말했다. 그의 문제는 그저 낫지 않은 불안장애가 불확실한 건강 상태와 검사와 치료 때문에 계속 악화된 것이라고 말이다. 그는 나와 한참 이야기하며 곰곰이 생각해본 끝에 자신의 증상에 대한 내 소견을 받아들이기로 했다. 다행히도 그는 항불안제 복용을 시작한 지 4주 만에 한층 나아졌고 8주 뒤에는 완전히 정상으로 돌아갔다. 나는 그에게 더 이상 진료소에 오지 않아도 된다고 했다. 그가 지난 열여덟 달의 악몽을 떨쳐내고 떠난 뒤에도 나는 좀처럼 그를 잊을 수 없었다. 아마도 현대 의학의 위험 회피 풍조로 생겨날 수 있는 가장 큰 문제를 보여주었기 때문일 것이다. 이처럼 환자의 관습적인 복종하에 검사가 거듭되는 것을 보고 있으면, 의사가 실제로 환자에게 도움이 될 치료를 미루며 엉뚱한 곳에서 질환의 원인을 찾는 관행을 막아야 한다는 걸 깨닫게 된다.

끝없는 검사, 낫지 않는 병, 건강 염려증

그로부터 몇 주 뒤 흉부외과의 동료 의사에게 또 다른 의뢰가 들어왔다. 천식을 앓는 중년 여성인데 객관적인 임상 검사 결과로는 납득되지 않을 만큼 심한 호흡 곤란을 호소한다고 했다. 다시 말해 환자의 병인이 심리적인 것은 아닌지 천식 의료진이 의심하기 시작했다는 의미였다. 내가 보기엔 매우 단순한 경우 같았다. 가이스 병원에서 비교적 신참이던 나는 이 종합병원의 동료 전문의들에게 좋은 인상을 주고 싶어 안달이 나 있었다. 사실 그곳처럼 고색창연하고 오래된 병원에서 유일한 정신과 전문의로 지낸다는 건 외로운 일이었다. 가이스 병원 병동에는 그곳을 거쳐 간 여러 유명 의사들의 이름이 붙어 있었다.[9] 쿠퍼 고환, 쿠퍼 인대, 쿠퍼 헤르니아 등 수많은 발견을 남긴 해부학자 애스틀리 쿠퍼Astley Cooper.[10] 최초의 수혈에 성공한 제임스 블런델James Blundell. 신장병 연구의 선구자 리처드 브라이트Richard Bright. 훗날 미국 대통령 존 F. 케네디도 앓았던 질환(희귀한 만성 부신 기능 저하증인 애디슨병을 말한다—옮긴이)을 발견한 토머스 애디슨Thomas Addison. 수백 년의 역사가 숨 쉬는 이 병원의 복도를 걷다 보면 정신의학의 명예가 내게 달린 것처럼 느껴졌다.

이번 과업을 제대로 처리하겠다고 각오한 나는 문제의 환자 마거릿에게 정신질환 이력이 있는지 확인해달라고 비서에게 요청했다. 그 당시 병원에는 환자별로 진료 기록이 두 가지 있었다. 하나는 신체 건강 기록이고 또 하나는 병원 내 별도의 구역에 보관된 정신 건강 기록이었다(지금도 크게 달라진 것은 없다. 이제는 서류가 전산화되었을 뿐 신체 건강 기록과 정신 건강 기록이 따로 보관되는 건 마찬가지다. 그렇다 보니 두 시스템 간의 교류는 불가능하며, 내 수련의들은 한 가지 서류를 작성해서 자기 메일로 보낸 다음 다른 시스템에 접속해서 메일 내용을 복사해 붙인다).

며칠 뒤 의무기록실에서 마거릿의 서류를 보내 왔다. 예상대로 엄청나게 많은 편지와 메모가 첨부된 두툼한 서류 뭉치였다. 펼치자마자 서류철이 확 벌어지더니 종이들이 미끄러져 책상과 바닥에 떨어졌다. 나는 몸을 굽혀 낱장 하나하나를 주워 모았다. 맨 처음 집어 든 편지는 담배 마는 종이만큼 얇은 용지에 타자기로 작성한 것이었다. 1960년대로 거슬러 올라가는 편지는 가장자리가 노랗게 바랬고, 비뚤비뚤하게 타자 친 문장 군데군데 줄을 그어 지우고 볼펜으로 고친 흔적이 있었다. 마거릿이 다닌 초등학교에서 학부모에게 보낸 편지로, 마거릿의 불안 증상이 출석과 성적에 영향을 미치고 있다는 충고였다. 그 옆에는 학교에서 온 또 다른 편지가 있었다. 형태는 비슷했지만 분량은 더 짧았는데, 지난 편지에 답장을 받지 못한 데 유감을 표하는 내용이었다.

다른 편지들은 내 책상 아래 떨어져 있었다. 1970년대에 작성된 편지들로 옛날 의사들 특유의 독단적 어조가 느껴졌다. 1970년대에는 환자가 자기 진료 기록을 볼 수 없었기 때문에(사실 환자가 진료 기록을 볼 수 있게 된 것은 그 뒤로도 30년이 더 지나서였다) 의사들은 자기가 쓴 글이 환자에게 어떻게 읽힐지 따위는 염두에 두지 않았다. 나는 어느 내과 의사가 이미 오래전 은퇴했을 정신과 의사에게 보낸 편지를 집어 들었다. "이 여자애가(마거릿은 당시 스물한 살이나 되었는데도) 흉통 때문에 괴롭다고 날 찾아왔지 뭔가. 자기 심장에 문제가 있는 게 아닐까 걱정된다면서 심장근육병에 관한 신문 기사를 오려 가지고 우리 외래 진료소를 방문했더라고. 나로서는 아무리 봐도 허황된 생각 같지만 말이야. 어쨌든 내가 잘 설명해놓았으니 이제 자네한테 맡기겠네."

책상 위에는 법정 제출용 정신감정서가 떨어져 있었다. 1980년대에 작성된 이 서류에 따르면 마거릿이 좀도둑질을 하다 붙잡힌 모양이었다. 약국에서 돈을 지불하지 않고 물건을 가져왔다고 적혀 있었다. 마거릿은 돈을 내려고 했지만 심한 공황발작이 일어나는 바람에 미처 생각할 겨를도 없이 약국에서 뛰쳐나가야 했다고 변명했다. 감정서를 작성한 정신과 의사는 마거릿에게 동정적이었고 그의 주장이 믿을 만하다고 진술했다. 내가 집어 든 다른 편지들은 이미 순서가 뒤죽박죽 섞여버려서, 판사가 마거릿에게 어떤 판결을 내렸는지는 알아낼 수 없었다. 결국 나는 종이 뭉치를 도로 서류철에 쑤셔 넣기 시작했다. 의사가 마거릿과 상담하면서 알아보기 힘든 글씨로 작성한 메모들도 있었다. 구불구불하게 갈겨 쓴 구절 하나가 눈에 띄었다. "초조함, 흥분, 항불안제 처방." 마거릿의 증상이 지속됨에 따라 항불안제 처방을 늘린 것을 정당화하는 내용인 듯했다. 옛날 의사들은 참 편했겠구나 하는 생각이 들지 않을 수 없었다. 몇 마디 끄적거리고 가끔씩 처방전만 써주면 환자들이 감사하며 고분고분 말을 들었을 테니.

마거릿의 신체 건강 기록도 정신감정서만큼 의미심장했다. 서른 살밖에 안 됐는데도 마거릿은 이미 종합병원 내 분과의 절반쯤을 다녀온 것 같았다. 외과 수술도 몇 번 받았지만 부작용과 지속적 통증만 생겼고 그 때문에 또 수차례 검사를 받은 모양이었다. 끝없는 의료의 수렁에 빠져버린 것이다. 하지만 희한하게도 마거릿은 그 늪 속에 머물고 싶어 했다. 끝없이 반복되는 검사에도 전혀 반발하지 않고 전문의들의 품에 자신을 내맡겼으며, 진료 예약을 중심으로 인생을 살아가는 전문 환자가 되었다.

마침내 마거릿을 실제로 만났을 때 내가 무엇을 예상했는지는 기억나지 않는다. 다만 가장 인상적이었던 점은 마거릿이 모든 면에서 평범하고 눈에 띄지 않는 사람이었다는 것이다. 마거릿은 물 빠진 청바지에 운동복 상의 차림이었고 안에는 헐렁한 초록색 셔츠를 받쳐 입고 있었다. 어깨 길이로 자른 머리칼은 성기고 희끗희끗했다. 조리 있는 말투를 썼지만 목소리에 살짝 불안이 묻어났고, 어떻게든 내게 좋은 인상을 주고 싶어 한다는 게 느껴졌다.

마거릿은 자신의 어린 시절을 짧게 이야기했다. 대부분은 이미 서류에서 읽은 내용이었다. 런던 교외의 노동계급 가정에서 태어나 자랐고, 어릴 때부터 쭉 불안해하는 성격이었다. 아버지는 철도 노동자였고 어머니는 가정주부였다. 아이를 셋이나 낳아 길렀을 뿐만 아니라 편두통과 현기증과 관절염 등 온갖 병으로 며칠씩 침대에 누워 있어야 했다. 마거릿은 스트레스를 받으면 복통을 느꼈고, 그러다 보니 어머니는 마거릿을 며칠씩 학교에 보내지 않기도 했다.

마거릿은 열여섯 살 때 맹장염에 걸렸다. 하지만 몇 년이나 배가 아프다며 상습 결석을 하다 보니 아무도 마거릿의 호소를 귀담아듣지 않았다. 의사에게 아프다고 말해도 계속 무시당했다. 마거릿의 맹장이 파열된 뒤에야 의사는 상황을 진지하게 받아들이고 마거릿을 수술실로 보냈다. 마거릿은 수술을 받았던 때를 뚜렷이 기억하고 있었으며 그 뒤로 병원에서 죽는 악몽을 꾸기 시작했다. 건강 염려증이 심해진 것도 그때부터였다. 무엇보다도 "의사가 애초에 내 말을 들어주지 않았기" 때문에 생긴 일이었다.

그리하여 마거릿의 전형적인 진료 패턴이 성립되었다. 누군가 마거릿에게 적어도 그가 겪는 증상 일부는 신체 질환 때문이라고 보기 어려우며 그보다 신체 건강에 대한 강박과 불안 때문이 아닌지 생각해보라고 권했다면, 마거릿은 이 경험을 언급하며 자신의 주장을 관철했을 것이다. 맹장 수술 경험은 마거릿이 제시할 수 있는 비장의 카드이자 의사가 환자에게 주의하지 않으면 무슨 일이 생기는지 잘 보여주는 교훈이었다. 의사 쪽에서도 이 이야기를 들으면 고소당하거나 오진을 내릴까 봐 두려운 나머지 항상 검사를 선택하게 마련이었다.

마거릿의 지속적인 건강 문제는 그의 가정생활에도 명백한 영향을 미쳤다. 마거릿은 결혼해 아이를 가졌지만 잠시 직물 회사에서 일한 뒤 건강 악화로 퇴사했다. 외국에 나갔다가 병에 걸릴까 봐 두려워서 가족과의 휴가 여행에도 빠지기 일쑤였다. 마거릿의 끝없는 병치레를 보면 놀이공원에서 흔히 볼 수 있는 두더지잡기가 생각났다. 한 가지 건강 문제가 해결되었다 싶으면 곧바로 다른 문제가 고개를 내밀었고, 어쩌다 몸에 이상이 없으면 불안 증상이 다시 악화되곤 했다. 그리하여 마거릿은 지역병원 방문과 전문병원 진료와 검사를 쉬지 않고 반복하며 살아갔다. 혹시라도 건강이 좋아진다면 그 뒤로는 어떻게 살아갈 것인지 궁금해질 정도로 말이다.

내게 진료를 받는 동안 마거릿은 거의 항상 그런 식이었다. 어떤 때는 마거릿도 자기 증상이 몸과 마음의 연관성 때문이라는 내 설명을 이해했지만, 그러다가도 통증을 느끼기만 하면 내가 한 말을 싹 잊어버렸다. 흥분해서 어쩔 줄 모르며 지금까지의 수백 번과 달리 이번에야말로 불치병에 걸린 게 분명하다고 믿었다. 자기가 맹장염에 걸렸고 정말로 아프다는 걸 모두에게 납득시켜야 했던 시절로 돌아간 것 같았다. 일단 그렇게 믿어버리면 마거릿은 통증에 흐느끼며 죽을 듯 절망에 빠졌고, 그러면 또다시 일련의 검사가 반복되게 마련이었다. 검사 결과는 보통 정상이었지만 어쩌다 사소하고 주변적인 이상이 발견될 때도 있었다. 하지만 마거릿이 워낙 흥분하며 고통을 호소했기에 어떤 치료든 해주어야 했고, 가끔은 수술이 실시되기도 했다. 마거릿의 삶은 그렇게 계속되어갔다.

나는 마거릿의 상황을 크게 호전시키지 못했다. 사소한 증상이 생길 때마다 병원에 오진 말라고 권하며 앞에 요약한 내용을 설명해주긴 했다. 신체 증상은 매우 흔하고 일반적인 것이며 대부분의 경우 어떤 질환의 징후도 아니라는, 많은 사람들이 알지만 좀처럼 언급하지 않는 진실을. 마거릿에게 이를 납득시키는 것도 어려웠지만, 내과 및 외과의들의 과잉 검사를 만류하는 것은 더더욱 어려운 일이었다. 그들도 내 말이 무슨 뜻인지 이해했고 현재의 의료 관행이 문제라는 것도 잘 알았지만 그래도 뭔가 놓쳤을까 봐 두렵다고 했다. 게다가 어쨌든 그들로서는 과잉 검사를 해도 잃을 것이 전혀 없었다. 그러니 설사 불필요하다 해도 마거릿을 검사하는 것이 무조건 안전한 선택지였다.

나는 10년간 마거릿을 진료했다. 나로서는 영문 모를 일이었지만, 마거릿은 내가 자신의 목숨을 구해주었다고 철석같이 믿었다. 마거릿은 매년 12월이면 크리스마스카드와 공예 수업에서 만든 선물을 보내 왔다. 어떤 해는 지점토로 만든 커다란 사과였고 그 다음해는 토르의 잔을 연상시키는 커다란 뿔 모양 술잔이었으며, 에나멜로 만든 코끼리가 온 해도 있었다. 마거릿이 이렇게 나를 신뢰한 건, 그가 수차례 위기를 겪는 동안 내가 곁에 있어주었기 때문인지도 모른다. 마거릿의 위기는 보통 관청에서 온 서류와 관련이 있었지만(마거릿은 공문서를 받을 때마다 공황에 빠지곤 했다) 가족 문제나 관련 행사 때문일 때도 있었다. 마거릿이 공황에 빠지면 대개 불안 발작이나 새로운 증상이 따라왔다.

결국 정신 건강이 악화된 마거릿은 흥분하여 큰 소동을 일으켰다. 나는 그의 진료를 다른 정신과 의사에게 맡겨야 했다. 마거릿은 자기가 살아 있는 건 내 덕분이라고 단언했지만, 내가 보기엔 마거릿이야말로 의사에게 별 도움을 받지 못한 환자들이 가장 고마워하게 마련이라는 내 이론을 증명하는 사례였다. 나는 마거릿이 불필요한 진찰이나 치료를 받지 않게 최선을 다하며 그의 정신 건강을 호전시키는 데 집중했다. 그러나 마거릿이야말로 건강 문제가 있는 사람들 대부분의 전형임을 깨닫지 못하고 제대로 대처하지도 못하는 의료 문화 앞에서 몇 번이나 좌절해야 했다.

　그렇다고 누구를 탓할 수는 없었다. 마거릿을 진료한 의사들은 모두 성실하고 선의를 지닌 사람들이었으니까. 아마도 그들 역시 마거릿을 검사하고 수술하면서 이것이 과연 옳은 일인지 의구심을 느꼈으리라. 다만 그런 의사들도 위험을 회피하는 경직된 의료 체계에서 자유로울 수 없었던 것이다.

　이처럼 현재 의료 문화에서는 과잉 검사가 거의 항상 안전한 선택지다. 항상 병이 아닌 질환만을 좇는 의료 문화에서 마거릿 같은 환자는 제대로 보살핌받지 못하고 무고한 피해자가 된다. 지금도 어딘가에 마거릿처럼 의미 없는 과잉 진료만 받고 있는 환자가 있을지 모르는 일이다.

4

무기력과 우울증

내가 정신과 의사라는 걸 알았을 때 사람들이 보이는 반응에는 이미 익숙하다. 아마도 가장 흔히 듣는 말은 "지금 나를 분석하고 있나요?"라는 질문일 것이다. 그러면 나는 보통 "아니요"라고 대답하지만(가끔은 "네, 방금 저한테 질문하면서 코를 긁적이시더군요"라고 대답하기도 한다) 이런 질문에는 정신의학의 작용과 실체에 관한 근본적 오해가 드러난다. 정신과 의사는 환자를 소파에 눕히지 않으며 자유 연상을 요구하지도 않는다. 어떤 사람을 보는 것만으로 그의 내밀한 생각을 알아낼 수도 없다. 의사는 독심술사가 아니니까. 환자와 상담을 시작할 때 "어린 시절 이야기를 해보세요"라고 말하지도 않는다. 다만 날마다 아주 많은 질문을 던지며 그중 상당수가 사적인 질문일 뿐이다.

긴 의자에 누운 환자의 머리맡에 턱수염 난 의사가 앉아 있는 일러스트가 그려진 유머러스한 생일 축하카드를 아직도 흔히 볼 수 있다. 하지만 놀랍게도, 현재 의대에서는 프로이트 심리학을 가르치기는커녕 거의 언급하지도 않는다. 1856년에 태어나 1939년에 죽은 프로이트는 분명 통찰력 있는 사람이었지만, 이제는 구시대의 인물로 잊혀가고 있다.

물론 프로이트가 이런저런 흥미로운 말을 한 건 사실이다. 그는 누구나 마음속에 욕망이 들끓는 가마솥 같은 이드^{id}(본능적인 생체 에너지)가 존재하며 이것이 자동차의 엔진처럼 개인에게 동기를 부여하여 앞으로 나아가게 한다고 주장했다. 하지만 자동차와 마찬가지로 사람도 엔진만 있고 브레이크가 없다면 얼마 못 가 망가지게 마련이다. 따라서 프로이트는 이드와 상반되는 힘인 초자아^{superego}가 정신의 브레이크 구실을 한다는 가설을 세웠다. 프로이트에 따르면 초자아는 보통 부모를 비롯한 권위자로부터 비롯된 엄격하고 구속적인 도덕률이자, 개인이 준수해야 하는 규범이다. 이드와 초자아의 균형을 잡아주는 존재는 우리의 자의식에 해당하는 자아^{ego}다. 우리는 자아 덕분에 사회적으로 적합한 행동을 하며 가장 저급한 욕망과 양심 사이에서 방향을 잡고 나아갈 수 있다.

프로이트는 스스로를 이해하려면 의식이 무의식(이드와 초자아)을 활용할 수 있어야 한다고 생각했다. 또한 이처럼 더욱 광범위한 자기 인식을 통해 우리를 괴롭히는 모든 정신적 고통을 치유할 수 있다고 믿었다. 이런 자기 인식의 일환으로, 그는 소위 프로이트의 말실수Freudian slip(무의식중에 속마음을 드러내는 말실수—옮긴이)라는 개념을 정립했다. 예를 들어 "티켓이 도착하면 그이한테 알려줘야지"라고 말하려 했는데 "티켓이 도착하면 그이한테 청혼해야지"라고 말해버리는 경우다. 프로이트는 이런 실수가 마음속의 내밀한 욕망, 앞의 경우 그 사람과 결혼하고 싶다는 생각을 드러낸다고 보았다. 그는 또한 꿈을 무척 중요한 존재로 여겼다. 우리가 잠들면 자유롭게 풀려난 무의식이 꿈을 빚어내므로, 꿈이야말로 '무의식으로 가는 지름길'이라고 믿었던 것이다. 프로이트는 이런 방법으로 인간의 마음속 가장 깊은 곳에 숨겨진 생각과 욕망에 접근할 수 있다고 여겼으며, 이 같은 자기 인식을 통해 심리적 장애물을 극복하고 자신을 이해하여 신경증에서 해방될 수 있다는 가설을 세웠다.

이런 식의 정신분석은 시간이 오래 걸린다. 내담자는 매주, 어쩌면 일주일에 다섯 번까지도 상담사를 방문해야 한다. 무의식적 기억, 억압된 감정과 욕망을 풀어내려면 많은 시간이 필요하다. 진척이 있을 때까지 몇 년씩 걸릴 수도 있는데, 내가 보기에는 이런 심리 치료가 그만큼의 시간과 비용을 들일 정도로 효과적인 것 같진 않다. 현대 정신의학계에서도 프로이트 심리학이 효용을 다했으며 일상에 적용하기에도 유효하지 않다는 의견이 대세다. 나팔바지에 턱수염이 덥수룩했던 1970년대의 선배 의사들과 달리, 현대의 정신과 의사는 단정하고 깔끔한 정장 차림에 정신병은 자가 면역 질환이라는 이론과 MRI 기계로 무장하고 있다. 임상의학은 전성기가 지나 버려진 관념의 쓰레기장을 통과하여 더욱 진보된 방향으로 나아간다. 버려진 관념은 대부분 완전히 사라지지만, 한물가긴 했어도 어찌어찌 틈새에 파고들어 목숨을 부지하는 것들도 있다. 앞에서 언급한 정신분석도 그런 경우다.

그렇게 지금껏 살아남은 관념 중, 고대 그리스에서 비롯되어 1500년 동안 의학에 큰 영향을 미친 사체액설四體液說이 있다. 고대 그리스의 의사는 현대의 의사와 달리 특정 인체 부위 전문가가 아니었다. 의학사 연구자 앤드루 스컬Andrew Scull이 저서 《히스테리의 일대기Hysteria: The Biography》에서 지적했듯이, 그런 의사는 오히려 돌팔이나 아마추어로 여겨졌다.[1] 천 년도 넘게 의학의 주류를 이룬 견해는 '몸과 마음이 완벽한 균형을 이루어야 한다'는 것이었다. 이런 균형을 좌우하는 것은 혈액, 점액, 흑담즙, 황담즙의 네 가지 체액이었다. 환자의 어느 체액에 문제가 생겼는지 확인하고 치료로 균형을 회복해주는 것이 의사의 역할이었다.

사체액설에 따르면 우울증 환자는 흑담즙이 지나치게 많은 사람이다. 오늘날 우울증을 뜻하는 영어 명사 'melancholy'는 흑담즙을 가리키는 그리스어 멜랑콜리아μελαγχολία, melancholia에서 나온 것이다. 조증 환자는 혈액이 지나치게 많아 다혈질이고 성미가 급한 사람이다. 이들에게는 다혈질을 둔화시켜 균형을 되찾아줄 밍밍한 우유 푸딩이 처방되곤 했다. 의사들은 또한 구토제, 사혈, 하제를 사용하여 환자의 균형을 회복하려 했다.

사체액설이 천 년 넘게 유지된 것은 신체 작용, 인간의 성격, 인체와 외부의 관계에 이르기까지 인간의 몸과 관련된 만사를 논리정연하게 설명해주는 이론으로 보였기 때문이다. 사체액설은 질서와 명료함을 추구하는 인간의 성향에 잘 맞았으며, 세상 만물이 이치에 맞아야 한다는 일반적 전제(내 경험에 따르면 인간이 좀처럼 포기하지 못하는)에 기반을 두고 있었다. 비록 지금의 의학과는 다르지만, 인간의 몸과 마음을 종합적으로 살펴보았다는 점은 높게 살 만하다.

학습된 무기력은 어떻게 우울증으로 이어지는가

어느 수요일 오후, 예약 환자가 진료실에 들어왔다. 사이먼은 성공한 변호사로 결혼해서 아이가 셋 있었다. 그리고 수차례의 우울증삽화(특정한 증상이 평소와 뚜렷이 구분될 만큼 재발했다가 가라앉기까지의 시기―옮긴이) 경험도 있었다. 우울증은 상황을 가리지 않고 이유없이 불쑥 찾아와 그를 무력하고 황폐한 상태에 빠뜨리곤 했다. 문득 몇 년 전 수련의 시절 저명한 정신과 의사와 함께한 점심 식사자리에서 가장 피하고 싶은 질병이 무엇인지 토론했던(의사들끼리흔히 이야기하는 주제다) 기억이 떠올랐다. 당시 내게 놀라웠던 것은 그 의사가 곧바로 '중증 우울증'이라고 단언했다는 사실이었다. 그는 이렇게 설명했다. 이 세상에는 불쾌할 뿐만 아니라 인생을 뒤흔들거나 파괴할 수 있는 질병이 무척 많지만, 극심한 우울증 삽화를 몇 번 목격하고 나면 그것이야말로 최악의 질병임을 이해하게 될 거라고. 병원 구내식당에서 동료 정신과 의사가 들려준 우울증 환자 이야기도 지금껏 생생히 기억난다. 동료의 담당 환자 한 명은 우울증이 심해진 나머지 자기가 이미 죽어 내장이 썩어가는 중이라는 망상에 빠졌다고 했다. 심지어 묘지로 가서 드러누워 누군가 삽으로 자기 몸을 흙으로 덮어주길 기다리기도 했다는 것이다. 그렇게 행동하는 사람의 정신 상태를 나로서는 감히 상상도 할 수 없다. 고통과 절망이 얼마나 심하면 그러겠는가.

우울증에 걸린 환자는 깊은 비참함과 절망감, 무력감에 빠진다. 견딜 수 없는 회한과 구차함, 죄책감, 수치심이 밀려든다. 과거는 실패의 연속이며 현재는 무의미한 고통의 연속, 미래는 실망과 덧없음의 연속일 뿐이다. 이런 감정은 모든 인간관계에 스며든다(의대생이던 시절 입원 병동에서 한 여성 우울증 환자를 만난 적이 있다. 나는 자기소개를 하고 대화를 나눠도 괜찮을지 물어보았다. 그는 잠시 가만히 바닥을 내려다보고 있다가 무뚝뚝한 어조로 이렇게만 말했다. "의대생 생활도 별로 재미는 없겠군요." 의대생들의 악명 높은 방탕함을 전혀 모르는 모양이었다). 우울증 환자는 수면과 식사를 중단하고 일을 하지 못하며 사회적으로 위축된다. 자꾸만 죽음과 임종을 떠올리게 되고 자살에 대한 생각이 거의 항상 머리를 떠나지 않는다. 그런 생각이 몽상이자 도피 수단에 그칠 수도 있지만 때로는 명료하고 심사숙고한 계획에 이르기도 한다.

나를 찾아온 사이먼 역시 이런 상태에 빠져 있었다. 사이먼과 마주 앉아 있으니 진료실에 우울과 고뇌가 차오르는 것만 같았다. 사이먼은 그런 감정을 말 그대로 뿜어내고 있었다. 째깍대는 시계 소리 속에서 내 목소리도 사이먼의 목소리에 맞추어 절로 나직해졌다. 그는 좀처럼 입을 열지 않았고 대체로 방바닥만 내려다보고 있었지만 말이다.

사이먼의 인생은 내리막으로 치닫고 있었다. 직장 일에 집중할 수가 없었고 실수를 저지르기 시작했다. 잠이 안 오고 입맛도 떨어져 살이 빠지면서 옷이 헐렁해졌다. 일상적 대화가 그에게는 고문이었다. 직장에서의 잡담도 힘들 정도였다. 동료가 농담을 하면 무슨 뜻인지 알아들을 수는 있었지만 전혀 재미있게 느껴지지 않았다. 그간의 여러 성취에도 불구하고 사이먼은 지금까지의 자기 삶이 실패였다고 믿었다. 누군가 한 마디 이의만 제기해도 자기가 구제불능이라고 확신했다. 오랫동안 잊고 있던 학창 시절의 사건들도 새삼 떠올랐다. 그는 자신이 다른 학생들을 괴롭혔을지도 모른다는 걱정에 시달렸고, 그때 괴로워했던 아이들이 지금의 그를 보고 인과응보를 받았음을 알길 바랐다. 이 말이 어쩌나 통렬하고 슬프게 들렸는지 나는 잠시 말문이 막혀버렸다. 시간이 지나면 상황이 나아지지 않겠느냐고 물어봤지만 사이먼은 고개를 저었다. 그에게 미래는 황량하며 자신이 전혀 통제할 수 없는 것이었다. 그러니 노력을 해봤자 무슨 소용이겠느냐는 생각이 드는 것도 당연했다.

사이먼의 말에 의대를 졸업한 이후로 거의 잊고 있던 연구 하나가 생각났다. 우울증에 관한 동물 실험이었다.[2] 동물 실험의 목적은 동물을 통해 인간의 질병이 어떤 이유로 발생하는지 추정하는 것이다. 이 실험은 개를(비글이었다고 기억한다) 두 무리로 나눠 각각 금속판 위에 앉히고 사이렌이 울리면 금속판에 전기 충격을 가하는 방식으로 진행되었다. 심각하진 않지만 개들이 불쾌감을 느끼고 금속판에서 벗어나려 할 정도의 충격이었다. 개들이 낮은 울타리를 뛰어넘어 건너편 금속판으로 이동하면 전기 충격을 피할 수 있었다.

첫 번째 비글 무리에게는 울타리를 뛰어넘으면 전기 충격을 피할 수 있다고 미리 알려주었지만, 두 번째 무리에게는 전기 충격에서 벗어날 방법이 없다고 믿게 한 터였다. 그래서 사이렌이 울리자 첫 번째 무리는 재빨리 울타리를 뛰어넘어 전기 충격에서 벗어났지만 두 번째 무리는 달아나려는 시도조차 하지 않았다. 그들이 울타리를 뛰어넘기만 했다면 건너편 금속판에는 전류가 흐르지 않는다는 걸 알아차렸을 텐데도. 두 번째 무리의 개들은 자기네가 어떻게 하든 상황이 나아지진 않을 거라고 믿었는지, 기죽은 표정으로 멍하니 약한 전류가 흐르는 금속판 위에 드러누워 낑낑거렸다. 무력하고 우울하게 가만히 운명을 받아들이던 비글들의 모습이 마음속에서 지워지지 않았다.

　요즘에도 이런 실험이 윤리적으로 용인될지는 의문이지만, 이 실험에서 학습된 무기력이 우울증과 연결된다는 중요한 교훈을 얻을 수 있다. 충분히 설득력 있는 이야기다. 모든 게 내 손이 닿지 않는 곳에 있고, 내가 얼마나 노력하든 아무것도 이루지 못할 것이며, 성공은 내가 아닌 다른 사람들에게만 가능하다는 말을 평생토록 들어왔다고 가정해보자. 그런 말을 계속 듣다 보면 아예 애쓰지 말아야겠다는 생각이 들게 마련이다. 뭔가 제대로 안 풀리면 그냥 포기하는 쪽이 편해지고, 그러다 보면 나는 아무것도 제대로 할 수 없을 거라는 생각만 굳어질 것이다. 그리하여 노력하길 그만두고 나면 머지않아 기회 자체가 사라지고 인생은 그저 나를 스쳐 지나갈 것이다. 학습된 무기력은 이처럼 비참하고 자기충족적인 방식으로 무감각과 우울증을 불러온다. 또 하나의 인생이 덧없는 절망의 오지에서 스러지는 것이다.

우울증보다 중요한 것

이처럼 우울증은 학습된 무기력, 인생 경험 등 내적 요소를 통해 심화된다. 그런데 왜 의사들은 우울증 환자에게 약을 처방할까? 의사들은 어째서 우울증 환자에게 병의 원인을 설명할 때 뇌 내 화학물질을 언급하는 걸까? 사실 신경전달물질도 어떤 면에서는 우울증의 원인이 맞다. 세로토닌, 노르아드레날린, 그리고 아마도 도파민 등의 신경전달물질 결핍은 우울증에 큰 영향을 미치는 것으로 보인다. 수십억 개의 뉴런, 시냅스 연결, 신경전달물질이 우리의 성격과 심리적 문제를 형성한다. 우울증은 우리의 뇌와 화학물질의 연결에 작용하는 것으로 보이는 유전적 소인의 결과물이다. 물론 이런 유전적 소인이 거꾸로 우리의 경험, 행동과 대처 방식, 인생 경험에 영향을 받기도 한다. 우울증은 신체와 정신 어느 한쪽만의 질환이 아니다. 그리고 양쪽의 건강을 개선하는 데에는 항우울제가 매우 효과적이다.

내가 항우울제를 권유하면 환자들 상당수는 불안한 기색을 보이며, 자신의 정신 작용을 건드리는 물질을 복용한다는 생각에 불편해한다. 이상한 것은 그들이 대체로 알코올이나 대마초 같은 다른 향정신성 물질에 대해서는 훨씬 너그러운 태도를 보인다는 점이다. 하지만 항우울제에 대한 일부 사람들의 반발심도 충분히 이해할 수 있다. 나도 인공 고관절 삽입을 받아야 한다고 하면 그만큼 불안해할 테니까. 하지만 반드시 그래야 한다면 받아들일 수밖에 없을 것이다. 나는 항우울제 복용도 이처럼 실용적으로 생각하려고 한다. 진심으로 항우울제를 복용하고 싶은 사람은 아무도 없겠지만, 그렇게 따지면 애초에 아프고 싶은 사람도 없지 않은가. 항우울제를 조심해서 처방하면 효과를 볼 수 있으며 환자의 삶이 달라진다는 데는 의문의 여지가 없다.

사이먼의 경우도 분명히 그랬다. 몇 주 뒤 다시 만났을 때 그에게서는 뭔가 달라진 느낌이 들었다. 그는 잠을 한결 잘 자게 되었으며 초조함과 불안감도 줄어들었다고 했다. 몇 주가 더 지나면서 사이먼의 기분은 점점 나아졌다. 그가 대기실에서 진료실로 들어오며 농담을 던졌던 날의 놀라움이 아직도 기억난다. 사이먼은 다시 직장에 복귀했고 모든 게 잘되어간다고 말했다. 성생활도 재개했고 가족과 함께 있는 시간이 즐거워졌으며 가족 역시 그를 되찾아 기뻐한다고 했다.

우울증은 치료하는 보람이 무척 큰 질병이다. 하지만 환자가 항우울제 복용을 꺼리는 일이 종종 있는데, 이런 거부감을 없애기란 쉽지 않다. 그렇다 보니 성공적인 우울증 치료의 절반쯤은 환자에게 항우울제가 필요함을 설득하는 일이라고 할 수 있다. 이런 설득 과정이 사실상 우울증의 일부인 환자들도 있다. 우울증이 극심한 나머지 자기는 무가치하고 고통받아야 마땅한 인간이니 시간 낭비하지 말고 다른 환자나 만나보라고 말하는 이도 있었다.

우울증과 그 치료에 관한 빈약하고 그릇된 허위 정보가 낳은 편견을 극복하는 것 역시 중요한 문제다. 인터넷이나 언론 매체에 만연한 정보들은 대중의 의식에 우울증과 관련된 사회적 오해를 불어넣는다. 항우울제 복용을 선택한 사람들에 대한 '약 공격^{pill} ^{shaming}'에 관해서는 이미 많은 글이 발표된 바 있다. 이는 최근 SNS

에서 정신과에서 약을 처방받는 사람이 노골적으로 비난받는 현상을 뜻하며, 여러 환자들 중에서도 오직 정신질환으로 약을 복용하는 사람만을 겨냥하는 것으로 보인다. 나 역시 그런 경우를 목격한 적이 있으며, 정신과에서 약을 처방받아 먹는다고 인정한 사람에게 쏟아지는 사나운 말들에 크게 당황했다. 어째서 누군가의 질병 치료법 선택에 다른 사람들이 이래라저래라 한단 말인가? 신체 질환 치료에 대해서는 결코 이 정도의 혐오가 나타나지 않는다. 심장 우회수술을 받기로 했다고 맹렬히 비난받는 사람은 없을 것이다.

물론 정신질환이 우리 존재의 본질을 건드리는 특별한 문제인 것은 사실이다. 항우울제 복용에 관한 사람들의 태도는 그에 따른 두려움의 반영일지도 모른다. 그러나 그보다 더욱 중요한 것은 우울증으로 인한 고통이 엄밀히 실존하며 이는 올바른 처방으로 치료할 수 있다는 것이다. 환자의 아픈 마음, 더 나아가 그의 삶까지 말이다.

5

신장 기증자 정신감정

우리 시대가 지구에 어떤 유산을 남길 것인지 생각해본 사람은 얼마나 될까? 그런 생각을 해본 사람들은 어떤 결론을 내렸을까? 우리는 어떻게 기억되고 싶어 할까? 아마도 인류 대부분은 다른 사람에게 친절을 베풀 기회가 생긴다면 기꺼이 그렇게 할 것이다. 또한그런 친절의 십중팔구는 자선 단체 기부나 낯선 사람을 돕는 일처럼 소박하고 의학과는 무관한 행동을 통해 이루어질 것이다. 하지만 이타적 행위를 베풀기 위해 환자가 되고 의료 체계에 편입되며나아가 정신과 진료소에 오게 되는 사람들도 있다.

내가 처음으로 정신과 전문의 자리에 오른 것은 2003년 런던의대규모 대학병원에서였다. 그곳에서는 신장 이식 수술이 자주 있었지만 신장 기증은 대부분 부모 자식 간에, 어쩌다 형제자매 사이에

나 이루어지곤 했다. 수용자를 지정하지 않고 만난 적도 없는 낯선 이를 위해 병원에 신장을 내준다는 것은 미국에서나 일어나는 일이었다. 미국에서는 신장 비지정 기증이 영국보다 좀 더 빨리 합법화되었기 때문이다. (비지정 기증이란 누구든 신장이 필요한 사람, 일면식도 없고 아마도 평생 만나지 못할 사람에게 신장을 그냥 주기로 하는 것이다.) 다른 사람에게 신장 하나를 떼어주는 사람은 무슨 이유로 그러는 걸까? 굳이 그럴 필요가 없는데도 자발적으로 환자가 되어 병원에 얽매이기를 택하는 이유는 무엇일까? 나는 신장 이식을 원하는 기증자를 수없이 만난 덕에 그들의 생각을 들을 수 있었다.

거의 모든 사람은 신장 두 개를 가지고 태어난다. 하지만 신장이 하나만 있는 사람들도 전혀 이상을 못 느끼기 때문에 평생 그 사실을 모르는 것이 보통이며, 신장 기증을 하겠다고 나선 다음에야 자기에게 신장이 하나뿐임을 알게 되는 경우도 있다. 신장의 기능은 혈액에서 노폐물을 걸러내고 체내 수분 양을 조절하는 것이다. 신장이 제대로 기능하지 않으면 독소가 쌓여 건강이 서서히 악화되는 게 느껴진다. 게다가 신장에 이상이 있으면 소변이 생성되지 않아서 체내 수분 과다로 부종이 발생하고 호흡 곤란이 일어날 수 있다. 투석 기계가 신장 기능을 대체할 수는 있지만, 이 기계는 진짜 신장과 달리 항상 자동으로 작동하진 않는다. 투석 기계를 사용하는 환자들은 일주일에 세 번 병원에 와서 매번 네 시간을 기계에 연결되어 있어야 한다. 투석 기계는 체내의 혈액을 빼내어 여과한

다음 정화된 몸속으로 돌려보낸다. 이 과정이 무척 힘겹다고 말하는 환자가 많다. 이들의 생활은 끊임없는 투석과 회복의 쳇바퀴가 된다. 투석 기계에 의지하여 살려면 여러 모로 제한이 많다. 누구나 알듯이 투석에 시간이 많이 걸려서 한참 지루함을 견뎌야 한다는 이유 때문만이 아니다. 투석 기계를 쓰는 환자들은 직장 생활에 불편을 겪을 뿐만 아니라 휴가 여행을 비롯해 온갖 현실적 문제에 부딪힌다. 내가 본 환자들은 대부분 휴가 여행을 완전히 포기하는 것 말고는 해결책을 찾지 못했다.

신장 이식은 환자들이 어느 정도 자유를 되찾는 수단이며, 투석 기계에 의존하는 환자들 상당수가 갈망하는 목표이기도 하다. 물론 신장 이식을 선택하기가 쉽지는 않다. 수술 자체도 문제지만 매일 복용해야 하는 거부반응 억제제에도 당연히 부작용이 따른다. 그래도 신장 이식이 무사히 끝난다면 투석 기계에 매여 사는 것보다 훨씬 자유로워져 거의 정상적인 삶을 되찾을 수 있다. 따라서 환자들 대부분은 신장 이식을 받을 수만 있다면 그러고 싶어 한다. 문제는 신장 이식을 받기가 어렵다는 것이다. 현재 영국에서만 5천 명이 신장 이식 대기 명단에 있다 보니 여분의 신장을 구하기란 하늘의 별따기다.[1] 미국에서는 신장 이식을 받으려면 선착순으로 4년 정도 기다려야 한다.[2]

이식용 신장 대부분은 사후 장기 기증을 신청한 사망자에게서 나온다. 하지만 그런 신장이 전부 양호한 상태는 아니며 사망자의 나이, 사망 원인 등에 따라 상태가 크게 달라질 수 있다. 예를 들어 젊은 나이에 비극적인 오토바이 사고로 사망한 사람의 신장은 오랜 투병 끝에 사망한 노인의 신장보다 더 기증에 적합할 것이다. 그 다음에 고려해야 할 점은 기증자 사망 이후 적당한 수용자를 찾아 신장을 전달하기까지 걸릴 시간이다(신장을 수용자에게로 보내려면 영국의 끝에서 끝까지 종단해야 하는 경우도 있다). 짐작할 수 있다시피 전달 시간이 길어질수록 수술 결과는 나빠진다.

마지막으로 신장이 수용자에게 적합한지 확인해야 하는데, 가족이나 친지가 아닌 모르는 사람의 신장이다 보니 적합할 가능성은 낮을 수밖에 없다. 인체는 이질적이다 싶은 것은 무조건 제거하도록 설계되어 있는데, 이 점은 전염병과 싸울 때면 대체로 도움이 된다. 그러나 인체는 기증받은 신장이 기존의 신장과 다르다는 것도 감지하게 마련이다. 기증받은 신장의 이질성을 감지한 인체는 어떻게든 그것을 물리치려 하며, 이를 거부반응이라고 한다. 따라서 인체가 자신과 타자를 구분하는 수많은 표지에 있어서 기증자와 수용자 간의 적합성이 클수록 이식 결과는 양호해진다.

신장 기증에 정신과 상담이 필요한 이유

신장 부족 문제의 해결책으로 수년 전부터는 생체 신장 기증(살아 있는 사람이 신장을 기증하는 것)이 꾸준히 증가하고 있다. 이제는 기증된 신장 중 3분의 1 정도가 살아 있는 사람의 것이다. 하지만 이로 인해 새로운 윤리적 문제가 제기된다. 기증자는 신장 제거 수술로 건강이 전혀 개선되지 않으며 오히려 악화될 수도 있는데, 이는 우리가 평소 의학을 통해 성취하려는 목적의 정반대가 아닌가? 그렇다면 누군가의 신장을 가져가는 행위를 어떻게 정당화할 것인가? 신장 기증자에게 아무런 물리적 이익도 돌아가지 않는다면, 그가 얻을 수 있는 것은 이타적 행위에 따르는 뿌듯함과 같은 정신적 이익뿐이다.

신장 기증 분야에 정신과 의사가 개입하게 된 것은 바로 이런 이유 때문이다. 정신과 의사는 기증자가 신장 제거 수술을 받아도 될 만큼 정신적으로 건강한지 판단해야 한다. 이 수술의 성공 가능성이 보장되지 않았던 초창기에는 더더욱 그랬다. 신장 이식은 1960년대부터 시행되었지만, 당시에는 지금보다 훨씬 드물고 위험한 수술이었다. 흔하지 않은 수술이었던 만큼 기증자와 수용자도 한층 더 조심스럽게 선정되었다. 신장 이식 초창기에는 기증자가 강요를 받을 가능성과 기증으로 인한 심리적 위기를 우려하는 목소리가 높았다.

이런 경우를 상상해보자. 당신은 직장 상사의 집무실에 앉아서 차를 마시며 소소한 잡담을 나누고 있다. 대화가 멈추자 당신은 잠시 가만히 있다가 더 하실 말씀이 있는지 묻고, 상사가 그렇다고 대답하자 다시 의자에 깊숙이 기대앉는다. 상사는 한참 조심스럽게 말을 고르는 눈치더니, 몇 년간 함께 일하면서 당신을 자신의 친구로 여기게 되었다고 얘기한다. 그러고는 곧이어 자기가 얼마 전부터 신장 기증자를 찾고 있었다는 말을 꺼낸다. 투석 기계에 의존하는 생활이 너무나 힘들며 항상 피곤하고 가렵고 불편한 데다 지루하기까지 하다고 말이다. 그런데 이 모두가 신장 이식만 받으면 훨씬 나아지리라는 것이다. 상사는 혹시 당신이 신장 기증자로 나서줄 수 있겠는지 묻더니, 그냥 생각해보라는 거지 강요하는 건 아니라고 서둘러 덧붙인다. 원한다면 이런 대화가 있었다는 사실을 잊어버려도 되니까 절대 걱정하지 말라고.

지금 당신의 기분은 어떨까? 실제로 강요하거나 기대하는 말은 없었다. 차분하고 조심스럽게 전달된 제안이 있었을 뿐이다. 그렇지만 이런 화제가 나온 이상 상황이 까다로워질 수밖에 없다. 당신과 상사가 마주칠 때마다 어색한 분위기가 흐른다. 게다가 당신이 상사보다 지위가 낮다 보니 썩 내키지 않는 제안을 받아들여야만 할 것 같은 압박감을 느낀다. 거절한다면 당신의 결정에 대한 상사의 실망, 나아가 분노를 매일 의식해야 할 테니까. 이 같은 심리적 부담감, 압박감은 기증 전 충분히 고려되어야 할 요소이다.

마찬가지로 불평등한 관계인 가족 내에서도 흔히 강요당한다는 느낌이 있게 마련이다. 나도 그런 사례를 여러 차례 목격했다. 아버지에게 신장을 기증하려고 찾아왔던 20대 여성 앨러나가 생각난다. 앨러나의 형제자매들도 기증하겠다고 나섰지만 검사 결과 앨러나의 신장이 가장 적합하다고 확인되었다. 상담을 시작하고 얼마 후 나는 앨러나에게 아버지와의 관계가 어떤지 물어보았다. 기증을 고려하는 사람에게 흔히 던지는 일반적인 질문이었다. 앨러나의 대답은 모범적이었지만 뭔가 형식적이고 기계적인 느낌이었다. 앨러나가 말하거나 서류에 적은 내용만 보면 모든 면에서 이상적인 기증자 같았다. 네, 저는 아버지를 사랑해요. 아버지의 건강이 걱정돼서 제 신장을 기증하고 싶어요. 하지만 앨러나가 말한 내용과 달리 그의 말투에는 왠지 염려스러운 점이 있었다. 앨러나의 대답은 감정적으로 냉담했고 진심이라기보다는 모범답안을 읊는 것처럼 느껴졌다. 앨러나가 자신의 말과 달리 아버지를 미워한다는 느낌이 들었다.

나는 앨러나에게 아직 말하지 않은 게 있는 것 같다고 슬쩍 운을 떼웠다. 환자들이 중요한 얘기를 꺼내기로 결심하기 전에 종종 그러듯이, 앨러나는 이 상담 내용이 공개되진 않는지 물어보더니 걱정스러운 표정을 지으면서도 머뭇머뭇 입을 열었다. 자기가 정신감정 단계에서 '실패'했다고 욕을 먹을까 봐 두렵지만, 결과를 생각하지 않아도 된다면 솔직히 털어놓고 싶다고 했다. 그러고는 마침내 자신의 어린 시절을 이야기하기 시작했다.

앨러나는 어릴 때 공부를 잘하지 못해서 공립학교에 가야 했지만, 다른 형제자매 둘은 사립학교에서 온갖 특혜를 누릴 수 있었다. 앨러나에게는 그 이야기를 꺼내는 것 자체가 힘든 일이었다. 아버지가 어째서 자기 자식들을 그토록 차별했는지 도무지 이해할 수 없었으니까. 하지만 앨러나가 정말로 속상해했던 것은 아버지가 성적이 더 좋은 형제자매들을 대놓고 편애했다는 점이었다. 예를 들어 아버지는 형제자매들이 모의국제연합(학생들이 국제연합의 각국 대사 역할을 맡아 토론과 협상, 결의안 작성을 통해 협상과 발표 능력을 기르는 활동—옮긴이) 수학여행을 가도록 허락해주었지만, 자기도 친구들과 여행을 가고 싶다는 앨러나의 부탁은 거절했다. 아버지는 저녁식사 때마다 앨러나의 형제자매들을 곁에 앉히고 조언을 구했으며 그들의 농담에 웃어주고 그들이 해낸 일을 칭찬했지만 앨러나에겐 그런 적이 없었다고 했다. 이런 앨러나의 이야기가 어디까지 사실이고 어디부터 지어낸 것인지 구분하긴 어려웠다. 앨러나가 자기만 항상 무슨 일에서든 차별받는다고 믿게 된 것일 수도 있었다. 그렇다 해도 오랫동안 좌절과 실망과 분노가 쌓여왔다는 건 분명했다. 내가 보기에 앨러나는 사실 신장 기증을 원하지 않았지만 그렇게 말하느니 차라리 참고 견디기로 결심한 것 같았다.

나는 초조해하면서도 신장 이식의 장단점을 이야기하며 적당한 순간을 기다렸다. 그러다 슬며시 방향을 돌려 이렇게 물었다. 만약에 신장 기증을 하지 않고 빠져나올 방법이 있다면 마음이 바뀌겠느냐고. 잠시 침묵이 흘렀다. 나는 다시금 말을 바꾸어 물어보았다. "병원 측에서 환자분이 신장 기증에 부적합하다고 판단할 이유를 발견했다면 기분이 어떨 것 같아요?" 이번에도 대답은 나오지 않았다. "실망스러울까요, 아니면 혹시 다행이다 싶을까요?"

그 순간 드라마에서라면 몰라도 현실에서는 좀처럼 보기 어려운 일이 일어났다. 앨러나의 어깨가 갑자기 긴장이 풀린 듯 축 처지더니, 마치 줄이 끊어진 꼭두각시 인형처럼 머리가 가슴 위로 떨구어졌다. 앨러나는 몸을 떨며 숨을 몰아쉬었다. 두 눈에 눈물이 고였다. 앨러나는 안심한 기색이 역력했지만, 이제야 누가 자기 마음을 알아주었다는 기쁨을 애써 감추려 했다. 그는 가족의 비위를 맞추기 위해 기증자로 나섰을 뿐이었다. 단지 누군가 알아차리고 자기를 막아주기를, 그래서 자기가 비난받지 않아도 되기를 바랐던 것이다. 문득 앨러나의 아버지에게 생각이 미쳤다. 그분은 얼른 신장을 이식받아 투석 기계에서 풀려나고 지금의 생활을 벗어나기를 간절히 바랄 텐데. 그러나 내가 책임져야 할 사람은 지금 내 앞에 있는 환자였으며 앨러나의 아버지는 내 환자가 아니었다. 하지만 그래도……, 이렇게 되는 게 과연 얼마나 좋은 결과일지 나로서는 알 수 없었다. 그리고 지금도 잘 모르겠다.

그날의 상담은 대화 내용보다도 대화의 어조가, 분위기와 뉘앙스가 더 중요한 경우였다. 어떤 심리 치료사들은 이런 경우를 '제3의 귀로 들어야 할' 때라고 말한다. 단순히 상대가 하는 말에만 집중할 게 아니라, 상대가 말하지 않은 내용이 무엇일지 귀 기울여야 한다는 것이다. 상대가 말한 것과 전혀 다른 정보가 함께 전달되기 때문이다. 내가 주의를 기울이지 않았거나 들은 말을 곧이곧대로 수긍

했더라면, 일견 지극히 분별 있고 합당해 보이는 앨러나의 신장 기증 의사를 받아들였으리라. 그러면 결국 앨러나는 신장을 기증했을 테고 수술을 받는 내내 후회했을 것이다. 바로 이런 것이 신장 기증이라는 개념이 제기한 심리적 압박감이다. 다소 과장된 부분도 있겠지만, 어느 신문의 논평가가 신장 기증 요청은 "자신을 희생해달라는 요청"이나 마찬가지라고 말한 것도 이해는 된다.[3]

기증자와 수용자가 서로 아는 사이일 경우 종종 위험한 상황이 생긴다. 수용자와의 관계를 개선하려고 기증을 자청하는 사람도 있다. 그렇게 하면 수용자가 감사할 것이고 두 사람의 유대가 영원히 굳어질 거라는 생각 때문이다. 하지만 수용자는 기증자를 새로운 신장을 확보하여 투석 기계에서 풀려나고 새 삶을 시작할 수단으로만 여길지도 모른다. 내 경험에 따르면 수용자와 기증자의 관계가 애매할 경우 참사가 발생할 수 있다. 신장은 조건 없이 주고받는 선물이어야 한다. "내 신장을 공짜로 가져갈 수 있을 줄 알았어?"라는 식의 조건이 따라붙어서는 안 된다.

그러나 내가 확인한 바로는 기증자 대부분이 자신의 결심을 후회하지 않았고, 심지어 시간을 되돌릴 수 있더라도 똑같이 하겠다고 말했다. 내 질문에 이들은 기증 행위가 자존감을 향상시켰고 삶에 새로운 목적의식을 주었다고 대답했다. 이들의 경우 실제로 신장을 기증한 뒤 건강이 악화되기보다 호전되었고, 자존감이 높아지면서 인간관계, 우정, 직업 등 모든 면에서 인생이 개선되었다. 또한, 신장 이식이 점점 흔해지면서 이에 대한 사람들의 태도도 누그러졌다. 기증자들도 신장을 내주다니 호구가 따로 없다거나 무의식중에 강요당한 게 분명하다는 말을 듣지 않게 됐지만, 이젠 정반대 문제가 대두되었다. 신장 기증이 불가능하다는 말을 듣고 사랑하는 이가 투석의 부단한 고통을 견디는 모습을 옆에서 지켜볼 수밖에 없는 상황의 심리적 악영향 말이다.

나는 가끔 어느 쪽이 기증자의 정신 건강과 안녕에 더 위협적인가 하는 질문에 부딪힌다. 신장 기증을 하는 것과 하지 않는 것 중 과연 어느 쪽이 더 위험할까? 이런 결정에 영향을 미치는 사회적 가치는 내가 의사가 된 뒤로 크게 달라졌다. 이전에는 의사의 의견이 기증 여부 결정에 제일 중요한 요소였다. 그러나 시간이 지나면서 결정의 균형이 서서히 바뀌어, 이제는 환자의 의견이 다른 모든 고려사항보다 더 중요한 요소가 되었다. '의사가 시키는 대로' 하던 시대는 끔찍한 과거로 여겨지며, 사람들은 의사의 간섭이야말로 최악의 의료 관행이라고 생각하는 듯하다.

신장 기증은 정신질환을 악화시키는가

나는 정신질환 이력이 있는 기증자의 정신감정을 정기적으로 요청받곤 한다. 신장 기증에 따른 스트레스로 (특히 기증 과정이 잘못될 경우) 정신적 문제가 재발하여 기증자가 악화될 위험이 있는지 알아보는 것이 관건이다. 나는 기증자가 수술의 위험을 잘 이해하는지, 어떻게 생각하는지 확인해야 한다. 이는 엄밀히 말해 정신의학의 영역은 아니지만 그렇다고 전혀 별개의 문제라고 할 수도 없다. 대니얼 카너먼Daniel Kahneman의 뛰어난 저서《생각에 관한 생각》은 위험에 관한 사람들의 생각과 행동이 이성보다도 감정과 육감에 좌우된다는 점을 보여준다(교육 수준과 상관없이 누구나 이런 성향을 보인다).[4] 카너먼에 따르면 위험에 대한 직관적 이해는 현실과 전혀 다른 경우가 많다. 예를 들어 신장 제거 수술이 얼마나 위험한지에 관한 기증자의 생각은 그가 수술을 얼마나 가치 있게 여기는지에 달려 있다. 신장 기증이 무의미하며 수용자의 삶에 큰 도움이 되지 못한다고 생각하는 사람은 수술을 위험하게 여길 확률이 높다. 반면 신장 기증이 사랑하는 이를 도울 절호의 기회라고 생각하는 사람이라면 수술의 위험성을 낮게 평가할 확률이 높다.

　내가 무척 좋아하는 연구가 하나 있다. 감정이 어떻게 이성을 압도하는지를 주제로 1994년에 데네스라지Denes-Raj와 엡스타인Epstein이 연구한 내용이다.[5] 피험자들은 뚜껑 덮인 단지에서 빨간색 젤리빈을 꺼낼 때마다 1달러를 주겠다는 말을 들었다. 1번 단지는 빨간색과 하얀색 젤리빈이 각각 1개와 9개 들어 있어, 빨간색을 꺼낼확률이 10분의 1이었다. 2번 단지는 젤리빈 100개 중에 9개만 빨간색이고 나머지 91개는 전부 하얀색으로, 빨간색을 꺼낼 확률이 100

분의 9였다. 여러분은 어느 쪽 단지에서 젤리빈을 꺼낼 것인가?

논리적으로는 1번 단지여야 할 것이다. 2번 단지를 택했을 때 성공할 확률은 9퍼센트인 반면 1번 단지를 택했을 경우 성공률은 10퍼센트니까. 하지만 피험자의 과반수인 61퍼센트가 2번 단지를 택했다. 사람들은 왜 잘못되었다는 걸 알면서도 그런 선택을 하는 걸까? 바로 감정에 따라 선택하기 때문이다. 피험자들은 자신이 수학적으로 틀린 선택을 했다는 걸 알았지만, 젤리빈이 많이 든 단지를 선택하면 빨간색을 꺼낼 확률도 높아질 것 같다고 느껴서 2번 단지에 이끌렸던 것이다. 그야말로 비논리적인 선택이지만, 사람들은 항상 이런 식으로 결정을 내린다. 의료 서비스와 관련한 결정에서도 똑같은 사고방식이 나타난다. 하지만 의사가 보기에 기증자가 신장 제거 수술의 위험성을 명확히 이해하지 못한 것 같다면, 과연 의사는 어느 정도까지 개입하고 어느 정도까지 기증자의 자율성을 존중해야 할까?

이런 결정을 내리기 유독 힘들었던 기증자 로버트의 경우가 생각난다. 30대 남성이었던 그는 누나에게 신장을 기증해줄 수 있겠느냐는 매형의 요청으로 병원을 찾아왔다. 누나가 수년 동안 투석 기계에 의존해오긴 했지만 누나의 신장에 정확히 무슨 문제가 있는지는 모른다고 했다. 다만 어린 시절 병에 걸려 신장이 망가진 것으로 짐작하고 있었다. 그는 둘 다 아직 어렸을 때 누나가 입원했던 적이 있다고 말했다. 누나의 얼굴이 많이 부어 있었고 자기가 일주일간 조부모님 집에 머물러야 했던 기억이 있지만 그 외에는 딱히 생각나는 게 없다고도 했다.

로버트와 누나는 레이크디스트릭트(잉글랜드 북서부의 산과 호수가 많은 자연보호구역—옮긴이)의 작은 반연립주택에서 자랐다. 아버지는 국립공원에 근무하며 오솔길과 다리를 관리했고 어머니는 근처 호텔의 접수원으로 일했다. 로버트는 즐거운 어린 시절을 보냈지만 누나와 그리 가까운 사이는 아니었다고 말했다. 겨우 두 살 터울이었고 다른 형제자매는 없었는데도 말이다. 로버트와 누나는 남매간에 흔히 그러듯 성장기에 비밀을 털어놓거나 같이 놀지 않았고 10대가 되고서도 각자 다른 친구들과 어울려 다녔다.

로버트는 의무교육을 마치자마자 학교를 떠나 몇 년간 관광업에 종사하다가 런던으로 왔다. 거기서 인생 최초의 조증 삽화를 겪었지만 당시 상황이 잘 기억나진 않는다고 했다. (나는 상담 이후 로버트가 입원했던 병원의 진료 기록을 받아보고 그가 기억하는 것보다 훨씬 상황이 나빴음을 알게 되었다. 로버트는 항해 경험이 전혀 없었는데도 보트를 사서 세계 일주를 하려고 했다. 조증 삽화로 자신감이 폭발했는지 주변 사람들의 만류도 전부 무시하고 정말로 보트를 구입한 모양이었다. 하지만 얼마 지나지 않아 도취감은 사라지고 초조한 나날이 이어졌다. 로버트는 그의 폭주하는 사고와 성급한 언사를 따라오지 못하는 사람들에게 실망하다 못해 분노하기 시작했다. 처방약 복용으로 조증이 가라앉으면서 초조함은 순식간에 깊은 우울로 변했고, 그제야 그는 자기가 얼마나 곤란한 처지에 빠졌는지 깨달았다.) 로버트는 바가지를 쓰고 중고 보트를 구입한 바람에 거금을 손해본 데다 친구도 여럿 잃었지만, 무엇보다도 자신이 앞으로 어떻게 될 것인지를 가장 두려워했다.

로버트의 공포는 실제가 되었다. 이후로 몇 년간 세 번이나 조증이 재발했고, 그중 한 번은 5주를 입원해야 했다. 하지만 조증 삽화를 제외하면 그의 인생은 잘 풀리고 있었다. 지방의회의 정원사로 취직했고 20대 중반에 결혼해 아이도 둘 가졌다. 그러나 유감스럽게도 로버트는 몇 년 뒤 또다시 조증 삽화를 겪으면서, 실현 가능성이 없는 허황한 조경 프로젝트에 몰두한 나머지 거금을 낭비했다. 아내는 절망과 분노 속에 그를 떠났다.

로버트는 당시 이야기를 하면서 정말로 모든 걸 잃은 기분이었다고 했다. 조증 삽화의 후폭풍인 정신적 고통이야말로 인생 최악의 경험이었으며 삽화 그 자체보다 훨씬 괴로웠다고. 사실 조증 삽화에는 그 나름대로 즐거운 면도 있었다. 조증에 따르는 도취감, 무한한 열광과 활력, 무엇이든 할 수 있으며 세상이 그의 손 안에 있다는 느낌은 짜릿했다. 하지만 삽화 이후에 찾아오는 난리법석은 그야말로 고문처럼 느껴졌다. 그것은 우울증 삽화라기보다 일종의 과거 청산에 가까웠다. 이런저런 언행, 낭비한 모든 돈, 조증 상태에서 기세등등하게 맺은 온갖 경솔한 관계가 지불하고 처리해야 할 부채로 변했다. 회한과 수치와 죄책감, 비난과 눈물과 분노……. 로버트에게 가장 힘들고 고통스러웠던 건 바로 이런 감정들이었다.

나는 책상 맞은편에 앉은 로버트를 바라보았다. "수술에 따른 스트레스로 양극성장애가 재발할 수도 있다는 건 아시죠? 특히 수술 과정에서 문제가 생길 경우에 말이죠."

내 경험에 따르면 기증자들은 신장 제거 수술의 위험성을 잘 안다고 말하기 마련이다. 통증과 출혈, 감염뿐만 아니라 사망 가능성도 있다는(신장 제거 수술의 사망률은 3천 분의 1 정도다) 사실을. 하지만 내가 만난 거의 모든 기증자들은 다른 사람이라면 몰라도 자기한테는 그런 일이 없을 거라고 생각했다.

"신장 이식이 실패로 돌아갈 위험성도 있습니다. 그 누구의 잘못도 아니지만 그래도 허망한 결과이긴 마찬가지죠."

로버트는 고개를 끄덕이더니 입을 다물었다. 그는 낡아빠진 등산복 바지에 플리스 웃옷 차림으로 내 맞은편에 앉아 있었다. 튼튼한 부츠를 신은 두 발로 초조하게 책상 아래 바닥을 두드리면서.

"정말로 괜찮겠어요?" 내가 물었다. "환자분은 누나와 그렇게 가까운 사이도 아니었다고 했잖아요."

로버트는 잠시 생각하더니 대답했다. "우리 식구는 단출했어요. 저한테 신경 써주는 삼촌이나 숙모도 없었고요. 제게 가족이라 할 만한 사람은 누나 하나뿐이에요. 게다가 이미 누나와 약속을 했는걸요."

"하지만 수술과 입원 때문에, 혹은 수술에 따른 합병증으로 양극성장애가 재발한다면 어떡하실 건가요?"

"뭐, 재발은 언제든 일어날 수 있는 거 아닌가요?"

그렇긴 했다. 로버트에게 양극성장애는 언제든 일어날 수 있었으며, 수술을 할 경우 늘어날 위험성이 어느 정도일지 예측하기는 어려웠다. 그러나 위험성이 커질 것만은 분명했다. 무슨 문제가 생겨 그가 예상보다 오래 입원하고 통증과 감염, 불면증을 겪는다면 더욱 그럴 터였다. 하지만 재발 위험성이 구체적으로 얼마나 커질지 딱 잘라 말할 수는 없었다.

위험에 관한 사람들의 생각은 어떤 식으로 질문을 받는지에 따라 달라진다. 이를 프레이밍framing이라고 한다. 카너먼이 보여주었듯, 연구자가 똑같은 질문을 표현만 바꿔 반복하면 피험자는 완전히 다른 대답을 한다. 위험에 대한 개인의 생각이 사실상 중요하지 않은 요소에 좌우되는 또 다른 경우다. 가이스 병원의 내 동료는 신장 기증 희망자들에게 신장 제거 수술의 위험성을 어느 정도 받아들일 수 있는지 설문 조사를 했다.[6] 그 결과는 신장 기증자들에 관한 기존의 연구로 입증된 것과 일치했다. 질문자가 '사망 가능성' 대신 '생존 가능성'이라는 표현을 쓰면 기증자들은 더 많은 위험성을 받아들이려고 했다(가까운 친지에게 신장을 기증하려는 경우 더욱 그랬다). 사망 가능성이 10퍼센트라는 것과 생존 가능성이 90퍼센트라는 것은 사실상 같은 말이지만, 전자보다 후자가 긍정적으로 받아들여진다는 얘기다.

하지만 이 연구에서 가장 충격적인 부분은 따로 있었다. 사망 가능성이 얼마 정도면 수술을 포기하겠느냐는 질문에 대한 기증 희망자들의 응답을 보고 나는 놀라서 펄쩍 뛰었다. 신장 제거 수술로 인한 사망 확률은 일반적으로 3천 분의 1 정도인데, 응답자들은 사망 확률이 2분의 1이라도 수술을 하겠다는 선택지를 가장 많이 택했던 것이다! 그러니까 기증 희망자의 29퍼센트가 50대 50의 생존 가능성을 받아들이겠다고 한 것이다.

여기서 우리는 다시 의사의 간섭과 의료 관행 문제로 돌아가게 된다. 내 생각에 의사라면 그 누구도 건강한 기증 희망자가 친지를 구하려고 50퍼센트의 사망 가능성을 무릅쓰는 데 동의하지 않을 것이다. 그리고 아마 기증자 측에서도 의사가 위험성이 너무 높은 수술을 거부하고 위험 요소를 조율해주길 바랄 것이다. 내가 아무리 간절히 비행기를 타고 싶더라도 일단 기상 상태나 비행 가능 여부를 조종사와 상의해야 하듯이 말이다. 하지만 한편으로, 스스로 결정을 내릴 수 있는 성인이 위험을 감수하겠다고 나선다면 어느 누가 반대할 수 있겠는가?

나는 영국 국립신장학회에서 강연을 하며 로버트에 관한 문제를 제기하고 그가 신장을 기증해도 된다고 생각하는지 질문했다. 나는 다음과 같은 딜레마를 제시했다. 신장 기증으로 로버트의 양극성장애가 재발할 가능성은 정확히 예측할 수 없지만 상당히 높을 것이며, 그는 이미 재발로 인해 심각한 감정적·심리적 피해를 입었다. 게다가 불확실한 조건에서 위험을 감수하려는 사람은 자기가 보고 싶은 것, 자신의 결정을 뒷받침하는 것만 보려고 한다는 소위 자기 중심 편향도 고려해야 했다. 이를 들은 신장 전문의와 간호사와 장기이식 전문의, 심리학자로 이루어진 청중의 의견은 거의 1대 1로 갈렸다. 여러분이 결정을 내려야 하는 입장이라면 어떻게 했겠는가? 로버트에게 신장 기증을 권했겠는가, 아니면 만류했겠는가?

　로버트와의 상담 자리에서 나는 어떤 결정을 내려야 할지 고민했다. 로버트를 그 자신으로부터 보호해야 할까, 아니면 그가 자기에겐 위험한 일이 없을 거라고 착각하더라도 수술의 위험성을 인지하고 있는 것만으로 충분하다고 납득해야 할까? 나는 결국 후자를 선택했다. 로버트는 기증 절차를 밟아서 나와 상담한 지 석 달 만에 신장 제거 수술을 받았다. 이후로 사흘 동안 로버트가 과하게 활기차고 친근하게 굴어서 걱정스러웠던 순간들이 있기는 했지만, 며칠 잘 자고 나자 그는 평소 상태로 돌아간 것처럼 보였다. 내가 우려한 바와 달리 이후로 반 년이 지나도록 로버트는 조증 삽화를 겪지 않았다. 오히려 신장 기증을 하니 자존감이 한층 커졌다고 했다. 자기가 평생 많은 일을 겪어왔지만 뿌듯하고 자랑스러운 경험은 오직 그것뿐이라고 말이다.

대가 없는 이타적 행위와 행복

~~~

몇 달 뒤 나는 진료실에 앉아 창밖으로 미래주의풍의 더 샤드(런던에 위치한 72층 마천루로 현재 영국에서 가장 높은 건물이다—옮긴이)를 내다보며 로버트를 생각하고 있었다. 그날 아침 새로 만난 비지정 기증자 루크를 어떻게 해야 할지 고민하던 참이었다.

처음 비지정 기증자들을 만날 무렵 나는 그들의 동기에 대해 불신에 가깝게 미심쩍은 태도를 보였다. 최대한 좋게 보더라도 정신과 상담을 받아야 할 사람들이라고 생각했다. 어떤 물리적 이득도 얻을 수 없고 수용자와 아무 관계도 없는 사람들이 어째서 신장을 기증하겠다는 걸까? 그래서 좋을 게 뭐가 있단 말인가? 만나기는커녕 고맙다는 말 한 마디 듣지 못할 모르는 사람에게 신장을 내줄 이유가 대체 무엇일까? 장기이식 전문의가 그의 신장을 수술실 바닥에 떨어뜨리는 실수를 하지 않을 거라고 어떻게 장담하겠는가?

당시 영국에는 비지정 기증자의 정신감정에 관한 지침이 없다시피 했지만, 나는 미국에서의 몇몇 연구를 참고하여 내가 상담한 기증자들의 데이터베이스를 별도로 구축했다(그리하여 비지정 신장 기증자를 의뢰한 런던과 잉글랜드 남동부의 병원들에 매우 흥미로운 연구용 자료를 제공할 수 있었다). 내 경험에 따르면 비지정 신장 기증자들의 동기는 워낙 다양해서 특정한 범주에 따라 분류하기 어려웠다. 유일한 공통점이 있다면 뭔가 훌륭하고 이타적인 행동을 남들과는 완전히 다른 극단적인 방식으로 하고 싶다는 마음뿐이었다. 개중에는 충분히 이해할 만한 동기도 있었다. 지인이 국민보건서비스나 신장 기증의 수혜를 받았다든지, 투석 기계에 의존하는 환자들의 고통에 특별히 공감이나 유대감을 느낀다든지 하는 이유였다. 이 세상을 근본적으로 바꾸고 싶다는 철학을 가진 사람도 있었다. 부와 권력과 특권이 불평등하게 마구잡이로 분배되어 있는 세상의 편차를 최대한 줄이고 싶다며, 신장 기증은 그런 목적을 향한 한 걸음이라고 말하는 사람도 있었다. 가끔은 나 자신도 신장 기증을 고려하게 될 만큼 감동을 주는 사람들도 있었다. 비지정 기증자의 상당수는 자선 기관의 자원봉사자거나 자선 분야 근무자였지만 모두가 그런 건 아니었다. 금융업자, 지역 정치인, 의료인 등 온갖 직업인들이 고루 있었다. 내가 정신감정을 한 비지정 기증자 중 최연소는 열여덟 살이었고 최고령은 70대 노인이었다.

고상한 철학 원칙과는 아무 상관없는 이유로 신장을 기증하려는 사람들도 있었다. 최근에 상담한 30대 초반의 남자는 텔레비전에서 신장 기증에 관한 내용을 접하고 기증을 결심했다고 말했다. "신장이 두 개나 필요하진 않다는 건 예전부터 알고 있었거든요. 딱히 신장을 기증하지 않을 이유도 없고요." 나는 많은 사람들이 그와 같은 상황임에도 신장을 기증할 이유가 없다고 생각할 거라 말했지만, 그는 단지 어깨를 으쓱하며 이렇게 대답했다. "누구나 자기가 할 수 있는 방식대로 사람들을 돕는 거죠." 나는 자꾸만 신장 기증의 동기를 생각했고, 그가 기증을 선택한 근본적 이유를 추리하려 애썼다. 하지만 알고 보니 지극히 간단한 문제였다. 그는 단지 별것도 아닌 신장 하나로 요란을 떨 필요가 없다고 생각했던 것이다.

이렇게 단순한 이유로 신장을 기증하려는 사람이 있는 반면, 위험한 이유로 기증을 원하는 사람도 있다. 신장 기증자 중에는 외로운 사람들이 있다. 그들은 의사를 객관적이고 직업적인 입장에서 자신을 돌보는 임상 전문가가 아니라 자신의 동료이자 친구로 여기고 싶어 한다. 보통은 우정과 가족애로 채워지게 마련인 인생의 공허를 채우기 위해 신장을 기증하는 것이다. 나도 이런 이들을 몇 번 만난 적이 있지만, 내 경험에 따르면 이런 경우는 끝이 좋지 않을 수 있다. 자신을 치료하는 전문가를 친구로 삼으려는 것은 인간관계 결핍의 좋은 해결책이 아니다.

이타적 행위가 아니라 병원이 대신 해주는 자해로서 신장 기증을 원해서 찾아온 사람들도 있었다. '경찰에 의한 자살'의 의학적 동의어인 셈이다. 신장을 기증하려는 이유를 좀처럼 알아낼 수 없던 기증자가 있었다. 하지만 딱히 염려되는 점도 찾을 수 없어서, 그냥 뭐든 깊이 생각지 않고 행동의 의미를 따지기보다 일단 행동하고 싶어 하는 사람이려니 했다. 나는 그가 기증 절차를 밟아도 될지 고민한 끝에 적어도 반대할 이유는 없다는 결론에 이르렀다.

그때 장기이식센터의 간호사에게서 전화가 왔다. 다른 병원에서 그 사람의 진료 기록을 보냈다는 것이었다. '왜 내가 그걸 못 받았지? 난 그런 서류가 있는 줄도 몰랐는데.' 진료 기록의 내용은 무시무시했다. 그는 이전에도 수차례 약물 과용으로 응급실에 실려 간 적이 있었다. 며칠 뒤 도착한 복사본을 넘겨보다가 그가 최근에 단추형 전지를 삼켜서(정말로 위험한 짓이다) 입원했다는 내용을 접하자 점점 더 불안해졌다. 이 모두가 그와의 상담에서는 전혀 언급되지 않은 내용이었다. 어쩌면 일부러 내게 말하지 않았던 것이리라. 내가 처음에 요청했던 지역병원의 진료 기록에는 그런 사실이 전부 빠져 있었다. 전반적으로 무척 당혹스러운 상황이었다. 나는 재상담을 요청했고 몇 주 뒤 다시 그를 만났다. 다른 병원에서 추가로 진료 기록을 받아보았다고, 신체 및 정신질환과 자해 이력이 있는지 직접 물었을 때 왜 이런 얘기를 전혀 하지 않았느냐고 말했다. 그는 중요하지 않은 일인 줄 알았다고 대답했다. 나는 혹시 지역 보건의에게 관련 정보를 보내지 말아달라고 요청했는지 물어보았다. 그렇지 않고서야 도저히 있을 수 없는 상황이었기 때문이다. 그가 정말로 수술을 받았다면 과연 어떻게 되었을까. 내가 수술 진행에 동의하지 않았기에 이는 대답 없는 질문으로 남았다.

이렇듯 다양한 사연을 가진 이들이 정말 기증을 해도 괜찮을지 판단하는 게 내 역할이다. 나는 신장을 기증하려는 사람의 심리 상태가 기증에 적합한지 대체로 명확히 판단할 수 있지만, 가끔은 이성적이고 납득 가능한 동기란 무엇인지 모르겠다 싶을 때가 있다. 이런 질문은 결국 이타주의란 무엇인가, 과연 순수한 이타주의란 존재하는가 하는 문제로 귀결된다.

　내가 이런 문제를 깊게 생각하는 계기가 된 기증자가 바로 루크였다. 루크를 처음 본 것은 어느 이른 봄날 오후 외래 진료소에서였다. 내 진료실은 1층에 있고 창밖으로 병원 건물 로비와 통로가 내다보인다. 그날은 30대 중반의 남자가 자전거를 끌고 지나가는 게 보였다. 자전거 프레임에 눈이 쌓여 있었다. 그는 마치 스케이트보드를 타는 10대 소년처럼 자전거를 밀고 가다가 갑자기 안장에 올라탔다가 하며 정신과 진료소가 있는 복도로 다가오고 있었다. 루크가 나를 찾아오는 중이라는 걸 나는 아직 몰랐지만, 그럼에도 창가를 지나는 그의 모습을 멍하니 바라보며 나와 정반대 유형 같다고 생각했다. 나는 회색 정장, 흰 셔츠, 남색 타이, 검은 가죽 구두 차림에 현대의 대머리 남성답게 반들반들 깎은 민머리를 하고 있었다. 기본적으로 친절한 성격이지만 자의식이 지나치게 강한 데다, 원래 갖고 있던 날카로운 유머 감각도 겹겹이 쌓인 역할과 책임에 짓눌린 터였다.

　반면 루크는 호인 그 자체였다. 청바지와 샌들에 칼라 없는 마 셔츠 차림이었고, 소매를 팔꿈치까지 걷어 끈 팔찌를 주렁주렁 찬 민숭민숭한 팔을 드러내고 있었다. 부숭부숭하고 숱 많은 갈색 머리를 어깨까지 길렀고 청회색 눈은 천진해 보였다. 루크는 내 진료실에 들어와 의뢰서를 건넸다. 훑어보니 비지정 신장 기증을 원한다는 내용이었다. 우리는 잠시 잡담을 하다가(루크는 병원까지 5킬로미터를 자전거로 왔으며 평소에도 자전거 이동을 가장 선호한다고 말했다) 그가 이곳을 찾아온 이유를 언급하기에 이르렀다. 그는 "자기가 죽을 때 좋은 일을 하나라도 했다는 걸 확신하고 싶어서" 신장을 기증하길 원한다고 했다.

루크는 자기가 잉글랜드의 부유한 지역에서 자랐고 집에서 차로 40분 거리의 수업료가 비싼 사립학교에 다녔다고 말했다. 그의 아버지는 자수성가하여 매일 런던 시내로 출퇴근하는 대형 부동산 회사 경영자였다. 아버지가 결혼하기 전에 맨손으로 시작하여 일구어낸 회사였다. 아버지는 무일푼이었던 자신이 헌신과 노력만으로 성공했다는 이야기를 온 가족에게 지치지도 않고 늘어놓곤 했다. 남에게 쉽게 영향을 받고 권위를 존중하지 않는 성격인 루크는 학창 시절에 종종 사고를 쳤다. 처음에는 교사에게 말대꾸를 하고 수업을 방해하는 정도였으나 얼마 지나지 않아 땡땡이를 치고 친구들과 놀러 다니다가 붙잡히고 말았다. 루크는 행동이 불량하긴 했어도 영리한 학생이었지만, 학교 측에서는 진절머리가 났는지 결국 그를 퇴학시켰다. 열여섯 살이었으니 중등교육학력 검정시험을 치를 수 있는 나이였다(영국의 열여섯 살 학생들은 거의 모두 이 국가시험을 치른다). 하지만 이미 학업을 포기했던 루크는 거의 모든 과목에 낙제했다.

아버지는 격분해 펄펄 날뛰었다. 기껏 비싼 교육을 시켜줬더니 그 보답이 이런 거냐면서, 너도 직접 일하며 세상의 쓴맛을 보면 고된 노동과 돈의 가치를 이해할 거라고 했다. 그러고는 루크를 부동산 회사의 저임금 말단직에 취직시켜 일을 처음부터 배우게 했다. 하지만 루크는 이런 처사가 징벌이자 모욕이라고 여겼다. 친구들은 그를 비웃었다. 루크도 함께 웃어주고 싶었지만 자기 처지에 분노한 나머지 그럴 수가 없었다.

자기가 이런 대접을 받을 사람이 아니라고 믿었던 루크는 친구들에게 대마초를 파는 부업을 시작했다. 시간이 지나면서 마약 거래는 번창했고 부동산에 대한 흥미는 떨어졌다. 루크는 마약 거래량을 늘렸고 사업에 재미를 붙였다. 그는 마약 판매야말로 태어나서 처음으로 잘할 수 있었던 일이라고 말했다. 결국 루크의 부업을 알아차린(혹은 의심한) 아버지는 아들을 집에서 내쫓았다.

루크는 마약상 일을 계속했다. 몇 년 사이 애인이 생겼고 아이도 낳아서 셋이 함께 살기 시작했지만, 결국 과거가 그의 목덜미를 붙잡았다. 어느 날 새벽 아파트에서 체포당한 루크는 재판 끝에 6년형을 받았다. 그가 복역하는 동안 애인은 아이를 데리고 떠났다(이 대목에서 루크의 목소리가 갈라지고 턱이 덜덜 떨렸다. 그는 한참 그렇게 울음을 참다가 겨우 다시 입을 열었다). 처음에는 딸이 어디로 갔는지도 몰랐고, 지금까지도 몇 년째 딸을 못 만났다고 했다. 전 애인은 루크가 딸에게 나쁜 영향을 끼치니까 앞으로 연락하지 말라고 하더니 그가 출소하기 직전에 다른 남자와 결혼했다.

"그 뒤로는 모든 게 엉망이었어요." 루크는 책상에 놓인 티슈 상자에서 한 장을 뜯어 시뻘게진 눈을 비벼대며 말했다. 그는 자격증 하나 없는 20대 후반의 전과자였다. 애인도 없었고 가족도 그를 저버렸다. 자살하겠다며 약물을 과다 복용한 적도 있었지만 사실 진지하게 자살을 고려한 적은 없다고 했다. 되돌아보면 절망과 자기연민 때문에 그랬을 뿐 정말로 죽고 싶었던 건 아니라고.

이후로 루크는 두 번 다시 재기하지 못했다. 술집이나 건설 현장에서 시간제 근무를 하고 디제이나 배달 일도 했지만 제대로 된 경력을 쌓지는 못했고 사교 관계도 없었다. 사귀는 사람이 생겨도 몇 달 이상 가지 못했다. 그의 삶은 덧없이 흘러갔다. 루크는 자신이 "평생 좋은 일이라고는 하나도 못해봤다"고, 그래서 신장을 기증할 수 있다는 얘기를 들었을 때 바로 이거라는 생각이 들었다고 말했다. 자기가 지금까지 형편없이 살아오긴 했지만, 누군가에게 신장 하나를 줄 수 있다면 적어도 세상에 태어나서 한 번은 선행을 했다고 확신하며 눈을 감을 수 있을 거라고.

나는 정신의학을 통해 많은 것을 배웠지만, 이런 일은 정신질환과 관련된 문제가 아니었다. 타인의 삶과 그의 동기를 평가하고 거기에 정말로 이타주의가 존재하는지 판단하는 문제였다. 사람들은 세상에 공짜 점심은 없으며 이타적 행위에는 항상 얼마간 이기적 측면이 있다고 말해왔다. 그 말이 옳을지도 모른다. 하지만 정말로 그런지 누가 알 수 있겠는가? 그리고 정말로 그렇다 해도 뭐가 달라진단 말인가? 어쩌면 모든 기증자가 어떤 면에서는 루크와 마찬가지로 내면의 깊은 결핍을 채우고 싶어 하는지도 모른다.

　루크의 경우 내가 궁금했던 것은 다음과 같은 문제들이었다. 누군가가 장기 기증을 통해 속죄하게 하는 것이 과연 온당한 일인가? 그가 신장을 기증하고 나면 정말로 마음의 평온을 찾고 과거에 낭비한 시간을 보상받을 수 있을까? 나로서는 의심스러웠다. 사람들이 이렇게만 되면 행복해질 거라고 믿는 일들은 대부분 일시적인 만족밖에 주지 못한다. 복권 당첨자들의 사례 연구를 통해 알 수 있듯이, 돈이야말로 모든 근심을 해결해주는 행복의 열쇠라는 통념 또한 착각일 뿐이다.[7] 하지만 이타적 행위로 인한 더욱 깊은 만족감에 따르는 행복은 돈이 줄 수 있다고 약속하는 행복과 전혀 다르다. 게다가 다른 사람이 삶에서 의미와 행복을 찾는 방식을 어떻게 내 멋대로 판단할 수 있겠는가?

　결국 나는 루크의 신장 기증에 이의를 제기하지 않았다. 그가 간절히 원했던 마음의 평화를 찾았길 바란다.

6

만성피로증후군이라는 증상

내가 캐럴을 처음 보았을 때 그는 대기실의 작은 자주색 소파에서 잠들어 있었다. 지역 ME 지원 단체의 제의로 얼마 전에 비치한 소파였다. ME란 근육통성 뇌척수염myalgic encephalomyelitis을 뜻한다. 흔히 만성피로증후군이라고 불리며 20년 넘게 내 전문 분야였던 논쟁적인 질병의 정식 명칭이다. ME 지원 단체가 진료실에 소파가 있으면 환자들에게 요긴할 거라고한 적이 있는데, 캐럴을 보니 확실히 그런 듯했다. 캐럴은 그냥 꾸벅꾸벅 조는 정도가 아니라 고개를 젖히고 누워 입을 벌린 채 마취된 것처럼 곯아떨어져 있었다. 내가 대기실에 들어가 그를 불러도 캐럴은 꿈쩍하지 않았다. 내가 허리를 굽혀 귓가에 이름을 크게 외치고 나서야 몽롱하게 눈을 뜨고는 놀란 것도 같고 당황한 것도 같은 표정을 지었다. 서서히 돌아누워 방

바닥에 발을 대더니, 똑바로 일어날 의지를 모으는 것처럼 뜸을 들이다가 간신히 몸을 일으켜 나를 따라왔다. 우리는 긴 복도를 지나고 시든 선인장이 놓인 창틀과 두 개의 방화문을 지나 마침내 내 진료실에 도착했다.

캐럴의 지역 보건의가 보낸 의뢰서에는 지난 몇 년간 이어진 진료 기록이 첨부되어 있었다. 거의 모든 기록 서두에 TATT라는 약어가 적혀 있었다. 이런 약어는 환자에게 무례한 내용을 포함할 수 있기에 의사들도 사용을 자제하는 과거의 유물이 되었지만, 이 TATT는 '만성피로tired all the time'라는 무난한 의미였다.

서른여덟 살인 캐럴은 대학생이던 열아홉 살 때 급성 감염성단핵구증에 걸려 피로를 느낀 뒤로 반평생을 같은 증상에 시달려왔다고 했다. 처음에는 금방 나을 거라고 생각하며 가만히 침대에 누워 몇 주를 쉬었다. 하지만 회복을 기다리기가 초조해지고 이러다 학업에 뒤처지겠다는 생각이 들자, 완쾌되기도 전에 그간 놓친 수업 내용을 공부하기 시작했다. 그러나 이에 따른 스트레스가 상태를 악화시켰다. 건강이 점점 더 나빠지면서 2학기 말에는 하루에 열두 시간을 누워 있어도 아침에 일어나면 여전히 피곤했다. 근육통과 두통, 인후염이 생겼고 항상 지친 기분이었다. 버스를 잡으려고 뛰는 정도의 무리만 해도 며칠은 침대를 떠나지 못할 정도였다. 하지만 그런 신체 증상보다 더 힘겨웠던 것은 집중력과 단기 기억력 악화 등의 인지능력 감퇴였다. 공부하기가 힘들어지고 시험 성적이 떨어지자 이전에 기대했던 것처럼 좋은 직업을 가질 수도 없게 되었다.

캐럴은 아직까지 독신으로 부모님의 집에 얹혀살고 있었다. 시간제 근무 이상의 일은 할 수 없었고, 고용 기록이 부실하다보니 직장에서 승진하기는커녕 잘리지 않고 버티기도 어려웠다. 부모님이 해주는 밥을 먹어야 했고 살림도 좀처럼 돕지 못했다. 나를 찾아왔을 무렵 캐럴은 심한 절망에 빠져 있었다. 지역 보건의를 포함해 주변 사람들 모두가 자신이 아프다는 걸 믿어주지 않는다는 것이었다. 가족과 친구들뿐만 아니라 의사들조차 자신의 증상에 회의적이라는 걸 캐럴도 잘 알고 있었다. 게다가 이런 회의적 태도는 보통 직접 들을 때보다 암암리에 느껴질 때 더 괴롭게 마련이다. 캐럴은 사람들이 자기를 게으르고 못나고 심지어 불쌍한 사람으로 여긴다고 믿었으며, 과거에 내 진료소를 찾아왔던 여러 환자들과 똑같은 말을 했다. "차라리 중증 질환자였으면 좋겠다고 생각할 때도 있어요. 그러면 적어도 다들 내가 얼마나 고통스러운지 믿어줄 테니까요."

의학 전문가들에게 거부당했다고 느낀 캐럴은 자기 나름대로 조사한 끝에 비공인 치료사들을 만나러 다녔다. 그들 상당수는 캐럴의 병에 관련해 지극히 단순하고 의학적으로 허황된 이론을 내세우며 약을 팔았다. 캐럴은 가방에 가득한 알약과 보충제를 내 책상 위에 꺼내놓았다. 세어보니 열네 가지나 되었다. 베리류, 효소, 영양제, 미네랄, 비타민, 프로바이오틱스, 산화제와 항산화제 등이었다. 마지막 두 가지는 효과가 상충되는 것이었지만, 나는 차마 그 점을 캐럴에게 지적해줄 엄두가 나지 않았다. 이 모든 약을 사려니 비용이 어마어마해서 캐럴은 매달 부모님에게 돈을 빌려야 했다. 하지만 의학 전문가들에게는 전혀 도움을 받지 못했기에 달리 방법이 없었다고 했다.

나는 종종 이런 상황에 부딪힌다. 의학은 깔끔하게 진단을 내릴 수 없는 증상 앞에서 무력해지며, 이는 병원에서 결코 해결할 수 없는 문제다. 그러다 보니 사람들은 병원이 아닌 다른 곳에서 해결책을 구하게 마련이다. 의사는 진단을 내리는 사람이니만큼 항상 증상이나 검사 결과에서 특정한 진단을 확인해주는 패턴을 찾는다. 의사의 치료가 겨냥하는 것은 십중팔구 증상이 아니라 진단명이다. 의사는 협심증은 치료할 수 있지만 '흉통'은 치료할 줄 모르며, 류머티즘 관절염은 치료할 수 있지만 '관절 통증'은 치료할 수 없다. 만성피로를 호소하는 개인에게서 그에 들어맞는 진단명을 찾아내지 못한다면, 다시 말해 환자에게 피로라는 증상밖에 존재하지 않는다면 의사는 그를 치료하기 어렵다. 의사들은 증상만 가지고 처방을 내리기를 불안해한다. 오진을 하거나 근거 중심 의학에서 벗어나는 것을 두려워하기 때문이다.

캐럴은 의사들이 자기의 증상을 상상으로 치부한다고 믿었다. 자기가 고의로 낫길 거부하고 있으며 진짜 환자를 치료하는 데 방해만 되는 존재라고 말이다. 캐럴이 그렇게 의심할 만도 했다. 아직까지도 많은 의사가 만성피로증후군 혹은 근육통성 뇌척수염에 부정적인 태도를 보이니까. 캐럴과 같이 분류하기 어려운 증상을 몇 년이나 겪는 환자 앞에서 의사들은 종종 좌절감을 드러낸다.

종합병원의 만성피로 진료소

내가 만성피로증후군에 흥미를 가진 것은 내과 수련의로 일하던 시기였다. 여기저기 계속 언급되는 이 병은 대체 뭘까? 정말로 존재하긴 하는 걸까? 나 역시 이 병에 대해 대중 다수와 똑같은 의심을 품었다. 어쩌면 똑같은 편견도 가졌던 것 같다. 대체 이 병을 뭐라고 불러야 할까? 뇌와 척수의 염증을 뜻하는 '근육통성 뇌척수염'이라는 명칭을 쓰는 사람들도 있었지만 의학계는 이를 받아들이지 않았다. 의사들은 '만성피로증후군'이라는 명칭을 썼지만 환자들은 이 말이 그들의 고통을 온전히 담아내지 못한다고 느꼈다. 그 밖에도 '바이러스성 질환 후 피로증후군'을 비롯해 여러 명칭이 난무했다. 정확한 명칭의 결여는 이 병을 둘러싼 불확실성과 편견과 독단을 반영하는 듯했다. 아직도 일부 국가에서는 의사들이 이 병을 '신경쇠약'이라고 부른다. 19세기 미국 신경과 의사 조지 버드 George Beard가 처음 사용했던 명칭 그대로 말이다. 버드는 이 병의 원인이 정신없이 바쁘고 번잡한 현대 생활에 있다고 생각했다.

나는 1996년에 정신과 수련의로서 모즐리 병원에 오게 되었다. 19세기 영국의 정신과 의사이자 이곳을 설립한 헨리 모즐리의 이름을 따온 유서 깊고 유명한 병원이다(이곳은 몇 킬로미터 떨어진 베들렘 왕립병원과 함께 '베들렘 앤드 모즐리'로 알려져 있다. 베들렘은 모즐리보다 더욱 유서가 깊어 무려 13세기까지 거슬러 올라가며, 혼란을 뜻하는 영어 명사 'bedlam'의 어원이기도 하다). 모즐리 병원이 정신과 수련 과정에 나를 받아준 것은 내 인생에서 손에 꼽힐 정도로 자랑스러운 순간이었다. 지금도 내과를 떠나며 느꼈던 환희가 생생히 기억난다. 수련의로 첫 근무를 마친 따스한 봄날 저녁, 주차장으로 걸어가다 길 건너편 킹스칼리지 병원('의학'을 담당하는 곳)을 흘끗 보며 또 한 번 환희에 젖었던 것도. 내과에서 끔찍한 당직 근무에 시달리며 며칠씩 집에 가지 못하던 시간도 이제 안녕이었다. 끝날 줄 모르는 진료, 끊임없이 울려대는 신호음과 호출기, 산더미 같은 퇴원 서류, 엄청난 속도로 들고 나는 환자들, 가차 없고 끝도 없는 지침들……. 이런 것은 전부 지난 일이 되었다. 적어도 당시에는 그럴 줄만 알았다. 하지만 사랑이란 원래 눈먼 것이며, 나는 내 새로운 직업과 사랑에 빠져 있었다. 그리고 적어도 정신과 첫 근무일은 내 기대에 충분히 부합했다.

길고 무덥던 1996년 여름 동안 나는 한층 더 흥미롭고 신선한 정신과에서의 생활을 한껏 즐겼다. 나는 그해 유럽 축구 선수권 대회의 비공식 응원가였던 라이트닝 시즈Lightning Seeds의 〈Football's

Coming Home〉을 들으며 출퇴근하곤 했다. 잉글랜드가 당당히 대회 준결승까지 진출했다는 사실이 나의 낙관적 기분을 반영하는 듯했다. 나는 정신과 의사로서 첫 번째 직장을 구한 터였고, 집중치료 폐쇄 병동에서 편집조현병과 양극성장애를 비롯해 중증 정신질환의 새로운 세계를 접하고 있었다. 내게 딱 맞는 곳을 찾아 들어왔다는 편안한 기분으로 환자들의 환청, 망상, 편집증에 귀 기울이며 인간 경험의 광범위함에 깊이 매혹되었다.

하지만 나는 만성피로증후군에도 여전히 관심이 있었다. 그리고 얼마 지나지 않아 모즐리 병원의 만성피로 치료 및 연구 전문분과를 접하게 되었다. 이곳은 몇 년 뒤 내 직장 생활에서 무척 중요한 위치를 차지하게 되었다. 그곳에서 만난 사람이 바로 단일 인물로서는 내 경력에 가장 큰 영향을 미친 사이먼 웨슬리Simon Wessely 박사였다(그는 나중에 교수가 되었고 더 나중에는 왕실에서 작위를 받았다). 웨슬리 박사는 놀라운 사람이었다. 첫인상은 아트 가펑클과 존 매켄로를 섞어놓은 것 같았고, 넥타이도 재킷도 없이 남색 면바지에 셔츠 앞자락만 집어넣고 뒷자락은 빼놓은 차림새였다. 일반인들이 상상하는 학문에 몰두한 교수의 전형적인 모습이었다. 실제로 웨슬리와 잠시만 얘기해봐도 그가 천재라는 걸 알 수 있었다. 우선 그는 내가 만난 어떤 사람보다도 빨리 문제의 핵심을 파악하고 이해했다. 그의 문체 또한 말투와 마찬가지로 편안하고 스스럼없고 쉬우면서도 문제에 대한 날카로운 분석력을 보였다. 임상기록, 학술 논문, 학회 발표뿐만 아니라 심지어 정책 문서에서도 말이다. 길고 따분하고 혼란스럽고 틀에 박힌 정책 문서를 지겹게 보아온 나로서는, 그런 종류의 문서를 흥미롭고 의미 있어 보이게 한다는 건 드물다 못해 독보적인 능력이라고 단언할 수 있다.

웨슬리 박사가 만성피로 분과를 설립했을 당시에는 비슷한 진료가 전혀 없었기에 초진 대기 시간이 보통 2년 정도였다. 이 점은 흥미로운 사실로 이어진다. 1980년대나 1990년대 초에 만성피로는 흔히 조롱조로 '여피 감기'라고 불렸다. 여피yuppie란 당시 '젊은 출세 지향 전문직young upwardly mobile professional'을 가리키던 경멸적 용어다. 무한한 이윤 추구 사회의 특권층이자 부정적 산물인 은행가나 증권 중개업자가 되기 위해 키워지는 중산층 청년들 말이다. 실제로 만성피로 진료소를 찾아오는 환자 대부분은 이 집단에 속했다. 흔한 냉소적 추측에 따르면 여피들은 정신력이 약한 나머지 그들에게 고소득을 안겨주는 업무의 압박을 감당하지 못하기 때문이라고들 했다. 하지만 웨슬리 박사의 연구에 따르면 중산층 환자들이 만성피로 치료에서 지나치게 부각된 것은, 당시로서는 드물었던 이런 시설에 진료를 위탁받을 연줄과 금전적·정신적 여유를 독점했기 때문이다. 사실 만성피로로 가장 힘들어한 것은 (거의 항상 그렇듯이) 사회적·경제적으로 결핍된 노동계급 환자들이었다. 이런 발견은 더욱 광범위한 계층이 이용할 수 있는 만성피로 진료소의 확충으로 이어졌다.

웨슬리 박사는 만성피로 연구의 선구자 중 하나였다. 그의 연구는 내분비(인체 호르몬 생산 체계), 면역반응(면역계나 항체가 피로에 미치는 영향), 자율신경기능(인체 기능을 조절하고 통제하는 신경), 나아가 병의 행동 및 심리학적 측면까지 다양한 분야를 아울렀다. 진료소에서 웨슬리 박사를 만난 환자들은 그의 재치 있고 편안한 태도에 호응을 보이곤 했다. 그에게 진료받을 때마다 케이크를 구워 오는 환자도 있어서, 화요일 아침에 일찍 출근하면 케이크 한 조각을 곁들여 차를 마실 수 있었다.

신체적 증상과 심리적 증상

그렇다 보니 웨슬리 박사를 비롯한 이 분야 연구자들에게 쏟아진 일부 ME 활동가 집단의 맹비난과 극단적인 대응은 당황스럽지 않을 수 없었다. 시간이 지날수록 더욱 적대적인 분위기가 형성되었다. 내가 아는 많은 연구자들이 자신의 업적을 향한 끊임없는 야유와 지독하고 악의적인 거짓말들에 지쳐 이 분야를 떠났다. 활동가들은 언론의 자유를 무기화하여 연구자들의 사기를 꺾고 심기에 거슬리는 인물과 연구를 비방했으며, '쓸모 있는 바보들'인 지역 보건의를 통해 이 문제를 잘 모르는 고위층 인사들에게 자기네를 지지해달라는 편지를 보냈다.

내가 이 문제에 관여하게 된 것은 영국 국립보건임상연구소 위원으로 초빙되었을 때였다. 국립보건임상연구소는 1999년 영국 정부가 전국 의료를 개선하고 표준화하기 위해 설립한 기관이다. 연구소는 수술에서 여러 분야의 치료까지 수십 가지 지침을 효율성과 비용을 따져가며 만들어야 했다. 나는 2007년에 만성피로 환자들을 치료한 경험을 인정받아 이 병의 의료 지침을 작성할 전문가로 초빙되었다. 열여덟 달 동안 심사위원으로서 기나긴 서류와 연구 논문과 지침 초안을 읽고 격월로 열리는 회의에 참석하는 한편, 가이스 병원에서 수련의 셋과 심리학자와 보조 심리학자로 이루어진 의료 팀을 꾸리고 모즐리 병원에서도 진료를 봐야 했다. 지침 작성은 힘겨운 작업이었고 더디게 진행될 때도 많았다. 쉼표 표기 여부나 읽을 사람도 없을 문장의 수정 문제를 논의하느라 며칠을 보내기도 했다. 위원들의 논의는 열렬하긴 했지만, 점점 더 몬티 파이선의 코미디 영화 〈라이프 오브 브라이언〉에 등장하는 유대 인민 전선Judean People's Front과 인민 유대 전선People's Front of Judea 간의 격렬한 말다툼을 닮아가고 있었다.

결국 우리의 활발한 토론은 개성이라고는 찾아볼 수 없는 위원회 양식의 언어로 고쳐져 공식 발표되었다. 그래도 내가 보기엔 충분히 유용한 지침 같았고, 다행히 다른 사람들도 대부분 그렇게 생각해주었다. 주류 의학계와 환자 집단의 완강하고 종종 상충하는 의견 사이에서 세심하게 중도를 취하는 실용적이며 신중한 지침이었다.

겨울이 시작되어 이른 서리로 땅이 굳어질 무렵, 나는 지침 문제를 머릿속에서 지우고 다시금 정신없이 환자를 진료하는 데 착수했다. 수련의들을 감독하고, 의뢰받은 환자의 담당을 배분하고, 지역 보건의와 대화하고 의대생들을 지도하며, 현대 의사에게 필수인 끝없는 전자 문서 작성에도 매달려야 했다. 새로운 메일이 도착한 것을 본 나는 (항상 그랬듯이) 하던 일을 마칠 때까지 메일을 확인하고 싶은 욕구를 참을 이유가 없다는 판단하에 메일함을 클릭했다. 그러지 말았어야 했다. 변호사 사무실에서 온 메일은 항상 사람을 긴장시키게 마련이니까. 그때까지 나는 병원 내에서 임상이나 관리 문제로 수차례 난감한 상황을 겪긴 했어도 딱히 큰 피해를 입은 적은 없었다. 가능한 모든 사태를 예측하고 고려해서 결과가 어떻든 대비할 수 있는 최소한의 조치를 미리 취했기 때문일 것이다. 내 경험에 따르면 나쁜 소식은 오히려 외부에서 전혀 예상치 못한 충격적인 형태로 습격해 오게 마련이다.

처음에는 메일 내용이 이해가 되지 않아서 다시 한 번 읽어보아야 했다. ME 단체에 소속된 활동가들이 내가 만든 의료 지침의 사법 심사를 요청하며 국립보건임상연구소를 고발했다는 내용이었다. 국립보건임상연구소 변호사들이 알려준 바에 따르면 개인이나 단체가 공공 기관이 발표한 지침을 마음에 안 든다는 이유로 거부할 수는 없다고 했다. 그들이 지침을 부결시킬 수 있는 유일한 방법은 지침 작성 위원회가 애초에 편향적 인물로 구성되었으며 적합한 위원회였다면 전혀 다른 결론을 내렸으리라고 주장하는 것뿐이었다. 따라서 그들은 지침 작성 위원들이 편향적이라는 근거를 찾아내야 했고, 나 역시 그렇게 고발된 인물 중 하나였다.

다시 말해서 지침을 불신임하려면 나부터 불신임해야 했다. 내가 심리학자, 전염병 전문가, 지역 보건의와 함께 활동가들의 목표물이 된 이유는 내가 지침 작성 위원회의 유일한 정신과 의사였기 때문이다. 만성피로도 하나의 병이라고 주장하는 사람들은 이 문제에 정신의학이 개입하는 것을 일종의 도발로 여겼다. 만성피로증후군이 심리 치료로 완화된다면 순전히 심리적인 병이 아니겠느냐는 통념 때문이리라. 하지만 물론 그런 통념은 오해에 지나지 않는다. 심리 치료는 당뇨와 심장병 등 다양한 질환에 효과가 있지만, 그렇다고 해서 당뇨나 심장병이 정신 건강 문제라고 주장할 사람은 없을 것이다.

만성피로증후군의 원인이 신체적인가 심리적인가 하는 논란은 데카르트적인 심신 이분법의 연장일 뿐이다. 병의 원인이 신체와 심리 둘 중 한쪽에만 있어야 한다고 여기는 문화의 일환인 것이다. 하지만 왜 그래야 하는가? 병의 원인이 심신 양쪽에 있을 수도 있지 않은가? 모든 병에는 각기 다른 양상의 신체적·심리적 요소가 존재한다는 것을 왜 인정하지 못하는가?

나는 종종 환자들에게 긴장성 두통을 앓은 적이 있느냐고 묻는다. 거의 모든 환자가 그런 적이 있다고 대답한다. 그러면 나는 긴장성 두통은 신체 질환인지 심리 문제인지 묻는다. 우리는 긴장성 두통이 뇌종양 같은 신체적 요인이 아니라 이름 그대로 스트레스와 긴장에서 비롯된다는 것을 안다. 그렇다면 이건 심리 문제가 아니겠는가? 하지만 한편으로 긴장성 두통은 통증이라는 뚜렷한 신체 증상을 보이며 아세트아미노펜 같은 진통제를 먹으면 나아진다. 그렇다면 긴장성 두통은 신체적인가, 아니면 심리적인가?

 나로서는 이보다 더 쓸데없는 논쟁을 상상할 수가 없다. 인간의 본성을 이해하는 의료인이라면 누구나 거의 모든 질병에 신체적 요소와 심리적 요소가 모두 존재한다는 사실을 잘 알 것이다. 그리고 긴장성 두통을 앓아본 사람이라면(다시 말해 모든 사람은) 그 병이 지독히 고통스럽다는 것을 안다. 긴장성 두통은 환자가 상상하거나 날조한 가짜가 아니라 끔찍하고 치료가 필요한 실제 통증이다. 아세트아미노펜을 복용하여 바로 통증을 없앨 수 있다면 좋은 일이다. 그리고 스트레스 관리 프로그램으로 재발을 막을 수 있다면 이 역시 좋은 일이다. 긴장성 두통이 신체적인가 심리적인가 하는 문제로 골치를 썩일 필요가 없는 것이다. 그럼에도 의료계는 어떤 병이 '신체적인가, 아니면 심리적인가?' 하는 사고방식에 갇힌 나머지 건강 개선에 유익할 수도 있는 치료를 환자들이 거절하게 만들고 있다. 나로서는 도저히 이해할 수 없는 사고방식이다. 임상의로서 나는 환자의 치료가 실용적이고 해결책을 모색하는 방식이어야 한다고 생각한다. 근거가 되는 이론이 그럴싸하거나 관념적 이해에 들어맞는다는 이유로 치료를 선택하지는 않는다. 내가 치료를 실시하는 근거는 실질적 증거와 실험 결과가 보여주는 것, 그리고 효과가 있을 가능성이다.

나는 만성피로증후군이나 근육통성 뇌척수염을 생물학적으로 이해하려는 연구를 지지한다. 그런 연구가 이 병의 치료에 있어 새로운 영역을 열어주기를 기대한다. 예를 들어 지극히 불편한 증상을 바로 해소해줄 수 있는 정제가 나온다면 좋을 것이다. 하지만 연구결과 이 병이 부분적으로, 대체로, 나아가 전적으로 심리적인 것이라고 밝혀진다 해도 뭐가 문제인가? 심리적인 병이라고 해서 치료하고 연구할 가치가 줄어들 이유가 있는가? 이런 사고방식은 정신건강 문제가 신체 질환보다 사소하며 조현병이나 우울증 따위는 진짜 고통이 아니라는 편견을 보여줄 뿐이다. 심리 치료로 나을 수 있는 병은 심각한 병이 아니라는 생각과 다를 바 없다.

법적 절차는 지지부진하게 이어졌다. 다음 단계는 국립보건임상연구소가 지정한 변호사들과 의논하여 내가 편향적 인물이 아니라고 변호하는 공식 서신을 작성하는 것이었다. 이 소송을 제기한 사람들은 내가 신경과 의사, 지역 보건의 세 명, 면역학자를 비롯한 위원회의 여러 의료 전문가들을 포섭할 수 있는 인물이라고 과대평가한 게 분명했다. 문득 상황에 맞지 않게 한가한 의문이 들었다. 최선의 의료 방식이 의학 학술지가 아닌 법정을 통해 결정되는 분야가 정신의학 말고 또 있을까?

결국 소송은 법정까지 갔다. 국립보건임상연구소의 명백한 승리였고, 판사는 이런 문제로 소송이 제기되었다는 것에 대놓고 불쾌한 기색을 드러냈다. 냉철하고 명쾌한 법조 용어로 작성된 판결문은 그야말로 명문이었으며, 이 논쟁을 둘러싼 사소한 뉘앙스와 갈등 하나도 놓치지 않았다. 판결문의 마지막 문장은 다음과 같았다. "원고 측의 주장은 사실무근일 뿐만 아니라 피고 측에 심각한 손해를 입힐 수도 있다. 의료 전문가들이 해당 분야에 관여하는 것을 망설이게 만들 정도로 말이다. 이 분야에서 반대 의견은 나올 수 없다거나 학술적 탐구를 제한한다는 인식은 과학에 치명적이며 환자들에게도 유해하다." 비극적인 사실은 내가 아는 우수한 연구자 여럿이 그저 환자들을 돕기 위해 연구를 수행했다는 이유로 한참 비난받은 끝에 환멸과 상심을 느끼며 의학계를 떠났다는 것이다.

이 사건 전체가 내게는 큰 상처로 남았다. 내 생각에 만성피로증후군 혹은 근육통성 뇌척수염의 존재를 옹호하는 사람들 다수는 이 병이 진지하게 받아들여지길 원할 것이다. 그들은 이 병이 진지하게 받아들여지려면 심리학의 관여를 일체 거부해야 한다고 생각한다. 이런 관점이 정신 건강 문제로 고통받는 여러 만성피로 환자들에게 모욕적임에도 불구하고 말이다. 하지만 신체와 심리를 나누는 것은 기존의 의료 논의와 관행을 그대로 반영하는 현상일 뿐이다. 따라서 우리 의료 전문가들도 완전히 무고하다고 할 수는 없으며, 이런 상황 앞에 경악하고만 있어서는 안 된다.

정신과 의사들은 흔히 유사 심리학 화법psychobabble(심리학 용어를 사용하여 그럴싸하게 들리지만 무의미한 말을 늘어놓는 것—옮긴이)을 쓴다고 비난받는다. 하지만 나는 만성피로의 경우 그 반대라고 주장하고 싶다. 이 병을 잘 모르는 만큼 말을 아껴야 할 의사들이 이런저런 유사 생물학 화법biobabble으로 신체적 요인을 설명하려 든다. 여기서 '유사 생물학 화법'이란 과학적으로 들리고 과학 용어로 도배되어 있지만 사실은 과학적으로 말이 안 되는 설명을 말한다. 그들은 동료 의사는 고사하고 의대생조차 어이없어 할 이론들을 내세우면서도, 자기가 뭘 하고 있는지 모르는 사람들이 흔히 그러듯 자기 말이 옳다고 확신한다.

물론 정신의학에 불확실성이 있는 것은 사실이며, 나는 이런 불확실성을 환자에게 분명히 알리려 한다. 하지만 환자들은 전문가의 모호한 말보다 아마추어의 명쾌한 말에 더 안심하고 위로를 받을 때가 있다. 16세기 시인 새뮤얼 대니얼이 남긴 이 구절처럼 말이다. "소심한 지식이 망설이며 서 있는 동안/시끄러운 무지가 일을 해치운다." 그리고 현재로서는 거친 인터넷 세상뿐만 아니라 상당수의 진료실에도 이런 시끄러운 무지가 차고 넘친다.

그렇다면 나는 왜 이 일을 계속하는가? 내가 수년간 만나온 수많은 환자들이 본인뿐만 아니라 가족에게도 당혹스러운, 그리고 그들의 삶에 심각한 영향을 끼친 병 앞에서 보여준 존엄 때문일 것이다. 나는 단 한 번도 그들의 증상이나 심각한 고통을 의심해본 적이 없다. 그들이 진료소에 오는 것은 자신의 병에 관한 관념을 설명하기 위해서가 아니라 낫기 위해서다. 그리고 우리에게는 치료법이 있다. 결코 완벽하지 않지만 적어도 어느 정도는 고통을 덜어줄 수 있으며 경우에 따라서는 환자를 회복시킬 수도 있는 치료법이.

캐럴을 치료하는 첫 단계는 증상을 파악하려고 시도하는 것이었다. 즉, 캐럴과 함께 증상이 지속되는 원인을 고민한 뒤 우리가 이해한 바에 따라 앞으로 할 일을 합의하는 것이었다. 당시로서는 말처럼 쉽지 않은 일이었다. 충분히 이해할 수 있는 일이지만, 내가 만난 다른 환자들처럼 캐럴도 가능한 모든 검사를 받고 싶어 했다. 하지만 내가 보기에 그중에는 필요 없을 뿐만 아니라 유해할 수 있는 검사도 있었다. 나는 오랫동안 의학계에서 일하며 많은 이론이 바뀌는 것을 지켜보았다. 치아의 아말감 충전물이 피로의 원인이라는 이론이 한참 유행했을 때는 환자들이 거금을 들여 치아 충전물을 전부 세라믹으로 교체하는 일도 흔했다. 나를 처음 방문한 환자 중에는 효소 보충제, 조효소, 허브, 생선 기름뿐만 아니라 온갖 의약품을 오용하거나 더 과격한 식이 제한을 시도하는 이들이 많다. 그로 인해 효과를 보았다는 증거는 거의 없는데도 말이다. 이런 치료법 중 상당수는 최선의 경우에도 값비싼 위약에 지나지 않으며 최악의 경우 무척 해로울 수 있다.

캐럴과 내가 서로를 이해하기까지는 상당한 대화가 필요했다. 캐럴의 증상을 유발한 원인은 알 수 없었고 아마도 영원히 알아낼 수 없을 터였다. 기적의 치료약 같은 건 없었으니 우리가 할 수 있는 일에 집중해야 했다. 캐럴의 증상이 지속되는 것은 수면 부족, 컨디션 저하, 기분 저조, 끊임없는 증상 염려 등 다양한 신체적·심리적 요인 때문인 듯했다. 어느 병이나 마찬가지지만 스트레스가 증상을 악화시킨다는 걸 캐럴 본인도 알고 있었다. 이를 토대로 우리는 신체적 측면과 심리적 측면을 아우르는 치료 계획을 짰다. 캐럴의 활동 강도를 서서히 점진적으로 높일 운동 프로그램과 수면 프로그램을 마련하고, 증상을 악화하고 컨디션을 저하시키는 불규칙한 활동 패턴을 바꾸기로 했다. 또한 캐럴의 병과 기분 저조가 지속되는 원인의 상당 부분이 긴장과 불안에 있다는 것을 알아냈다. 그리하여 캐럴이 낫지 않는 이유로 추측되는 증상과 건강 문제에 대한 집착을 줄일 기분 전환 방법을 고안할 수 있었다. 나는 캐럴을 우리 정신과에서 일하는 유능한 치료사에게 맡겼고, 캐럴은 이후 한 해 동안 여남은 번 치료사를 만나 상담했다.

상황은 서서히 변해갔다. 변화 과정이 느린 만큼 회복에도 여러 달이 걸렸다. 캐럴은 날마다 조금씩 산책 시간을 늘렸고, 하루에도 몇 번씩 휴식을 취하여 탈진과 과도한 활동이 반복되는 양극적 패턴을 피했다. 무엇보다도 다시 사람들을 만나며 평범한 일상으로 돌아가려 했다. 박물관에서 시간제 일자리도 구했다. 1년 뒤 진료가 마무리될 무렵에도 캐럴은 피로에서 완전히 회복되진 못했고 여전히 재발할까 봐 조심하고 있었지만, 성인이 된 후 처음으로 독립적인 생활을 하고 있었으며 미래에 대해서도 낙관적인 태도를 보였다.

마지막으로 캐럴을 보았을 때 그는 나를 알아보지 못했다. 친구들과 함께 캠버웰의 카페에 앉아 있었기 때문이다. 사람들 가운데서 한창 재미난 이야기를 늘어놓는 캐럴을 빠른 걸음으로 지나쳐 가는데 문득 캐럴의 웃음소리가 들려왔다. 그때서야 나는 단 한 번도 캐럴이 웃는 걸 듣지 못했다는 사실을 깨달았다.

7

자살, 희망과 절망 사이

나는 의사로 일하면서 수많은 환자들의 정신감정을 맡았다. 그중 25퍼센트에서 50퍼센트 정도가 자살을 고려한 적이 있다. 그들 다수가 자기도 모르게 자살 충동을 실행할까 봐 두려워한다. 승강장에 기차가 들어올 때면 혹시나 충동적으로 뛰어내릴까 봐 의식적으로 한 발짝 뒤로 물러난다는 사람들도 있다. 그런가 하면 살고 죽는 것에 모호한 태도를 취하는 사람들도 있다. 나를 찾아온 환자 몇몇은 일부러 길을 건널 때 좌우를 살피지 않는다고 했다. 사고를 당한다 해도 운명에 맡기겠다는 것이다. 심지어 한밤중에 집 주변의 깜깜한 시골길을 전조등도 켜지 않고 차로 달린다는 여성도 있었다. 딱히 사고를 내려는 건 아니지만 사고를 피할 생각도 없다면서.

나는 자신의 목숨에 이처럼 애매한 태도를 보이는 사람이 꽤나 많다는 사실을 알게 되었다. 상담 중에 조만간 자살할 생각이라고 말하더니 곧바로 다음 달에 다른 지역에 사는 친척을 만나러 갈 계획이라고 말하는 사람도 보았다. 당연히 두 가지 모두가 사실일 수는 없다. 이렇기에 임상 상담에서 정확한 파악이란 어려운 일일 수밖에 없다. 환자가 전달하는 메시지들은 서로 엇갈리며 종종 환자 본인도 자기가 무엇을 원하는지 잘 모르기 때문이다. 자살 충동의 중심에 있는 모호함은 지극히 모순적인 행동으로 드러나는 경우가 흔하다. 그래서 사람은 죽고 싶은 동시에 살고 싶을 수 있으며, 바람에 흔들리는 갈대처럼 우연한 사건 하나로 자살 직전에 생각을 바꾸거나 오히려 죽겠다는 결심을 굳히기도 한다.

내 경험에 따르면 사람들은 대체로 죽기보다 살기를 원하되 지금까지와는 다르게 살고 싶어 한다. 현재의 삶에서 겪는 감정적 고통으로부터 자유로워지고 싶은 것이다. 자살을 기도하는 것은 그러면 뭔가 달라질 거라는, 단 한 번의 도약만으로 마음속 번뇌에서 풀려날 수 있으리라는 희망 때문이다. 그래서 자살 기도를 흔히 '구조 신호'라고 말하기도 한다. 이는 인간을 극한으로 몰아가는 심각한 정신적 고통을 축소하는 표현이지만, 그래도 내면의 심리적 작용을 어느 정도 포착하고 있기도 하다. 여기서 말해두어야 할 것은 내가 담당한 환자 중에도 자살 기도를 한 이들이 있었으며 그중에는 마지막 순간에 그만둔 사람, 예상 못한 방문객에게 발견된 사람, 병원에 실려와 소생에 성공한 사람도 있다는 점이다. 이들은 깊고 단호한 자살 욕구를 느꼈지만 순전히 천운으로 살아남은 사람들이다. 다행히 내 담당 환자가 자살로 사망한 경우는 없었지만, 궁극적으로 내 책임인 우리 정신과 의료진의 담당 환자 중에는 그런 경우가 있었다.

자살과 사회의 연관성

자살 가능성을 높이는 요소는 다양하다. 가족이나 친구와 같은 사회적 지원망 없이 홀로 살면 자살 가능성이 높아진다. 자살 사고는 그것을 언급하는 환자가 몇 살이든 심각하게 받아들여야 하지만, 고령층일수록 자살할 가능성이 높아지는 만큼 나 역시 노인 환자에 특히 더 주의하는 편이다. 실업자나 만성 질환자(신체든 정신이든)가 되는 것도 자살 가능성을 높인다. 나는 이 모든 요소가 사회로부터의 고립감을 증가시켜 부정적으로 작용한다고 본다.

외로움은 우리 사회에서 급증하고 있는 유행병이다. 미국 성인의 47퍼센트 이상이 외로움을 느낀다고 조사되었는데, 외로움이 건강에 미치는 악영향은 하루에 담배 열다섯 개비를 피우는 것과 맞먹는다고 한다.[1] 영국 인구의 5분의 1에 가까운 900만 명 이상의 성인이 자주 혹은 항상 외롭다고 느낀다는 연구 결과도 있다.[2] 또 다른 통렬하고 무시무시한 통계는 자선단체 에이지 UK^{Age UK}가 발표한 것인데, 65세 이상 성인의 거의 절반(49퍼센트)이 텔레비전이나 반려동물만을 벗 삼아 지낸다고 한다.[3]

　나는 이런 외로움이 대중의 정신 건강에 미치는 여파가 걱정스럽다. 인간이란 궁극적으로 사회적 존재이기 때문이다. 공동체에 대한 유대감은 신체 및 정신 건강에 문제가 생기지 않게 막아주는 보호막이 된다. 다시 말해 교회나 크리켓 팀, 하다못해 동네 술집 단골이나 다트 모임의 일원이 되기만 해도(다트 던지기는 영국의 술집에서 사람들이 즐겨 하는 놀이다―옮긴이) 공동체에 연결되었다는 느낌이 강해지고 건강이 증진된다는 것이다.

　건강 문제에 신경 쓴다고 하면 식이요법이나 음주 조절, 운동 정도만을 떠올리고 사회관계의 중요성까지는 생각지 못하는 것이 보통이다. 하지만 자기 자신보다 더 큰 존재의 일부로서 다른 사람들과 함께하는 활동은 자존감과 정신 건강을 향상시킬 뿐만 아니라 신체 건강에도 유익하다. 나도 종종 놀라워하는 사실이지만, 정신 건강이 튼튼해지면 병에 대한 저항력도 강해진다. 이런 현상이 면역계와 연관되어 있다는 생각은 연구자들의 주목을 받았으며, 대중에게도 상식으로 받아들여지고 있다. 예를 들어 누구나 스트레스를 받고 전염병에 대한 저항력이 떨어진다고 느낀 적이 있을 것이다. 더욱 극단적인 사례로, 학계에서 자주 인용되는 한 논문에서는 만성 스트레스가 면역계에 영향을 미쳐 특정 유형의 암 발병과 진행을 촉진한다고 주장했다.[4]

사회 통합과 연관하여, 사회에서의 인종 차별이 정신 건강뿐만 아니라 신체 건강에도 영향을 미친다는 뚜렷한 근거가 있다. 〈영국 의학저널British Medical Journal〉에 실린 논설에 따르면, 인종 차별 피해자는 고혈압이나 호흡기 질환 등 생활을 불편하게 하는 만성 질환에 걸릴 확률이 높다고 한다.[5] 미국에서 이루어진 한 연구는 인종 차별이 놀랍게도 흑인 인구뿐만 아니라 백인 인구의 사망률도 높인다는 근거를 제시했다.[6] 인종 차별은 피해자 측이 아닌 사람들에게도 유해한 영향을 미치며, 사회를 각박하고 끔찍하게 만들 뿐만 아니라 인체에도 해롭다. 하지만 사회 통합이 구성원들에게 유익한 이유나 인종 차별이 질병을 유발하는 이유는 구체적으로 명확히 해명되지 않았다. 사회 통합의 결여와 사회적 재난이 신체 질환을 유발한다는 것은 인체를 생물학적으로만 이해하는 우리에겐 직관적으로 이해하기 어려운 현상이다. 하지만 나는 이런 상관관계를 20년 넘게 보아온 만큼 사실로 받아들일 수밖에 없다.

자살 위험성에 관련하여 사회가 미칠 수 있는 또 다른 영향이 있다. 어이없게 들릴 수 있겠지만 1961년 이전 영국에서는 자살 기도가 실제로 형사 범죄였다. 자살로 죽은 사람에 대한 형사적 제재가 어떻게 자살을 방지할 수 있겠냐고 의문을 제기하는 이들도 있을 것이다. 하지만 나는 자살의 범죄화로 인해 자살은 사회적 금기라는 강력한 메시지가 전파되었다고 생각한다. 텔레비전에 자살 장면이 등장하면 모방 자살이 급증한다는 점은 여러 연구를 통해 명백히 증명된 바 있다.[7] 문제의 인물이 불가능한 선택지 앞에서 대안을 찾지 못하고 자살하는 것으로 묘사될 경우에는 더욱 그렇다. 사람들은 순식간에 그 인물에게 공감하며 자기 삶의 절망적 상황도 자살이 해결해줄 거라고 생각한다. 자살을 제도적으로 금기시하면 이런 사람들을 어느 정도 보호하는 효과가 있다.

이에 반발하는 사람들은 자살을 범죄로 간주하는 건 무자비한 짓이라고 말한다. 나아가 그런 조치가 오히려 자살을 부추길 것이라는 주장도 있다. 사람들이 그토록 절박한 행위를 저지르게 하는 마음속 고통을 입 밖에도 내지 못하게 가로막는 셈이니까. 내가 만난 자살 충동 환자들의 가장 흔한 고충은 상대가 뭐라고 생각하거나 말할지 두려워서 아무에게도 속내를 털어놓지 못하고 고립감을 느낀다는 것이다. 자살을 둘러싼 담론에서 이런 금기는 치명적일 수 있다. 궁극적으로 자살 담론을 둘러싼 오명을 씻어내야 자살률이 떨어질 수 있다면, 우리는 형사 고발의 위협이나 감정적이고 과장된 태도를 배제하고 이 문제를 논의해야 할 것이다.

흥미로운 사실은 자살 수단을 없애는 것이 자살을 줄이는 가장 효과적인 방법 중 하나라는 점이다. 얼마 전까지만 해도 영국에서는 가정용 오븐에 머리를 집어넣고 그 안에서 나오는 유독 가스를 흡입하는 자살 방식이 흔했다.[8] 하지만 석탄 가스 대신 독성이 낮은 천연가스가 쓰이게 되면서 오븐을 이용한 자살도 사라졌다. 주목할 것은 이런 방식의 자살이 대부분 실패하면서 자살 사망자가 확 줄어들었으며 그렇게 줄어든 수치가 지금까지 유지되고 있다는 지점이다. 자살을 기도했다가 실패한 사람은 나중에 자살을 재시도할 것이라고 생각하기 쉽지만, 현실은 그렇게 단순하지 않다. 일단 치명적인 행위를 저지를 수단이 없어지면 그런 사람도 한동안 더 살아갈 확률이 높다.

고속도로나 소위 '자살 명당'에 방호용 울타리를 치는 것은 이런 이유 때문이다. 뛰어내리려는 순간적 욕구를 막고 자살 충동이 가라앉을 시간을 벌어주려는 것이다. 입원 병동에 뾰족한 물건이 없는 것도 같은 이유에서다. 알약을 병 대신 한 알씩 분리된 투명 플라스틱 포장에 넣으면서 자살률이 줄어들었다는 연구 자료도 있다. 병에 든 알약은 한꺼번에 여러 개를 쏟아낼 수 있지만, 투명 플라스틱 포장에 든 알약은 시간을 들여 하나씩 터뜨려 꺼내야 하는 만큼 충동적으로 많은 양을 삼키기가 어렵다. 과용하면 위험할 만큼의 알약을 꺼냈을 때쯤엔 자살을 기도하려던 사람도 다시 생각해볼 만큼 충분한 시간이 지났을 것이다. 마찬가지로 총기 이용을 규제하는 법률도 자살률을 낮춘다. 치명적인 총기를 쉽게 입수하고 사용할 수 있는 일부 국가에서는 충동적 자살의 위험성이 명백히 증가한다. 미국의 여러 연구를 통해 총기 소유와 총기 자살이 대체로 뚜렷이 연관되어 있다는 것이 이미 입증되었다.[9]

내가 정신과 의사로서 자살 충동 환자를 만날 때 해야 할 일 역시 이와 크게 다르지 않다. 내 역할은 (적어도 어느 정도는) 환자가 위기를 벗어나게 돕고 언젠가는 상황이 나아질 것이며 그의 삶도 괜찮아지리라는 희망을 주는 것이다. 환자가 내 이야기를 듣고 자신의 삶을 한 번 더 돌아보고, 감정적인 사고에서 벗어나 삶으로 돌아갈 수 있도록 말이다.

자살 충동 환자를 치료하는 3단계

삶에 대한 사람들의 태도는 남이 이해하기 어려운 경우도 있으며, 그때그때 변하기도 한다. 내가 치료한 앤턴이라는 환자가 기억난다. 노동계급 출신으로 유난히 영리했던 앤턴은 열심히 공부하여 그의 모교에서 최초로 케임브리지대학교 경제학과에 입학했다. 그는 당연하게도 모교의 자랑이 되었고, 대학을 최우등으로 졸업한 뒤 런던의 금융회사에 취직해 경력을 쌓아나갔다. 하지만 앤턴은 결코 주변 사람들에게 동질감을 느낄 수 없었다. 자신은 이질적인 노동계급 출신이라 그들과 같은 사교계의 일원이 아니라고 느꼈던 것이다. 그러다가 일주일 만에 몇 번의 거래 실수로 회사에 손해를 입힌 앤턴은 자신감을 잃기 시작했다. 그는 이 시기의 일을 정말로 얘기하기 힘들어했다. 울음을 터뜨렸다가 간신히 그치긴 했지만, 상담을 이어가면서도 계속 흐느끼며 내게 거듭 사과하곤 했다.

　내가 만나는 환자들은 무척 다양하지만 드물게 공통점도 있다. 울

때마다 사과하려 한다는 점도 그중 하나다. 나는 앤턴에게 감정을 느끼는 것도 인간성의 일부라고 말했다. 슬픔을 느껴 울 때도 있고 기쁨을 느껴 웃을 때도 있지만, 농담에 웃었다고 사과할 필요가 없듯 눈물을 흘렸다고 사과할 이유도 없다고. 하지만 앤턴은 뺨을 적시고 콧물을 흘리며 무력한 표정으로 가만히 앉아 있을 뿐이었다.

앤턴의 이야기는 계속되었다. 그 끔찍한 일주일 이후 앤턴은 한층 더 강박증이 심해졌다. 뭔가를 결정하기가 점점 더 어려워졌고 동료들과 어울리는 자리를 피하게 되었다. 근무 시간을 늘렸지만 결단력이 강해지기는커녕 오히려 더 약해지는 것 같았다. 자기가 회사에 쓸모없는 사람이라는 생각이 들고 점점 우울감이 깊어져갔다. 식욕이 떨어지고 불면증에 시달렸으며 지치고 심드렁한 기분이 들었다. 또다시 뜬눈으로 하룻밤을 지낸 뒤, 그는 거래액에 쉼표를 찍을 자리를 착각하는 초보적인 실수를 저질러 회사에 큰 손실을 입히고 말았다. 상사가 앤턴에게 잠시 쉬는 게 좋겠다고 말하자 그는 자기가 해고될 것이라는 의미로 받아들였다. 앤턴은 지독한 수치감에 빠졌으며, 자기를 평생 지지해준 모든 학교 친구와 가족들을 실망시켰다고 느꼈다.

내가 외래 진료소에서 앤턴을 만났을 때 그는 불행에 빠져 초조해하고 머뭇거렸으며 여러 모로 우울증의 징후를 보였다. 애초부터 그리 높지 않았지만 이제는 바닥에 떨어진 자신감도 한몫했다. 그는 자신이 실패자이자 사회 부적응자이며, 사람들이 자기를 이렇게 출세시킨 것은 오직 자기가 추락하는 꼴을 즐기기 위해서였다고 믿었다. 또한 얼마 전부터 규칙적으로 죽음을 떠올리게 되었으며 자살을 선택할 수도 있다는 생각이 들기 시작했다고 인정했다. 인터넷으로 자살 방법도 조사해봤다고, 지금까지는 가족과 친구들을 생각하면 자살 충동을 참을 수 있었지만 그 방법도 이젠 효과가 없다고 했다. 자기처럼 남에게 부담만 주는 골칫거리는 차라리 죽는 게 주위 사람들에게 나을지 모른다는 것이었다.

　나는 이전에도 이런 환자들을 여럿 만났기에 상황을 단번에 뒤집긴 어렵다는 걸 알았다. 이런 환자를 치료하려면 보통 3단계가 필요했다. 먼저, 1단계는 2단계와 3단계를 진행하는 동안 환자가 자살하지 않게 방지하는 것이다. 1단계는 항상 까다로우며, 단번에 끝낼 수 있는 과정이 아니다. 의사는 환자의 고민에 귀 기울이고 그 내용을 정리해 들려줌으로써 자기가 환자의 고통을 이해한다는 것을 입증해야 한다. 무엇보다도 개인적으로 자살을 어떻게 생각하든 간에 말이나 몸짓으로 환자를 평가하는 인상을 주어서는 안 된다. 그뿐만 아니라 상황을 제어할 수 있어야 한다. 눈물을 보이거나 얼굴을 붉히거나 성을 내서는 안 된다. 아무리 비극적이거나 비참한 상황이더라도, 환자가 아무리 무분별하게 행동하더라도 마음속에 스쳐가는 감정을 드러내지 말아야 한다. 환자는 지금껏 그 누구에게도 말 못했던 이야기를 털어놓은 것이며 그러려면 엄청난 용기가 필요했을 것이다. 정신과 의사가 어쩔 줄 모르고 당황하는 모습을 환자에게 보여서는 안 된다(환자가 가족에게 자신의 생각을 솔직히 말하지 못하는 건 바로 그런 반응을 보는 것이 두렵기 때문이다).

이런 문제에 빠르고 쉬운 해결책은 없는 만큼 성급하게 대응하지 않는 것이 중요하다. 나는 수련의들이 환자에게 공감과 지지를 표하려는 마음에 너무 급하게 위로의 말을 건네는 것을 종종 보았다. 유감스럽게도 그들의 의도가 얼마나 선하든 간에 환자는 이런 말에서 좀처럼 위안을 얻지 못한다. "다 잘될 거예요"라는 말은 충분히 납득할 만한 근거가 뒷받침되지 않는 이상 누구에게든 공허하게 들릴 것이다. 의사가 할 일은 환자에게 미래에 대한 일말의 희망을 불어넣는 것이며, 이는 환자의 이야기에 근거한 현실적 희망이어야 한다. 마지막으로 의사가 환자의 상태를 진정으로 염려한다는 것을 전달해야 환자의 신용을 얻을 수 있으며, 환자는 상담이 끝날 때까지 받은 인상을 통해 의사를 믿을 수 있겠다는 결론을 스스로 내려야 한다. 내 경험에 따르면 이런 것은 배워서 익힐 수 있는 기술이 아니다. 환자는 이런저런 언어적·비언어적 소통을 통해 자기에게 관심이 있는 사람과 없는 사람을 정확히 가려낼 수 있기 때문이다. 나는 이에 더해 비상 대비책을 마련해두고 환자에게 긴급할 때 연락할 전화번호도 알려준다.

2단계는 우울증 치료다. 이 단계에서는 환자에게 어느 정도 솔직해질 필요가 있다. 물론 의사는 임상 자료에 따라 항우울제를 처방하지만, 처방약이 반드시 환자에게 효과적인 것은 아니며 그 이유도 아직까지는 밝혀지지 않았다. 환자가 항우울제 중 견딜 만한 것과 그렇지 않은 것을 구분하는 과정은 예측하기 어렵고 그만큼 복잡하게 마련이다. 환자에게 맞는 처방을 찾으려면 상당한 인내력이 필요하다. 보통은 두세 번 시도한 뒤에야 적당한 처방약 혹은 조제약을 찾아낼 수 있다. 앤턴의 경우 맨 처음 시도한 항우울제는 부작용이 생겨 복용을 중단해야 했다. 두 번째 약은 그리 효과가 없었고, 세 번째 약은 복용한 지 몇 주 만에 서서히 효과가 나타나기 시작했다("물에 빠져 죽어가다가 수면 위로 올라와 숨 쉬는 기분이에요."). 앤턴이 우울증에 짓눌리지 않고 맑은 머리로 생각할 수 있게 되면서 3단계가 시작되었다. 평생 그를 근거 없이 괴롭힌 낮은 자존감 문제를 해결할 차례였다.

3단계는 법정에서 변호사가 증인을 심문하는 것과 비슷한 과정이다. 환자의 낮은 자존감이 비합리적이고 사실무근하며 근거 없는 감정임을 납득시키는 것이다("그러니까 환자분은 케임브리지 대학교 경제학과를 최우등으로 졸업했으면서 자기가 남들보다 멍청하다고 믿는단 말이죠?"). 그러기 위해서는 앤턴이 사로잡혀 있는 생각, 실수를 하면 실패자가 된다는 관념에 이의를 제기해야 한다(나는 어렴풋이 떠오른 〈심슨 가족〉의 대사를 인용했다. "하지만 사람은 누구나 실수를 하잖아요? 그래서 연필 끝에 지우개가 달려 있는 것 아닌가요?"). 사건 하나하나를 분석하고 그에 대한 환자의 반응을 검토하여, 환자가 느끼는 감정이 정말로 실제 상황에 근거한 것인지 짚어보아야 한다.

누구나 자신의 편향대로 생각하게 마련이다. 나는 의대생들에게 다음과 같은 이야기를 들려주곤 한다. 내가 그들에게 "자네는 의학에 있어서 우등생이지만 약리학 지식은 부족해"라고 말했다 치자. 학생들 중에는 "선생님이 나더러 우등생이랬어. 나 잘하고 있나 봐"라고 생각하며 뿌듯해하는 사람도 있을 것이고, 반대로 "내가 우등생이라는 말은 충격을 줄여주기 위한 빈말일 뿐이야. 선생님이 정말로 하고 싶었던 얘기는 내가 기대에 못 미친다는 거야. 내가 약리학에 취약한 건 알아. 시험에 약리학 문제가 나오면 낙제하고 말겠지. 내가 의대에서 못 버틸 거라던 사람들 말을 들었어야 하는데"라고 생각하며 자신을 실패자로 여기는 사람도 있을 것이다. 내가 지적하려는 건 객관적 발언도 그것을 듣는 사람의 성격과 사고방식에 따라 지극히 다양하게 해석될 수 있다는 점이다. 똑같은 말에 분노하고 좌절하는 사람이 있는가 하면 은근한 자부심을 느끼는 사람도 있다. 절망과 자기 회의를 낳는 것은 객관적 사실이 아니라 사실의 주관적 해석이다.

우리의 생각이 이처럼 편향적이라는 사실은 잘 알려져 있다. 자존감이 낮은 사람은 반사적으로 자신에 대한 칭찬을 부인하고("그냥 듣기 좋으라고 하는 말이겠지.") 자신을 향한 비난에 집착하기 쉽다("그럴 줄 알았어. 다들 나를 저런 식으로 생각할 거야."). 문제는 이처럼 자동적이고 무의식적으로 편향된 생각 위에 감정이 쌓여간다는 것이다. 자신의 상황을 좀 더 이성적이고 논리적으로 생각하는 법을 익히면, 편향된 생각으로 근거 없는 결론을 내리는 대신 실제 상황에 맞추어 자신의 감정을 조절할 수 있게 된다.

하지만 심각한 우울증 환자는 그러기가 불가능하다. 기분 저조로 사고가 뒤틀려 논리적 대화가 불가능한 상태이기 때문이다. 다행히 앤턴은 그의 감정에 엄청난 부정적 여파를 끼친 사고 편향을 서서히 극복해갈 수 있었다. 몇 주나 걸리는 기나긴 과정이었지만, 결국 치료 계획은 성공했으며 그는 차차 위기를 벗어났다. 그러고 나니 자기가 외골수적 생각에 빠져 절망하고 자살 직전까지 갔었다는 게 놀랍다고 했다. 이후 상담에서 앤턴은 자신의 생각을 믿어도 될지, 자신의 생각이 얼마나 자신을 기만적인지 알 수 없다는 점이 정신적으로 가장 힘들었다고 회고했다. 앤턴에게 그런 상황이 특히 힘들었던 것은 예리한 정신이야말로 그가 엄청나게 출세할 수 있었던 기반이었기 때문이리라. 그런데 그 정신이 갑자기 믿을 수 없는 존재가 되어 그를 갉아먹고 깊은 절망에 빠뜨린 것이다.

나는 그날 아침 앤턴이 진료를 받으러 오기 전에도 이미 자살 충동 환자를 두 명 더 만났었다. 세 명 모두 평생 동안의 경험과 결심을 거쳐 자살 직전까지 치달았던 사람들이었다. 자살은 50세 이하 인구에서 가장 흔한 사망 원인이다. 나는 날마다 직장에서 내게로 몰려오는 슬픔과 절망의 파도를 막아내려 애쓴다. 가끔은 나를 삼켜버릴 듯이 위협적인 해일이 몰려들 때도 있다. 마음속에 너무나 큰 흔적을 남긴 환자의 사연을 지워내기 어려운 순간도 있다. 그럴 때면 압도되고 기진맥진해지는 것을 느낀다. 나는 내가 느낀 이런 감정을 억누르지 못할지도 모른다는 두려움 때문에 지나칠 만큼 강하게 감정에 저항하곤 한다.

심각한 우울증 때문에 환청을 듣게 된 남성을 만난 적이 있다. 그는 자기가 무가치한 인간이며 자살하는 게 최선이라는 말이 자꾸 귓가에 들린다고 했다. 나를 만나러 왔을 때 그는 귀를 잘라내려다 실패하여 머리에 붕대를 감은 상태였다. 그는 내게 더 이상 살 생각이 없다고 말했다. 누가 그를 비난할 수 있겠는가? 나는 몸서리치며 그의 모습을 머릿속에서 지우려 애쓰지만, 다음 순간 시에라리온에서 왔다는 한 여성이 떠오른다. 내전 중에 가족이 눈앞에서 살해당하여 정신적 외상을 입은 여성이었다. 그의 차분하고 품위 있는 태도, 강간당한 경험을 회상하며 눈물에 젖었던 얼굴이 떠오른다. 더 이상은 듣고 싶지 않다. 하지만 그는 계속 이야기해야 하고 나는 귀 기울여야 한다. 앞으로 그가 어떻게 살아가야 할지 함께 고민하면서.

그들은 이제 내 책임이다. 만약 그들이 자살로 사망한다면 그 또한 나의 실패가 되므로, 최대한 그들과 이야기하며 그런 불상사를 막아내려 애쓴다. 하지만 내가 그들의 자살을 모두 막아낼 수는 없다. 내가 어떻게 그들의 환각을, 절망을, 고통을 잊기 위한 한밤의 음주를, 그들을 벼랑 끝까지 밀어붙이는 온갖 것들을 막아낼 수 있겠는가? 불가능한 일이다. 내가 해야 할 일은 나 자신의 불안과 감정을 막아내는 것이다. 그래야 더 많은 환자들의 이야기를 듣고 그들을 치료할 수 있다. 나는 계획을 짜고 심호흡을 한 다음, 다음번 환자를 진료실로 불러들여야 한다.

8

비만을 불러온 슬픔

내가 커서 정신과 의사가 될 줄은 몰랐지만, 되돌아보면 어린 시절부터 그렇게 되리라는 단서가 있긴 했다. 당시 누나는 여성 청소년 잡지를 구독하고 있었다. 처음에는 〈재키〉, 나중에는 〈마이 가이〉였지만, 가끔은 그 무렵 엄청나게 인기였던 또 다른 청소년 잡지 〈블루 진〉이 아무 설명도 없이 대신 배달되기도 했다. 아마도 잡지 배송업자가 보기에는 충분히 대체될 수 있는 내용이었나 보다. 그런 잡지를 남자인 내가 읽다가 걸리면 놀림과 망신을 당할 게 뻔했기에, 나는 누나보다 먼저 잡지를 낚아채서 샅샅이 정독하곤 했다. 먼저 사진 화보로 꾸며진 연애 사연을 살펴본 다음, 열두 살인 내게 로맨스를 예고해줄 것 같은 별자리 운세도 꼼꼼히 읽어보았다. 머리를 멋지게 매만진 10대 아이돌 레이프 개릿을 비롯해 여러 남성 스타들의 사진을 대충 넘기고 나면, 마침내 내가 가장 좋아하는 지면인 캐시와 클레어 아주머니의 고민 상담 페이지가 나왔다. 나는 고민 하나하나를 정독하고 캐시와 클레어의 조언 부분을 가린 채 심사숙고해서 나름대로 답변을 쓴 다음 두 여성의 조언과 비교해보곤 했다. 변덕스러운 남자친구와 눈이 맞은 절친한 친구에게 배신당했다는 사연을 읽고는 안쓰러움에 고개를 끄덕이면서도 냉혹한 진실을 외면해선 안 된다고 답변을 썼다. 그는 당신을 사랑하는 게 아니라 친구와 가까워지려고 이용하는 것뿐이며, 본인이 쓴 사연을 읽어보면 스스로 깨닫게 될 것이라고 정중하게 설명하기도 했다. 강압적인 부모, 여드름, 몸에서 나는 악취, 첫 키스(나도 이 항목은 이론적으로밖에 몰랐지만), 괴롭힘, 따돌림, 치사하거나 변태적인 교사에게 대처하는 법, 너무 친한 척해서 부담스러운 부모님의 친구들, 용돈 부족. 나는 이 모든 사연을 읽고 메모장에 신중한 답변을 적으면서 10대 고민의 자료 창고를 채워나갔다.

편지와 청구서, 청소년 잡지 사이에 어머니가 구독하던 다이어트 잡지도 끼어 있었다. 배송업자들이 얼마나 다양한 다이어트 잡지를 취급하는지 놀라울 정도였다. 애초에 매달 잡지 한 권을 채울 내용이 있다는 게 신기하게 느껴졌다. 다이어트 잡지는 끊임없이 다양한 식이요법과 요리법을 제시했다. 각각의 식이요법은 '아미노산', '영양소 순환', '신진대사' 등의 단어로 도배된 유사과학의 모습으로 유행 따라 나타났다가 사라져갔다. 빈약한 과학적 근거를 숨기기 위해 단어가 맹렬하고도 절박하게 남용되었다. 모든 식이요법이 배곯지 않고 마음껏 먹으면서도 살을 뺄 수 있다는 다이어트의 성배와도 같은 근본적 역설을 내세우고 있었다.

어린 내게 이런 다이어트 잡지들은 혼란스럽고 무의미하며 우스꽝스럽기까지 한 존재였다. "의사들이 나더러 앞으로 석 달밖에 못 살 거라고 했었어요!"로 시작하는 감동 실화 같은 경우는 나도 이해할 수 있었다(그런 사연 옆에는 항상 예전에 입던 청바지 안에서 양팔을 뻗어 헐렁해진 허리 부분을 잡은 채 체중이 얼마나 크게 줄었는지 보여주며 미소 짓는 사람의 사진이 실려 있게 마련이었다). 하지만 나는 체중 감량이란 '섭취한 칼로리 대 소모한 칼로리'의 간단한 수학 방정식이라고만 생각했다. 체중 증가의 복잡함이나 그에 관련된 온갖 정신적 부담과 고통은 내겐 다른 세상 이야기였다. 당시에는 아무도 체중 증가의 심리적 측면을 얘기하지 않았다(적어도 내가 보기엔 그랬다).

비만 문제는 내가 의대생이었을 때만 해도 아직 영국에서 대두되지 않았지만, 미국에서는 서서히 주목받고 있었다. 비만을 주제로 강의를 할 때 나는 보통 미국 질병통제예방센터의 자료를 제시하여 1985년에서 2010년까지 비만율이 얼마나 급증했는지 보여주면서 이야기를 시작한다.[1] 미국에서는 50개 주별로 비만 인구의 비율을 계산한다. 1990년에는 비만 인구가 15퍼센트 이상인 주가 하나도 없었는데, 20년이 지난 2010년에는 비만 인구가 20퍼센트 이하인 주가 하나도 없었을 뿐만 아니라 비만 인구가 25퍼센트 이상인 주도 36개나 되었다. 50개 주를 비만율이 높을수록 더 짙은 빨간색으로 표시한 미국 지도를 보면, 비만 문제가 매년 심각해지고 있다는 걸 한눈에 실감할 수 있다.

의대에서 주목해야 할 공중 보건 문제로 비만을 다루는 경우는 드물었다. 설사 비만이 언급되더라도 그로 인해 특정 질병의 위험성이 증가할 수 있다는 건조하고 객관적인 맥락에서였다. 식이와 비만의 심리적 측면은 언급되지 않는 거나 마찬가지였다. 의대생 시절 이에 관한 연구를 딱 하나 전해들은 적이 있는데, 이후로 실제 자료를 계속 찾아보았지만 아직까지 정확한 출처를 발견하지 못했다. 하지만 워낙 특이한 연구라서 내용은 기억에 확실히 남아 있다.

피험자는 본인의 심장 박동을 방 안에 설치된 감지기로 측정하면서 방구석에 달린 스피커로 그 자신에게도 들려줄 거라는 설명을 듣는다. 하지만 사실 감지기는 설치되어 있지 않으며, 스피커에서 나오는 것은 사전에 녹음된 심장 박동 소리다. 이 심장 박동 소리는 정상적으로 들리다가도 이따금씩 피험자가 깜짝 놀랄 만큼 빠르고 불규칙적으로 변한다. 피험자들이 자신의 심장 박동(이라고 여겨지는 것)을 듣는 방 안에는 여기저기 캐슈너트가 담긴 접시가 놓여 있다. 연구자들은 과체중인 피험자가 빠르고 불규칙한 심장 박동 소리에 놀라 자기 몸에 위험 증상이 있다고 생각하게 되면 불안을 가라앉히려고 접시에 든 캐슈너트를 집어먹기 시작한다는 사실을 발견했다. 반면 정상 체중 피험자들은 캐슈너트를 먹지 않았다. 이 연구는 내가 식이의 감정적 측면을 인식하는 계기가 되었다. 내 경우 의대에서 시험과 같이 초조해질 만한 일을 앞두고 있으면 아예 식욕이 없어졌다. 특히 시험을 연달아 쳐야 할 때면 식사가 번거롭고 고역스러워서 뭘 먹든 솜뭉치를 삼키는 거나 다르지 않게 느껴졌다. 그러나 나와는 반대로 먹어야 안정감이 드는 사람들도 있다는 걸 나는 이 실험을 통해 알게 되었다.

'10톤 테리'와의 만남

내가 가이스 병원에 근무한 지 몇 년 뒤 이 병원에서도 체중 감량 치료를 시작했다(공식 의료 명칭은 '비만대사 치료'였다). 영국에서 비만 문제가 대두되며 주목받게 된 새로운 치료 방식이었다. 내 역할은 이미 다양한 식이요법과 보조제를 처방받았지만 체중을 줄이지 못한 환자들을 정신감정하여, 그들이 수술을 받아도 될지 판단하는 것이었다. 지금까지의 정신과 의사 경력에서는 접하지 못한 상황이었기에, 나는 미국의 여러 정신건강의료기관에 편지로 조언을 구하고 그곳에서 쓰이는 여러 유용한 진단 규정을 전달받아 영국에 맞게 개정했다.

처음에는 띄엄띄엄 들어오던 정신감정 의뢰가 나중에는 끊임없이 이어지게 되었다. 그래도 첫 번째로 만난 환자 테리는 지금까지 생생히 기억난다. 테리가 진료실에 들어와 앉은 순간, 나는 진료실에 나무 팔걸이가 달린 좁은 의자밖에 없다는 사실을 깨달았다. 테리는 그 점을 지적하지 않았고 나 역시 언급하지 않았지만, 그가 거기까지 오게 된 경위를 이야기하는 내내 의자 옆구리로 삐져나온 테리의 살과 그가 느낄 불편을 의식하지 않을 수 없었다.

테리는 잉글랜드 북부의 해안 도시 출신이었고 가난하지만 다정한 가정에서 자랐다고 했다. 어린 시절에는 행복했다. 방과 후에는 집 앞 골목에서 축구를 했고 많진 않지만 절친한 친구들도 있었다. 그렇게 평범하게 살아가던 어느 날, 갑자기 테리의 형이 강간 혐의자가 되었다. 정말로 그가 범인일 거라 믿는 사람은 없었지만 필연적으로 소문과 이런저런 추측이 뒤따랐다. 사법 절차는 더디게 진행되었다. 결국 재판까지 가기 전에 고소가 취하되긴 했지만, 테리의 가족은 계속 압박감에 시달렸다. 테리의 아버지는 술을 마시기 시작했고, 점점 더 변덕스럽고 성질 사나운 사람이 되었다. 집에서뿐만 아니라 직장인 부둣가 오락실에서도 그런 모습을 보이다가 마침내 계산원 일자리를 잃었다. 테리가 다니는 학교에서는 그의 형이 강간 혐의자였고 아빠는 술꾼이란 걸 모르는 아이가 없었다. 모두가 테리를 조롱하고 괴롭혔다(그는 한 아이에게 "너희 가족은 무능력자랑 정신병자잖아"라는 말을 들은 걸 아직도 기억하고 있었다).

위축되고 점점 더 고립되어가던 테리는 얼마 지나지 않아 오직 먹는 것을 통해서만 잠시나마 기쁨과 만족을 느끼고 평소의 불행에서 벗어날 수 있다는 사실을 깨달았다. 그는 감자 칩 여러 봉지와 초코바를 먹어치웠다. 아이스크림, 도넛, 사탕, 마시멜로, 젤리빈, 뭐든 손에 닿는 대로 집어삼켰다. 테리의 몸집이 풍선처럼 부풀면서 괴롭힘도 더 심해졌다. 학교 아이들은 그를 '10톤 테리'라고 불렀다. 테리는 점점 더 고립되어갔고 그 때문에 체중이 늘어나는 악순환이 계속되었다.

내가 놀랐던 것은 테리가 말한 내용이 아니라 그의 절박한 어조 때문이었다. 나는 비만 진료소를 찾는 환자에게 정신과 의사와의 상담은 체중 감량 수술을 받기 위해 해치워야 할 불쾌한 장애물 정도일 거라고 생각했다. 하지만 첫 번째 환자와 만나보니 그 반대였다. 평생 소외받아온 테리는 외로워하고 있었다. 그가 하고 싶은 말에 귀 기울여주는 사람과 이야기할 기회도 거의 없었다. 테리의 자존감은 제로에 가까웠다. 그는 혼자 살았고 친구도 거의 없었으며 단 한 번도 애인을 사귀거나 성관계를 한 적이 없었다. 그는 내게 이런 이야기를 할 수 있다는 데 안도한 듯했다. 마치 목에 매달린 돌덩이를 간신히 내려놓을 수 있게 된 사람처럼.

나와 처음 만났을 때 테리는 서른한 살이었지만 아무것도 이루지 못한 상태였다. 한 곳에서 진득하게 일한 경험이 없었고 그때그때 임시직을 전전했다. 설사 직장을 구해도 결근이 잦아서 결국은 잘리게 마련이었다. 하지만 테리는 자신이 잘리는 이유가 결근 때문이 아니라 무능함 때문이라고 생각했으며 그로 인해 더욱 자존감을 잃어버렸다. 그러다 보니 다이어트를 시작해도 계속하지 못하고 며칠이나 몇 주 만에 그만두곤 했다. 그는 거의 항상 혼자 살아왔다. 가족과 가끔 연락하긴 했지만 그는 런던에 살고 가족들은 고향에 있다 보니 자주 만날 수는 없었다. 테리는 자기 인생에 진정한 즐거움이라곤 음식밖에 없으며 그 어떤 감정도 음식으로 처리하는 데 익숙해져버렸다고 했다.

나는 캐슈너트 실험을 떠올리고 그에게 음식이 불안을 다스리는 데도 도움이 되는지 물어보았다. 테리는 그 정도가 아니라 이제는 불안과 배고픔을 구분하기가 어려울 지경이라고, 먹으면 불안이 가라앉는 건 확실하다고 대답했다. 하지만 그가 음식을 먹게 하는 감정은 불안만이 아니었다. 분노, 좌절, 슬픔, 권태, 행복, 어떤 감정을 느끼든 그는 먹는 것으로 대응한다고 했다.

테리의 삶을 이렇게 만든 문제를 비만 수술로는 해결할 수 없다는 건 누가 봐도 분명했다. 수술을 하면 당장은 체중이 줄어들겠지만, 테리가 현재의 식습관을 갖게 된 원인을 해소하지 않는 이상 체중은 또다시 늘어날 터였다. 상담을 마치고 일어선 테리의 몸집은 나보다 훨씬 거대했다. 그가 입은 헐렁한 연회색 운동복 바지는 늘어날 대로 늘어난 데다 세탁할 때가 한참 지난 것처럼 보였다. 날씨가 딱히 춥지 않았는데도 그는 상담이 끝나자마자 여기저기 음식 얼룩이 묻은 후드 티의 모자를 뒤집어쓰고 어깨를 기죽은 듯 구부정하게 수그렸다. 마치 이 세상에서 숨어버리고 싶은 것처럼 보였다. 테리와의 상담은 예정보다 20분이나 길어졌다. 나로서는 무척 드문 일이었지만, 계속 이야기하고 싶어 하는 그를 말릴 수가 없었다. 그가 원래 말이 많은 사람은 아닐 거라는 느낌이 들었다. 대기실에 나와 보니 다들 진료 시간이 밀려 초조해하고 있었고 나도 시간에 늦는 것을 싫어했기에 곧바로 다음 진료를 시작했다. 진료를 전부 마치고 그날 오후 테리의 소견서를 구술하게 되었을 때에야 그에 관해 고민할 수 있었다.

비만 속에 숨은 자기혐오

몇 주 뒤 외래 진료소에서 레나라는 환자를 만났다. 레나는 키가 168센티미터 정도였지만 체중은 140킬로그램에 가까워 체질량지수^{BMI}가 48이나 되었다. 체질량지수는 18에서 25까지가 정상 범위이며 30을 넘으면 비만으로 분류된다. 레나를 처음 본 순간 우울증이 심한 것 같다는 인상을 받았다. 레나는 고개를 숙이고 내 시선을 피하며 힘들게 진료실로 들어왔다. 대기실에서 나와 함께 복도를 따라 걸어오면서도 "여기 오시는 데 오래 걸렸나요?" 같은 사소한 질문에 일절 대꾸하지 않았다. 테리와의 상담 이후 나는 병원에 좀 더 편안한 의자를 주문해달라고 요청해두었다. 요청이 놀랍도록 빠르게 받아들여진 덕에, 진료실의 짝 안 맞는 가구들 사이로 관청 느낌이 짙은 커다란 황갈색 의자가 하나 들어온 터였다. 그때 배송된 의자가 아직 내 책상 맞은편이 아니라 진료실 구석에 놓여 있다는 사실이 떠올랐다. 나는 허둥지둥 레나보다 먼저 복도를 지나가서 레나가 들어오기 직전에 간신히 의자를 옮겨놓았다. 레나는 의자에 주저앉더니 고개를 살짝 들어 진료실 안을 둘러보았다.

레나는 내가 외양을 보고 추측한 것과 달리 서른여덟 살밖에 되지 않았다고 했다. 그는 폴란드 사람이었고 20대 중반까지 고향에서 살았다. 폴란드 북부의 소도시에서 일곱 남매의 맏이로 태어났다고 했다. 신앙이 독실한 부모는 태어난 곳에서 평생 살며 레나를 낳아 키웠고 고향을 떠날 생각이 없었다. 어머니는 간호사였고 아버지는 전기공이었다. 두 사람 모두 여가 시간을 지역 교회 모임에 쏟았고 그런 생활에 만족했다. 레나의 고향은 조용한 동네였다. 돈이 없어서 휴가 여행 같은 것도 간 적이 없었다. 어쩌다 바닷가에 당일치기로 가족끼리 놀러가기는 했지만, 레나는 맏이다 보니 가족 중에 대화 상대가 없었다(남동생들은 너무 어리고 유치했으며 부모는 너무 나이가 많았다). 집에 머무는 건 싫었지만 가족과 함께 있는 것도 내키지 않아서 놀러가도 재미를 느끼지 못했다. 내가 어린 시절 가장 생생한 기억이 뭐냐고 묻자 레나는 '지루함'이라고 대답했다.

학교 성적은 보통이었다. 미술은 재미있었지만 체육이나 학문에는 소질이 별로 없었다. 하지만 레나는 인기가 있었고 종종 예쁘다는 말을 들었다. 모든 남자애들이 레나와 춤추려 했고 데이트 신청을 해왔으며 레나 본인도 이를 즐겼다. 틀에 박힌 따분한 소도시 생활에서 그나마 어느 정도의 오락이자 기분 전환거리였으니까. 레나는 공교육을 마치자마자 학교를 떠났다. 고등 교육에는 관심이 없었다. 부모는 아쉬워했지만, 레나는 직접 돈을 벌면서 더 신나고 재미있게 살기를 원했다. 맨 처음 구한 일자리는 식당 종업원이었다. 레나는 종업원 일을 즐겼다. 손님들과 잡담을 나누고 시시덕거리기도 하면서 저녁에 나가 놀 때 쓸 용돈을 버는 게 좋았다.

그러던 어느 금요일 밤이었다. 야간 근무를 하던 레나는 20대 초반쯤의 남자 여섯 명이 앉은 테이블을 맡게 되었다. 남자들이 다소 무례하게 굴긴 했지만 레나가 대처하지 못할 정도는 아니었다. 그들 중 하나가 야간 근무가 끝난 뒤 만나자고 했다. 레나도 그 남자가 마음에 들었기에 딱히 거절하진 않았다.

나는 그 무렵의 레나가 어떤 모습이었을지 상상해보려 했다. 한때는 생기 넘쳤을 레나의 눈빛에 지금은 슬픔만이 어려 있었다. 레나의 입술이 떨렸다. 레나는 책상 구석에 놓인 티슈 상자에 손을 뻗었다. 소리 내어 울며 코를 풀었다. 나는 레나가 진정하기를 기다렸다. 불이 환히 밝혀진 폴란드의 식당에서 걸어 나오는 레나의 모습을 떠올리려 했지만, 이후에 그가 어떤 일을 겪었을지는 충분히 짐작할 수 있었다.

레나는 야간 근무를 마친 뒤 주차장에 가서 남자를 만났다. 왜인지는 모르겠지만, 그리고 아마 실제로는 그렇지 않았겠지만 내 머릿속에 소나무로 둘러싸인 주차장이 떠올랐다. 나도 모르게 어둑어둑해지는 서늘한 여름 저녁 공기 속에서 마른 솔잎을 밟으며 남자를 따라 그의 승합차로 걸어가는 레나의 모습을 떠올리고 있었다. 남자는 차 안에서 레나를 강간했고, 레나의 인생은 그 사건 이전과 이후로 갈라져버렸다.

레나는 자기가 겪은 일을 아무에게도 이야기하지 못했다. 부모님에게는 더더욱 말할 수 없었다. 지독한 수치스러움은 레나가 받아온 종교적 교육에 의해 죄책감으로 변했다. 레나는 강간 피해자이면서도 자신을 탓했고 자기가 남자를 유혹한 거라고 생각했다. 로맨스나 연애가 이렇게 끔찍한 결과를 불러올 수 있다는 걸 알았으니 두 번 다시 그런 건 하지 않겠다고 결심했다. 남자들이 자기를 쳐다보는 것조차 싫어졌다. 레나의 생활은 위축되었다. 레나는 점점 더 많은 시간을 집에서 보냈고 거울도 보지 않았다. 체중이 계속 불어났지만 원하지 않는 관심을 피할 수 있으니 차라리 다행이라고 생각했다. 한동안 그렇게 임시직을 전전하면서 살아갔다.

그러다 영국에 왔고, 영어 실력이 나아지면서 콜센터 일자리를 구했다. 앉아서 일하다 보니 체중이 줄기는커녕 계속 늘어나기만 했다. 게다가 통증과 수면무호흡증이 생겨서 자고 나도 하루 종일 피곤했다. 그러다 당뇨병 전기에 이르자 체중 조절 프로그램을 처방받았다. 여러 가지 다이어트를 시도했지만 전부 실패했고, 이제는 건강이 개선될 만큼 체중을 줄이려면 수술밖에 방법이 없다는 진단을 받은 터였다.

레나는 자신이 실패자라고 생각했다. 좋은 딸도, 좋은 가톨릭 신자도 되지 못했고 아내나 엄마가 될 일은 더욱 없을 터였다. 이제 레나에게 인생은 고통과 나쁜 건강 속에서 견뎌내야 할 시간에 지나지 않았다. 단지 우울증이라는 말로는 레나가 나를 찾아오게 만든 복잡한 감정과 자기혐오를 담아낼 수 없었다.

나는 메모를 작성하며 잠시 회상에 빠져들었다. 내과 수련의 시절 64시간 당직 근무를 서려고 일어났던 날 아침, 그날 응급실로 실려와 나를 만날 어느 중년 남성이 지금 이 순간 가슴에 최초의 통증을 느꼈을지도 모른다는 생각을 했었다. 당시 나는 피할 수 없는 운명이 있다는 생각에 사로잡혀 있었다. 우주가 창조될 때부터 그와 나의 삶이 영원한 시간 속의 한 찰나에 서로 뒤얽혔다가 다시 각자의 운명대로 갈라져가도록 결정되어 있다고. 지금 내 앞의 레나와도 같은 운명이었던 걸까 하는 생각이 들었다. 레나와 내 삶의 궤적이 마주친 지금 이 순간까지, 레나가 서술한 각각의 시점에 나는 뭘 하고 있었는지 되돌아보려고 했다. 그러면 레나를 좀 더 잘 이해할 수 있을 것 같았다.

"나를 강제 입원시킬 건가요?"

나는 퍼뜩 놀라 정신을 차렸다. 펜을 내려놓고 레나를 쳐다보았다. 강제 입원, 그러니까 비자발적인 정신병동 입원은 지극히 예외적인 경우였기에 레나가 그런 걸 걱정할 줄은 생각도 못했다. 정신

보건법 조항에 따른 강제 치료는 가장 극단적이고 심각한 경우에 국한되며, 체중 감량에 문제를 겪는 환자와는 아무 상관이 없다. 내가 뭔가 잘못 들은 게 분명했다.

"죄송한데 뭐라고 하셨죠?"

"날 강제 입원시킬 거냐고요?" 레나는 이렇게 중얼거리더니 울음을 터뜨렸다.

그러자 레나가 정말로 안쓰럽게 느껴졌다. 레나가 내게 들려준 이야기 때문에 정신병동에 입원해야 할지도 모른다고 생각했으며, 그 고백이 정말 용감한 행동이었음을 깨달았기 때문이다. 나는 농담으로 레나를 안심시키려 했다. "환자분에게 맞는 침대를 준비하는 데만 몇 주는 걸리겠지만, 설사 그런 침대가 있다고 해도 입원할 일은 절대 없으니 걱정 마세요."

나는 이렇게 말하면서 웃음을 참으려 했지만 결국 웃어버리고 말았다. 내 말이 레나의 마음속 어딘가를 열어준 것 같았다. 레나는 웃으면서 동시에 눈물을 흘리기 시작했다. 몇 분이 지나고 레나가 몇 번이나 요란하게 코를 풀고 난 뒤에야 상담을 계속할 수 있었다.

비만 치료의 열쇠는 마음의 상태

레나의 경우든 테리의 경우든 수술만으로 해결될 문제가 아니라는 건 분명했다. 심리적으로 준비되지 않은 사람이 체중 감량 수술을 받는 것은 어리석은 일이며 실패를 넘어 재난에 가까운 결과를 초래할 수도 있다. 기대한 효과가 나타나지 않고 환자의 체중이 줄지 않거나 조금 줄었다가 금방 다시 늘어나는 정도로 그칠 수도 있지만, 복통과 팽만감과 후회와 우울증같이 더욱 심각한 결과가 나타날 수도 있다. 한 연구에 따르면 비만 대사 수술을 받은 환자들은 이후로 10년 동안 자살할 가능성이 증가했다고 한다.[2]

따라서 심리적 문제의 이해가 비만 치료의 핵심이며, 때로는 의사가 문제 인식에 직접 개입해야 할 경우도 있다. 좀처럼 체중을 줄이지 못했던 한 환자가 기억난다. 내가 뭘 먹어서 체중이 계속 늘어나는 것인지 묻자 그는 케이크와 비스킷과 감자 칩을 너무 많이 먹는다고 대답했다.

"하지만 혼자 산다고 말씀하셨잖아요. 누가 그걸 다 사다놓는 거죠?" 내가 물었다.

"그게, 가끔 찾아오는 조카가 간식을 좋아하거든요."

"하지만 조카가 어째서 환자분 집에서 간식을 먹어야 하는데요?"

"뭐, 어쩌다 친구들이 찾아오기도 하고요. 그럼 내가 대접할 게 있어야 하잖아요? 친구들이 뭐라고 생각하겠어요?"

"하지만 그분들이 정말로 친구라면 다이어트에 도움을 주고 싶지 않겠어요? 그분들도 환자분 집에서 케이크를 먹는 것보다는 분명히 그쪽을 더 원할 겁니다."

그도 내 말을 이해한 듯했다. 다음번에 만났을 때는 체중이 줄기 시작해서 굳이 수술을 받지 않아도 될 것 같다고 말했으니까. 일단 음식을 장바구니에 담으면 결국에는 자기가 먹게 되어 있다는 사실을 깨달은 것이다. 마치 섬광처럼 번득 찾아온 깨달음이었다고 했다. 이전 상담에서 내가 계속 설명하려고 했던 것이 바로 그 점이었는데도 말이다. 그래도 이 환자는 문제를 인식하자마자 바로 체중 관리를 개선할 수 있었다.

하지만 테리와 레나의 경우는 달랐다. 두 사람에게 폭식과 비만은 지극히 불행한 삶의 징후에 지나지 않았다. 체중 감량 수술 자체가 그 불행을 없애줄 수는 없을 터였다. 테리의 경우 자신의 감정과 그것을 인지하는 법을 깨우치고 음식에 의존하는 대신 더 신중하게 감정에 대처하기 위해 여러 차례 상담을 받았다. 그는 진짜 배고픔과 감정적 굶주림을 구분하는 법을 배우고, 감정을 다루는 더 나은 방법을 찾아내야 했다. 세상에 대응하는 방법으로서의 폭식을 대체물 없이 바로 그만두기는 어려우니까.

테리는 내적 고통의 외적 표현이었던 폭식이 결국 자동적 습관으로 굳어진 경우였다. 이런 오래된 습관이나 행동을 의지력만으로 고칠 수 있다고 생각해서는 안 된다. 그런 행동은 흔히 결핍감이나 불행 같은 부정적 감정에 대한 반응으로 수년에 걸쳐 생성되며 일상의 무력감과 절망 속에서 지속되기 때문이다. 음식과의 관계를 정상화할 방법을 모색하되, 기존의 식이 습관에서 벗어나겠다고 흡

연이나 약물처럼 해롭기는 매한가지인 감정 대처 방식에 의존해서
는 안 된다.

테리가 자신의 감정을 인지하게 돕는 것이 1단계였다면, 2단계는
그의 삶을 재구축하는 것이었다. 1단계를 마치자 테리는 비만 수술
을 받을 준비가 되었고 수술 후 어느 정도 체중 감량에 성공했다.
하지만 평생 품어온 불안감과 자신이 못났다는 느낌을 해소하기란
쉽지 않았다. 안정적 직장이나 친구가 없고 관심사도 거의 없는 사
람의 생활을 재구축하는 것은 쉬운 일이 아니었다. 테리는 체중이
줄기 시작했고 자존감도 다소 향상되었지만 여전히 고립되고 외로
운 상태였다. 나는 그가 이전의 식이 습관(애초에 나를 찾아온 이유였
던)으로 되돌아갈까 봐 걱정이 되었다. 테리는 사람들을 대할 때 수
줍어했고 구직 활동을 망설였으며 새로운 인간관계를 맺기를 두려
워했다. 그는 '자존감이 낮아서'라는 말을 입에 달고 살았지만 이
말은 사실 거절당할까 봐 불안하다는 뜻이었다. 불안감은 테리를
평생 괴롭혔고 그가 아무것도 이루지 못하게 했다. 그가 직업과 사
회생활에서 현실적 목표를 세우고 실행에 나서게 하는 과정은 느
리고 지난했다.

나는 고심해서 테리를 위한 계획을 짰지만, 정작 그가 뚜렷한 진
전을 보인 것은 내 계획과 전혀 상관없는 계기로 인해서였다. 진료
중에 테리가 개를 입양할까 싶다고 말하자 나는 무심하게 아주 좋
은 생각이라고 대꾸했다. 하지만 그렇게 말하면서도 이 결정이 그

를 얼마나 바꿔놓을지는 전혀 예상하지 못했다. 테리는 그의 (놀랍도록 조그만) 개에게 책임감을 갖게 되었다. 그가 법석을 떨며 보여준 휴대전화 속 사진에는 흔히 볼 수 있는 이런저런 재롱을 떠는 반려견의 모습이 담겨 있었다. 테리는 매일 개를 산책시키면서 마침내 다른 개 주인들과도 대화를 나누게 되었다. 내가 그의 진료를 중단했을 때 그는 연애를 시작했고 줄어든 체중을 유지하고 있었으며 그가 기억하는 한 최초로 밝은 미래를 꿈꾸는 중이었다.

레나 역시 수술 전에 준비 과정이 필요했으며, 테리보다도 더 까다로운 경우에 속했다. 레나는 호감 가는 여성이었지만 음식을 세상과 단절되는 수단으로 이용하게 된 상태였다. 외부 관찰자가 보기에는 명백한 사실이었지만, 레나 본인이 이를 깨닫기까지는 어느 정도 시간이 걸렸다. 레나의 가장 큰 문제는 한 번도 제대로 된 인간관계를 맺어본 적이 없다는 것이었다. 그러다 보니 레나를 보호해주었던 살집이 수술로 사라지고 나면 어떻게 될지 걱정스러웠다. 레나가 어떻게 하면 다른 사람과 깊고 정상적인 유대를 맺을 수 있을까? 미성년 시절부터 성인기까지 계속되어온 죄책감과 수치심, 낭패감을 어떻게 이해하고 극복할 수 있을까? 레나에게 수술은 하나의 시작일 뿐 해피엔딩은 될 수 없을 터였다.

나는 레나가 인지분석치료를 받게 했다. 인지행동치료와 정신분석의 중간쯤 되는 방식으로, 레나의 인간관계와 가족 관계를 살펴보고 그가 느끼는 감정의 원인을 분석하는 동시에 앞으로 해결책이 될 구체적 행동 방식을 모색하는 치료였다. 마지막으로 만났을 때 레나는 수술을 받고 몇 달이 지난 뒤였다. 체중이 확연히 줄었고 인생과 인간관계에서도 진전을 보이고 있었다. 레나가 괴로웠던 것은 단순히 강간 때문이 아니었다. 그로 인해 자신이 나쁜 사람이라고, 자기가 강간범을 부추겼으며 그런 짓을 당할 만했다고 믿게 되었기 때문이었다.

그런 마음의 소리는 비합리적인 만큼 더욱 괴롭게 느껴지기 마련이다. 세상에 강간당할 만한 사람은 아무도 없으며 죗값은 오직 가해자의 몫이어야 한다. 그럼에도 우리 모두는 자신과 세상에 관한 나름대로의 신념을 지니며, 그중 상당수는 비논리적임에도 불구하고 평생 굳건히 유지된다. 우리는 자기 삶의 이성적인 관찰자이기는커녕 모순되고 심지어 비합리적인 신념으로 가득하다. 가끔은 그런 신념이 유익할 수도 있다. 자신에게 약점이 있더라도 끈덕지게 밀고 나가서 성공하는 경우처럼 말이다. 하지만 가끔은 레나의 경우처럼 그런 신념이 우리를 억압하고 가두어놓기도 한다.

나는 정신과 의사로 일하면서 인간 본성을, 나아가 환자들을 이해하는 데 있어 시간보다 더 나은 스승은 없다는 사실을 깨달았다. 권투 선수 마이크 타이슨의 유명한 말이 있다. "누구나 나름대로 계획이 있게 마련이다. 주둥이에 한 방 맞기 전까지는." 누구나 체중 문제로 설교하고 요청받지도 않은 조언을 늘어놓으며 상대를 비판할 수는 있다. 그러다 인생의 묵직한 주먹에 얻어맞고 비틀거리는 순간에야 자기 자신도 나약하고 불안정한 존재임을 깨닫는다. 사람들은 비만이라는 말을 들으면 자제력이 부족하거나 부도덕하거나 나약한 사람을 떠올린다. 또한 그런 사람이 의지력을 발휘해 좀 더 자제하기만 하면 충분히 체중을 줄일 수 있다고 생각한다. 내가 만난 많은 비만 환자들이 그런 통념에 익숙하다고 말하며, 사실 그들 자신도 은연중에 비슷하게 생각하고 있다. 그들은 다른 사람들의 눈으로 자신을 바라보고 자기가 게으르고 의지박약한 사람이라 여기면서 더더욱 부정적인 감정에 젖어든다.

그러나 폭식과 비만을 유발하는 원인은 대중의 일반적인 인식보다 훨씬 더 다양하고 복잡하다. 우선, 복잡한 형질이 대부분 그렇듯 비만에도 유전적 요인이 있다는 건 분명하다. 하지만 영양 결핍이나 질병이 키에 영향을 미칠 수 있듯이 비만도 단순한 유전적 요인 이상의 문제다. 음식의 가격과 접근도도 중요한 요인이다. 건강한 식사를 하려면 햄버거나 도넛 같은 고칼로리 음식으로 배를 채우는 것보다 돈이 훨씬 많이 든다.

마지막으로, 이 장에서 계속 설명했듯 심리적 요인 또한 실질적 변화를 일으킬 수 있다. 심리적 요인은 애초에 비만을 유발할 뿐만 아니라 그에 따르는 패배감과 절망감을 부채질한다. 심리적 요인을 이해하지 않고 어떻게 그것이 반영된 신체 질환을 이해할 수 있겠는가? 그리고 나아가서 어떻게 그 문제를 치유하려고 시도할 수 있겠는가? 내 어린 시절 거실 책장에 쌓여 있던 다이어트 잡지들이,

펄 대고모를 괴롭히고 결국엔 집에 가둬버린 체중 문제가 떠오른다. 체중으로 문제를 겪고 있는 사람이 있다면, 무엇보다 그 사람의 마음이 어떤 상태인지 먼저 살피는 지혜로움이 필요하다. 비만처럼 복잡한 문제에 단순하게 접근해서는 안 된다. 의사로 살아가면서 나는 예전보다 우울하지만 좀 더 현명하고 쉽게 판단하기를 망설이는 사람이 되었다. 지혜가 결핍된 의료는 아무런 가치가 없으니 말이다.

9

의사의 말을 믿지 못하는 이유

어릴 때 부모님이 집을 비울 일이 생기면 할머니가 대신 집에 오셔서 우리를 봐주시곤 했다. 할아버지는 이미 오래전에 돌아가신 터였다. 할머니는 당신이 루마니아와 러시아 쪽 혈통이며, 할머니의 조상님들이 1900년경에 영국의 셰필드 북부로 이민 왔다고 말했다. 할머니의 부모님 중 한 분은 유서 깊은 랍비 집안 출신이었다. 할머니는 어린 시절 안식일에 조부모님 댁을 찾아가면 지켜야 했던 엄격한 규칙을 얘기해주곤 했다. 인공조명을 켜면 안 되었고 글쓰기나 요리도 금지였다. "안식일에는 오븐에 스튜를 데우는 것조차 안 되었어. 할머니가 입도 안 대셨거든. 하루 종일 레모네이드를 마시면서 할라(유대교 명절에 먹는 커다란 흰 빵―옮긴이)만 드셨지." 할머니는 영국에서 자랐지만 이디시어를 할 줄 아셨고, 그 풍성하고 화려한 언어를 대화에 자주 섞어 쓰시곤 했다. 영어로는 표현 못할 감정을 담아내려다 보니 영어로 한창 말하던 중에도 이디시어가 튀어나오기 일쑤였다. 그래서 나도 이디시어 단어들을 겉핥기로나마 알게 되었다. 그중에는 내가 대학에 들어가기 전까지 영어인 줄로만 알았던 단어도 있었다.

할머니는 옥수수 가루를 넣은 진하고 걸쭉한 수프를 만들어주셨다. 푸딩, 그레이비, 감자 라트케(유대식 팬케이크—옮긴이)도. 할머니는 우리 남매가 음식을 먹는 내내 식탁 곁을 맴돌다가 우리가 마지막 한 술을 뜨자마자 접시를 가져가서 입안에 든 음식이 넘어가기도 전에 요리를 잔뜩 더 담아 오시곤 했다. 후식으로 나온 달콤한 건포도 라트케를 우리는 시나몬 설탕이 든 그릇에 찍어 먹었다.

식사를 마치고 잘 먹었다고 감사드리면 할머니는 으쓱한 어조로 이렇게 대답하곤 했다. "이 많은 라트케를 만드는 데 계란 하나밖에 안 썼단다." 할머니는 가난하지 않았지만 유대인 지구의 생활 방식이 몸에 배어 있었기에 당신에게 돈을 쓰는 걸 아까워했다. 일주일간 우리 남매를 봐주러 오실 때 할머니가 차에서 가장 먼저 꺼내놓는 짐은 '파손 혼합 비스킷'이라는 라벨이 붙은 커다란 상자였다. 상자 안에는 거의 멀쩡한 것에서 부스러기까지 다양하게 부서진 비스킷 여러 종류가 뒤섞여 있었다. 이런저런 이유로 1970년대 당시의 품질 관리 검사(그런 게 있었다면)를 통과하지 못한 비스킷들이었다. 할머니는 이렇게 상자에 담겨 동네 슈퍼마켓에서 떨이로 판매되던 불량품 비스킷을 꾸준히 사셨다. 할머니는 정신없이 집안 살림을 돌보다가도 부엌 식탁에 앉아서 차분히 비스킷을 차에 담가 드시곤 했다. 살짝 눅눅했고 다른 비스킷 가루와 설탕이 묻은 데다 판지 상자 맛이 나는 비스킷이긴 했지만.

저녁에 비스킷을 더 먹고 싶어서 맨발에 파자마 차림으로 계단을 내려가면(비스킷을 아무리 먹어도 상자는 비워지지 않는 것만 같았다) 할머니는 평소와 달리 펄쩍 뛰며 법석을 피웠다. "양말도 안 신고 내려오다니 무슨 짓이냐. 그러다 감기 걸려 죽겠다." 나는 겨우 열 살이었지만 감기가 다른 사람에게 옮는 전염병이지 맨발로 다닌다고 걸리는 병이 아니란 정도는 알고 있었다. 하지만 할머니를 설득하기란 불가능한 일이었다. 할머니에게 맨발로 다니면 감기에 걸린다는 건 기정사실이었고 차가운 타일이 깔린 부엌 바닥을 밟는 건 정신 나간 짓이었다. 텔레비전 가까이 앉는 것(조기 근시)이나 빵 부스러기를 먹는 것(곱슬머리가 되는 원인)의 악영향, 그리고 닭고기 수프의 의학적 효능에 대해서도 할머니는 완강한 의견을 고수했다.

할머니는 백두 살까지 사셨고 죽는 날까지 자기가 늙었다고 생각하지 않았다. 한번은 휴가 여행을 갔다가 호텔 계단이 너무 미끄럽다면서 "노인들이 넘어질지도 모르잖니"라고 비난하기도 했다. 무의식중에 당신은 전혀 노인이 아니란 듯이 말씀한 것이다. 할머니는 자신의 감정을 입 밖에 내지 않고 남들의 감정 표현을 듣는 것도 달가워하지 않는 세대에 속했다. 게다가 나이를 평생 숨기고 누가 물어도 얼버무려 대답하셔서 할머니가 진짜로 몇 살인지 아는 사람이 아무도 없을 정도였다. 할머니는 의사, 사회복지국, 병원에 생년월일을 각각 다르게 말하셨고 사람들이 그걸 믿을 뿐만 아니라 당신더러 젊어 보인다고 칭찬한다는 데 즐거워하셨다. 사실 그 나이도 실제보다 10년쯤 깎은 것이었다. 왕실에서 100세를 맞은 국민에게 보내는 축하 전보도 할머니는 착오가 있었던 모양이라며 에둘러 거절했다. 내가 할머니의 진짜 생년월일을 알게 된 것은 아버지와 함께 그분의 사망신고를 하러 가서였다.

할머니는 건강에 관해 다소 유별난 신념을 지니셨지만 전문가의 지시를 거스르지는 않으셨다. 의사의 말이라면 철석같이 믿었고, 지역 보건의에게 진료를 받으러 갈 때면 가장 좋은 옷을 차려 입었다. 의사가 실없는 농담을 해도 공손하게 웃어주었고, 의사가 지시한 내용은 설사 당신의 견해와 반대된다 해도 정확히 지켰다. 할머니께 의사의 말은 타협 불가능한 진리였다. 다시 말해 맨발에 관한 할머니의 특이한 신념도 결국은 의사를 믿어야 한다는 합리적 전제 안에 존재했던 것이다. 할머니는 단순하고 사랑스러운 당신만의 건강 철학을 갖고 있었지만, 담당 의사가 수술을 받아야 한다고 말하면 결코 의문을 제기하지 않았다.

길어진 질병 목록과 스스로 아프다고 믿는 사람들

지난 18년 동안 정신과 진료소를 운영하면서 알게 된 것이 있다. 이제는 의사의 소견을 의심하지 않는 환자가 거의 없다는 점이다. 건강에 관한 신념은 사람마다 다르게 마련이지만, 최근에는 진단에 대한 염려가 일반적인 수준을 넘어 한층 위험하고 독단적인 방향으로 치닫는 중이다. 이는 환자와 의료를 논의하고 수행하는 방식에도 영향을 미치고 있다.

환자들이 상담 결과 받게 될 진단을 미리 예상하고 진료를 받으러 오는 경우가 점점 더 늘고 있다. 그들은 이미 자가 진단 결과에 자신의 일상생활과 사회관계를 맞추기 시작한 상태다. 어쩌면 해당 질환자 모임에 가입하고 그들의 존재를 알리는 운동에 나섰을 수도 있다. 자기가 자폐스펙트럼, 양극성장애, 성인 ADHD(주의력결핍 과잉활동장애) 환자라고 믿으며 진료실을 찾아오는 사람도 늘어나고 있다. 예전에는 사회적으로 낙인이 찍히고 은폐되었던 질환들이다. 성적이 나쁜 경우 난독증이라는 자가 진단을 내리기도 한다.

내가 일하는 만성피로 진료소에서는 라임병 검사를 요구하는 사람도 증가하는 추세다. 라임병은 특정 지역의 풍토병인데, 이들은 평생 그 지역에 가본 적도 없으면서 자신의 증상이 라임병 때문이라고 믿는다. 진드기에 물린 자리 주변에 라임병의 전형적이고 현저한 징후인 과녁 모양의 발진이 나타났다고 주장하는 이가 어찌나 많은지 놀라울 따름이다. 물론 검사 결과는 항상 음성으로 나온다.

예전에 몸이 나긋나긋하고 유연한 사람은 그저 요가나 체조를 잘할 것으로 여겨졌다. 요즘은 그런 사람이 자기가 엘러스-단로스증후군(인체 결합조직에 영향을 미쳐 관절이 과도하게 유연해지는 희귀 질환)이 아닌지 걱정하며 진료실을 찾아온다. 영국에서는 학년이 9월 1일 생일을 기준으로 결정되다 보니, 9월에 태어난(한 학년에서 가장 생일이 빠른) 아이에 비해 8월에 태어난(한 학년에서 가장 생일이 늦은) 아이가 아동 ADHD 진단을 받는 경우가 급증하고 있다.[1] 같은 학년의 다른 아이들보다 미숙한 아이가 있는 그대로, 다시 말해 좀 더 일찍 태어난 또래보다 당연히 덜 성숙한 것으로 이해되는 대신 정신질환 진단을 받는다는 뜻이다.

현대 문화의 어떤 요소가 이 같은 사회 변화를 유발하는 것일까? 어째서 진단의 범위가 이토록 빠르게 확장되는 걸까? 의학계는 우선 스스로를 깊이 성찰하고 이런 경향이 과연 사회에 최선인지 자문해야 한다. 특히 진단명이 매우 막연하게 정의된 경우에 말이다. 1950년에 정신적 문제 전반을 아우르는 것을 목표로 발간된《정신질환 진단 및 통계 편람Diagnostic and Statistical Manual》 초판에는 132쪽 분량에 128가지 병명이 실려 있었다.[2] 2013년 출간되어 지금까지 사용되는 다섯 번째 개정판은 947쪽에 진단명이 541가지나 실려 있다. 지난 60년 동안 우리가 앓을 수 있는 정신질환이 413가지나 더 밝혀졌다는 것이 아닌가. 상식적으로 도무지 말이 안 되는 이야기다.

이러다 보니 애도와 같은 지극히 정상적이고 인간적인 경험도 어느새 병이 되어버렸다(《정신질환 진단 및 통계 편람》 5판에는 애도 우울증이 최초로 포함되었다). 환자임을 자처하는 사람이 점점 늘고 있는 자폐스펙트럼도 마찬가지다. 진단의 종류는 계속 늘어나는 중이며, 질환의 범위가 확대됨에 따라 정상임에도 질환으로 진단받을 수 있는 감정이나 증상도 꾸준히 늘어나고 있다.

모든 증상과 감정에 진단이 내려지게 되면, 사람들의 자립심이 줄어들고 개인의 건강과 행동에 대한 책임이 외부로 돌려진다. 그리고 우리 사회는 이런 현상에 기꺼이 가담하고 있다. 사람들은 자신의 행동이 '정상' 범위에 있을 때도 그 행동을 설명하고 합리화해줄 진단을 원하거나 필요로 하는 듯하다. 이런 경우 의료 진단은 정말로 해로울 수 있다. 이런 식의 진단은 사람들을 쓸데없이 의사와 접촉하게 하고 불필요한 의학적 간섭의 수동적인 수용자로 만든다. 환자는 자신에게 나타난 어떤 증상도 자기 잘못은 아니라고 느끼겠지만, 뒤집어보면 이는 그 자신을 무력한 존재로 여긴다는 것이다. 이것은 매우 불건전한 현상이다. 의학계가 모든 감정을 진단으로 인정받고 싶어 하는 개인의 욕구를 부추기는 것인지, 아니면 그런 대중적 분위기를 반영하는 것뿐인지는 알기 어렵지만, 어느 쪽이든 잘못된 방향으로 가고 있다는 것만은 분명하다.

자가 진단과 건강 강박

진단받을 수 있는 질병의 목록이 꾸준히 길어지는 것 말고도, 자가 진단을 내리는 사람들이 점점 늘어나는 또 다른 이유가 있다. 바로 질병 진단이 쉽고 단순한 일이라는 오해다. 우리는 전문가에 대한 불신이 점점 커져가는 시대에 살고 있다. 영국뿐만 아니라 서구 전반 대중의 의식에 이런 불신이 침투하고 있으며 심지어 정치인들이 이를 부추기기까지 한다. 물론 정치인들이 전문가를 불신할 이유는 분명하다. 그들의 정책에 질문을 던지는 모든 전문가에 대해 의혹을 제기함으로서 불편한 진실을 폄훼하고 싶은 것이다. 영국의 고위 정치인 마이클 고브는 이렇게 말한 것으로 유명하다. "나는 이 나라에 전문가가 이미 충분히 많다고 생각한다. 자기가 가장 잘 안다고 말하면서 계속 실수를 저지르는 사람들 말이다."[3] 전문가를 불신하는 사회의 분위기를 잘 보여주는 발언이다.

그러나 이런 논리는, 특정 분야의 전문성과 상관없이 누구나 자기 의견이 다른 사람의 의견만큼 중요하다고 말하는 무질서 상태로 이어질 뿐이다. 의학의 경우 인터넷에서 찾을 수 있는 정보가 모두 유효한 소견이라고 보긴 어려운 만큼 비전문가가 상황을 완전히 오해하기 십상이다. 정확한 진단을 내리려면 오랜 시간에 걸쳐 축적된 경험과 기술이 필요하다. 대니얼 카너먼이 《생각에 관한 생각》에서 아마추어와 전문가의 정확도를 비교하며 쓴 표현 그대로

라고 하겠다. "전문가가 보여주는 정확한 직관은 시행착오라기보다 장기적 경험의 결과라고 설명하는 것이 정확하다."[4] 하지만 장기적 경험이야말로 모든 경력직 의사가 갖춘 자질이며, 아마추어가 자가 진단을 하기보다 노련한 임상의에게 진료받는 것이 더 나은 이유이기도 하다. '전문가 상담이 비싸다고 생각한다면 아마추어에게 당해보든가'라는 진부한 말이 새삼 떠오른다.

자가 진단은 더닝-크루거 효과로 알려진 현상과 관련지어 생각해볼 수 있다. 더닝-크루거 효과란 특정 분야를 잘 모를수록 그 분야에 대한 자신의 능력을 과대평가하는 현상을 말한다. 더닝과 크루거의 공동 연구에 따르면 유머와 논리, 문법 평가에서 성적이 낮았던 피험자들이 오히려 자기 성적을 훨씬 높게 예상했다고 한다.[5] 인간은 본래 잘 모르는 분야에서의 자기 능력을 과대평가하는 경향이 있다. 사람들은 조종사나 정신과 의사가 뭘 하는지 전혀 모를 때 오히려 그들의 일이 쉬울 거라고 생각한다. 누구든 조금만 연습하거나 인터넷으로 공부하면 적당히 해낼 수 있는 일이라고 말이다. 자신이 얼마나 아는 게 없는지 모르기 때문이다. 하지만 어느 정도 경험과 지식이 생기면, 다시 말해 처음에 자기 능력을 얼마나 과대평가했는지 깨닫고 나면 전문가가 되는 데 얼마나 더 많은 경험과 지식이 필요한지 깨닫는다. 실제로 더닝과 크루거의 연구에 참여한 피험자는 기량이 향상될수록 자신의 한계를 뚜렷이 실감했다.

몇 년 전 영국 정부는 지역병원에서 피부의 '응어리와 돌기'를 진료할 수 있게 하자고 제안했다. 지역 보건의가 사소한 피부 문제로 찾아온 환자의 시술을 전문의에게 의뢰하는 대신 자기 병원에서 지역 마취사와 함께 직접 시술하게 하자는 것이었다. 언뜻 보면 충분히 그럴싸한 이야기였다. 환자들은 외래 진료를 받기 위해 오래 대기할 필요가 없어지고 전문의들은 더 중요한 수술에 집중할 수 있을 테니까. 일반 대중도 좋은 생각이라고 동의하는 분위기였다. 이 같은 지역 보건의의 신규 업무와 그 장단점에 관한 사설이 일간 지 〈데일리 텔레그래프〉에 실린 뒤 많은 독자의 반응이 있었다. 하지만 결국 논의를 중단시킨 것은 어느 경력 외과의가 보낸 편지였다. 그는 피부 돌기 제거가 기술적으로는 그리 어렵지 않고 빨리 터득할 수 있는 사소한 시술이지만, 건드리면 안 될 돌기를 구분하는 것이 시술 자체보다 훨씬 어려우며 그 자신도 평생 경험을 쌓고서야 터득한 능력이라는 점을 지적했다.

이는 선무당이 사람 잡는다는 상식과도 일치하는 이야기다. 위험성을 충분히 인식하지 못한 채 수술을 하는 건 어리석은 짓이다. 뭔가를 잘 모르는 사람일수록 자기 생각이 옳다고 믿는다는 것은 내 진료 경험에 비추어보아도 분명한 사실이다. 이런 경향에 자기 의견이 전문가의 소견 못지않게 타당하다는 대중의 흔한 믿음이 더해지면서, 최근 들어 정신과 상담의 양상이 뚜렷이 바뀌었다. 이제는 상담 시간의 상당 부분을 환자가 제시한 것과 다른 진단을 제시하고 그 이유를 논의하는 데 써야 한다. 나름대로 의미 있는 논의도 있지만, 어처구니없는 주장을 들어야 할 때도 있다. 가끔은 내가 보기엔 어떤 치료 절차를 밟아야 할지 명백한데도 환자 쪽에서는 전혀 납득하지 못할 때도 있다. 의료진에게 정밀 검사를 받고 퇴원한 뒤에도 자가 진단을 놓지 못하고 수십 년 경력을 지닌 의사들의 소견을 받아들이지 못하는 환자도 있다. 이런 경우 환자가 다른 병원에 보내달라고 요청하고 그곳에서 추가 검사를 받느라 내원 기간만 몇 달씩 길어지기도 한다. 그러다 결국엔 우리 진료소로 돌아오는 경우도 흔하다.

개인적 차원에서 자가 진단은 멀쩡한 정상인도 의사를 불신하는 건강 강박증 환자로 만들 수 있다. 게다가 자신이 환자라고 믿게 되면 일상 생활에 부정적 영향이 발생한다. 더욱 걱정스러운 지점은 전문가에 대한 불신과 자가 진단 능력에 대한 과대평가가 대중에 확산되는 것이다. 이로 인해 MMR 백신(홍역, 유행성 이하선염, 풍진의 3종 전염병 혼합백신—옮긴이) 접종이 급감했고, 미국에서 홍역 종식이 선포되었던 2000년에는 상상도 못했을 공중보건 위기가 닥치기에 이르렀다. 2019년 미국 질병통제예방센터는 홍역이 31개 주에서 1282건 발생했다고 발표했는데 이는 2000년 이후로 최대 수치였다.[6] 유럽은 상황이 더욱 심각하다. 홍역이 1년에 10만 건 이상 발생하여 세계보건기구가 위험 수준이라고 경고했을 정도다.[7] 여기서 홍역이 결코 가벼운 병이 아니라는 점을 명심해야 한다. 1960년대에 백신이 도입되기 전까지는 어린이 대다수가 홍역을 앓았다.

미국에서만 매년 300~400만 명이 감염되었고 그중 4만 8천 명이 입원했으며 1천 명은 뇌염(뇌부종)으로 발전해 400~500명이 목숨을 잃었다.[8]

의학이 채워주지 못하는 것

대체의학(민간요법 등 서구의 표준 의료 체계를 벗어난 치료를 말한다—옮긴이)도 비슷한 문제다. 대체의학에 대한 믿음의 영역은 표준 의학의 긍정적이고 무해한 보완부터 공공연한 음모론과 편집증에까지 이른다. 일반적으로 의사들은 대체의학의 세계를 개척 시대 미국 서부와 비슷하게 본다. 상당 부분 무질서하고 혼란스러우며 특히 임상적으로 중요한 징후를 잘못 해석할 경우 위험할 수도 있는 의료 체계인 것이다. 인체 기능에 대한 대체의학의 관념은 최선의 경우에도 공인된 과학과 여러 모로 불일치한다. 질병은 근거 중심으로 판단되는 대신 특정 대체의학 이론에 맞추어 단순화된다. 게다가 대체의학에는 소위 생물학적 타당성이 결핍되어 있다. 질병에 대한 해석은 인체 기능을 잘 아는 사람이 납득할 수 있는 내용이어야 한다는 원칙 말이다.

하지만 대체의학 이론은 질병을 단순화시켜 설명하는 만큼 이해가 잘되고 쉽게 받아들여진다. 때로는 대체의학이 상식적으로 보일 수도 있다. 바닷가 모래밭이 멀리까지 내다보이니 지구는 평평하다는 주장이 상식적으로 보일 수 있듯이 말이다. 사람들은 삶이 단순하고 이해하기 쉬우며 모두가 알고 예상할 수 있는 일련의 원칙대로 돌아가기를 바란다. 대체의학의 매력은 바로 이를 충족한다는 점에 있다. 인체 에너지가 제대로 정렬되지 못했다거나 우리를 아프게 한 물질을 희석해서 소량 섭취해야 한다는 식의 단순한 논리 말이다. 실제로 '치료약'을 파는 웹사이트에 가보면 일견 과학적으로 보이는 건강 정보가 넘쳐난다. 그러나 사실 이런 웹사이트는 비전문가에겐 진짜 과학과 구분하기 어려울 유사 과학으로 사람들의 눈을 가리려는 것뿐이다. 대체의학이 판매하는 치료약의 주된 장점이 오직 '자연 성분'으로 만들었다는 점이라고 하는 경우도 있다. 하지만 누구나 알듯이 리신(피마자에서 추출되는 유독 성분─옮긴이)이나 결핵균, 탄저균도 전부 자연 성분이다.

내가 환자들에게 처방받지 않은 의약품이나 건강식품, 영양 보충제 등을 먹고 있는지 물으면 대부분은 대답하길 꺼린다. 그렇다고 대답하면 의사가 처방한 약에 대한 거부나 전문 의료진에 대한 비난으로 여겨질까 봐 염려하는 것이다. 실제로 그렇게 받아들이는 의사들도 있다. 하지만 의사들은 사람들이 애초에 왜 대체의학을 찾는지 생각해보아야 하며, 환자들에게 불편한 대답을 들을 각오가 되어 있어야 한다. 그러나 이 문제를 자세히 살펴본 연구는 많지 않다. 한 연구에 따르면 대체의학을 찾는 고학력자가 점점 늘고 있는데, 그들의 세계관이나 건강을 보는 철학적 관점에 대체의학이 표준 의학보다 잘 맞기 때문이라고 한다.[9] 이 연구는 대체의학을 선택한 환자들이 표준 의학에 딱히 비판적이거나 불만이 있는 것으로 해석하진 않았지만, 나로서는 그 여부가 궁금할 수밖에 없다.

내 경험에 따르면 사람들은 어지럼증, 만성 통증, 피로나 불안처럼 표준 의료가 잘 듣지 않는 문제로 인해 대체의학을 찾을 가능성이 크다. 환자들은 이처럼 표준 의학으로 치료하기 어려운 비특이성(한 가지 이상의 복합적 병인으로 발생할 수 있는 증상이나 질환을 가리키는 말—옮긴이) 증상 때문에 병원을 찾았다가, 의사가 자기 말을 믿지 않거나 진지하게 받아들이지 않는 것을 느끼고 속상해하며 떠난다. 이런 증상은 깔끔하게 진단을 내리고 치료 계획을 제시하기가 워낙 어렵기 때문이다. 의학계는 소위 '진짜 질병'의 기준을 결정하는 데 있어 생물학적 근거가 없어 보이는 질병을 불편하게 여기며 무시해왔다. 어지럼증처럼 명확히 규명하기 어려운 증상은 과학적 진단을 내리기엔 너무 주관적인 것으로 여겨졌다. 때문에 환자들은 의사에게 한참 고통을 호소하고 나서도 잘 모르겠다는 반응밖에 얻지 못했다.

의사들은 대체로 환자의 증상을 어떻게 설명해야 할지 모르겠다고 인정하기를 꺼린다. 의학 수련이 문제 해결에 집중되어 있는 만큼, 문제를 파악하고 고치는 능력은 의사의 자존심과 직결된다. 그러므로 설명할 수 없는 증상, 나아지지 않는 환자, 치료 계획 결핍은 의사에게 무조건 실패로 느껴진다. 실패에 반응하는 방식은 의사마다 다양하지만, 상당수는 인체에 대한 이해의 한계를 솔직하게 인정하는 대신 환자를 탓하고 만다. '어쩌면 이 사람의 증상은 진짜가 아닐지도 몰라. 아무래도 이 사람은 수상한 구석이 있는 것 같아.' 이런 경우 의사가 어떤 반응을 보이든 환자는 보통 의사의 태도가 바뀐 것을 쉽게 알아차릴 수 있으며, 결국 자신의 문제가 표준 의학계 밖에서 더 잘 해결될 수 있을 거라고 결론짓게 된다.

반대로 환자에게 대체의학 치료사와 만난 이야기를 들어보면, 그들이 가장 강조하는 점은 어떤 치료를 받았는지가 아니다. 대신 치료사가 실제로 자기 말을 들어주고 함께 시간을 보내며 자기에게 공감해준다는 점을 가장 많이 언급한다. 애매하고 치료하기 힘든 증상을 호소하는 환자가 의사에게 이런 대우를 받는 일은 드물다. 대체의학 치료사도 물론 치료를 제공하지만 이 부분은 그리 중요하지 않을 때가 많다. 사람들이 대체의학 치료사를 찾아가는 것은 단순한 치료가 아니라 치료 과정의 총체적 경험 때문이다. 하지만 미국 보건통계청은 미국인이 대체 의학에 연간 300억 달러를 쓰며 자연 건강식품에는 128억 달러를 쓴다고 발표했다.[10] 후자는 처방약에 쓰이는 돈의 25퍼센트에 달한다. 꽤 의미심장한 이야기다. 사람들이 필요로 하는 것을 표준 의학에서 얻지 못하고 있거나, 혹은 표준 의학이 대체의학보다 낫다고 느끼지 못한다는 것이다.

사람들이, 그러니까 의사가 아닌 일반 대중이 대체의학 산업을 얼마나 곧이곧대로 받아들이는지 종종 놀라울 정도다. 많은 사람들이 제약 산업을 사악하고 이윤만 추구한다고 여기며 불신한다. 하지만 대체의학 산업은 더욱 뻔뻔스럽게 부당 이득을 취하는데도 그런 점에 관해서는 거의 모두가 함구한다. 물론 대체의학의 효과에 대한 회의론도 많지만, 이 산업 전체는 탐욕스럽다기보다도 순진하고 어리숙한 것으로 여겨진다.

사람들은 대부분 이성적으로 행동하며, 건강 관련 결정을 내릴 때면 근거에 기반을 두거나 혹은 근거를 판단할 수 있다고 여겨지는 전문가의 지시에 따른다. 우리 할머니처럼 건강에 관해 특이하지만 무해한 신념을 지닌 한편 기본적으로 의사의 말에 따르는 사람들도 여전히 존재한다. 하지만 소비자 주도적 의료의 시대가 오면서 건강에 관한 신념은 점점 더 파편적이고 외골수적으로 변해가며, 의학은 대중에게 필요한 것을 제공하지 못하고 있다. 이런 상황이 의학계의 미래와 공중 보건에 어떤 의미일지 걱정스럽다.

10

증상을 꾸며낸 환자

어느 날 아침 출근 버스를 타고 런던 다리를 건너가던 중에 같은 병원 내과의에게서 전화가 왔다. 그는 내게 병동에 입원해 있는 게리라는 환자 이야기를 하고 조언을 청했다. 스물네 살 남성인 게리는 1년 전 복통으로 지역병원을 찾아온 이후 종종 아찔한 현기증을 호소하며 재방문했다고 했다. 혈액 검사 결과가 정상으로 나오자 지역 보건의는 내과의에게 게리의 외래 진료를 의뢰했지만, 게리는 예약된 시간에 방문하지 않았다.

이후로 몇 달간 게리는 지역병원에 나타나지 않았다. 하지만 그 사이 각각 다른 병원 응급실을 대여섯 번 넘게 방문했다고 했다. 그는 매번 식은땀을 흘리며 쓰러질 듯 어지러워했고, 마지막 두 번은 발작까지 일으켰다. 첫 번째 발작 때 입원 처리되었지만 검사가 미처 끝나기도 전에 일하러 가야 한다며 병원을 떠났다.

　이번 입원도 응급실을 통한 것이었다. 게리는 몸이 안 좋고 현기증이 나며 복통이 멈추지 않는 데다 집중도 안 된다고 했다. 게다가 끔찍하게도 병원에 도착하자마자 발작을 일으켜 혼수상태에 빠졌다. 응급실 직원들은 게리가 저혈당 상태임을 알아냈다. 정맥주사로 포도당을 투여하자 게리는 금세 정신을 차렸고 입원 처리되어 정밀 검사를 받게 되었다. 의사들은 게리에게 인슐린종이라고 알려진 희귀 종양이 있을 것으로 짐작했다. 인슐린종은 혈당을 낮추는 호르몬인 인슐린을 분비한다. 인슐린이 부족하면 당뇨가 생기지만, 너무 많이 분비되면 게리가 보였던 증상이 일어날 수 있다.

　검사 결과는 실망스러웠다. 일반 혈액 검사에서는 확진을 내릴 근거가 발견되지 않았다. 하지만 다음날 저녁에 게리는 또 발작을 일으켜 며칠 전과 똑같은 혼수상태에 빠졌고, 이번에도 포도당 주사를 맞고 살아났다. 의료진은 그의 상태를 염려했지만 한편으로 그가 다소 의심스럽다고 느꼈다. 하지만 의사들의 추궁에도 게리는 자기 몸에 문제가 생길 만한 짓은 하지 않았다고 주장했다.

　며칠 뒤 게리는 또다시 의식이 흐려지고 식은땀을 흘렸다. 간호사는 그를 잘 살펴보라고 사전에 지시받은 터였기에 재빨리 위급 상황을 알렸다. 그때 게리의 구겨진 침대 시트 사이에 있던 약 봉투가 눈에 띄었다. 간호사는 그것이 인슐린 분비를 촉진하기 위해 당뇨 환자들에게 흔히 처방되는 약임을 곧바로 알아보았다. 게리가 어떻게 그 약을 구했는지는 여전히 수수께끼였지만 나머지는 전부 명확해졌다. 게리는 자신의 목숨을 심각한 위험에 빠뜨리기까지 하면서 일부러 그 약을 먹어 혈당을 낮춘 것이다.

게리에게 엄청나게 불리한 증거가 드러난 뒤, 그는 혹시 일부러 건강이 나빠질 행동을 했느냐고 재차 추궁을 받았다. 게리는 처음엔 약 같은 건 먹지 않았다고 우겼지만 그날 저녁 간호사에게 그가 한 짓을 털어놓았다. 예전에 할아버지가 사는 아파트를 찾아갔다가 화장실 찬장에 있던 약을 발견하면서 아이디어가 떠올랐다고 했다. 그는 약을 슬쩍해서 주머니에 집어넣었고 이후로 우리가 익히 아는 행각을 벌여왔다. 한 가지 문제는 해결됐지만, 의료진에게는 아직 다른 문제가 남아 있었다. 그가 다시는 이런 짓을 하지 않게 무사히 퇴원시키려면 어떻게 해야 할까?

내가 게리를 만나러 갔을 때 그는 환자복 차림으로 침대 옆 의자에 앉아 있었다. 지난 며칠 동안의 사건들로 인해 풀죽은 기색은 전혀 없었다. 마음속은 어떤지 몰라도 겉으로는 지극히 태연해 보였다. 나는 게리에게 그간 살아온 이야기를 들려달라고 했다. 그는 사우스런던의 한 주택 단지에서 불우한 유년기를 보냈다고 했다. 나도 수차례 차를 타고 지나쳤던 런던 시내의 엄청난 대규모 공동주택 단지였다. 게리의 가정환경은 복잡했다. 아버지는 게리의 어머니와 헤어지기 한참 전부터 다른 여자를 여럿 만나고 있었다. 이제는 자메이카로 돌아간 터라 게리도 아버지를 못 본 지 오래되었다고 했다. 게리가 아는 한 이복형제도 두 명 있었지만, 그들과는 마지막으로 얘기한 것도 언제인지 기억이 안 날 만큼 데면데면한 관계였다.

게리는 아버지가 떠난 후 어머니가 새로 만난 남자를 무서워했다. 어린 시절 한밤중에 계부가 (십중팔구 만취해서) 돌아오는 소리가 들리면 무슨 일이 일어날지 두려워 방 안에 움츠려 숨어 있었다고 말했다. 계부의 심기를 살짝 거스르기만 해도 술김에 분노가 폭발할 수 있었다. 한번은 게리의 방 안에까지 베이컨 굽는 냄새가 스며들더니 빵을 찾으려고 요란하게 부엌 찬장을 휘젓는 소리가 들려왔다. 하지만 빵은 게리가 이른 저녁에 다 먹어버린 터였다. 게리는 피할 수 없을 매질을 기다리며 이불 속에 누워 있었다. 이렇게 아들이 위협을 당하는 상황에서도 어머니는 절대 아들 편을 들어주지 않았다. 새 애인 편을 들어야 안전하다는 사실을 깨달은 것이다. 게리는 그런 어머니가 이해되면서도 원망스러웠다.

게리는 학교에서도 힘들어했다. 친구는 거의 없었고 운동, 음악, 동호회 같은 교내 활동에도 참여하지 않았으며 그저 혼자 있고 싶어 했다. 집에서는 사랑받고 싶었지만 그럴 가능성이 없다는 걸 알았기에 눈에 띄지 않는 것이 최선이었다. 게리는 항상 자기 인생이 하잘것없다고 생각했으며 미래에 대한 야심이나 생각도 없다시피 했다.

학교를 졸업한 게리는 일자리를 찾아 나섰다. 몇 차례 건설 현장에서 시간제 근무를 하긴 했지만 건강이 나빠서 정규직을 구하긴 어려웠다. 그 무렵부터 복통이 시작되었고 여러 차례 동네 병원을 찾아갔지만 의사는 별로 자신에게 신경 쓰지 않는 듯했다. 그래서 당뇨 약을 발견한 순간 이거다 싶었다는 것이었다. 그 약을 먹어서 진짜 증상이 생기면 의사도 그를 좀 더 심각하게 여겨줄 터였다. 한 번 약을 먹기 시작하니 도저히 멈추기 어려웠다.

하지만 게리는 그가 의사에게 무엇을 원했는지 좀처럼 설명하지 못했다. 나는 혹시 의사가 그를 돌보고 보살펴주는 느낌이 좋았던 게 아니냐고 물었다. 방치당한 어린 시절을 생각하면 충분히 이해할 만한 일이었다. 게리는 어깨를 으쓱했다. 그 자신도 왜 그랬는지 잘 모르는 것 같았다. 당뇨 약을 먹는 게 얼마나 위험한 짓인지 알았느냐고 내가 묻자 게리는 슬슬 상담을 그만두고 싶다는 기색을 보였다.

게리는 이후 몇 달간 세 번 더 진료소를 찾아왔다. 하지만 나는 그가 찾아오는 이유를 좀처럼 이해할 수 없었다. 그는 내 질문에 제대로 대답하지 않았다. 상담은 진척을 보이지 않았고 뚝뚝 끊어지는 질문과 짧은 대답의 연속에 그쳤다. 게리는 어린 시절의 불행 외에 자신이 그런 행동을 하게 된 이유를 이해할 생각이 없는 듯했다. 더욱 걱정스러웠던 것은 그가 다른 사람들도 허구한 날 저혈당 상태에 빠지는데 그게 뭐가 문제냐는 식으로 자신의 행동을 축소하려 들었다는 것이다. 그가 입원한 직후에 잠시 열렸던 가능성의 문이 서서히 닫히고 있었지만 나로서는 아무것도 할 수 없었다. 얼마 지나지 않아 게리는 나를 찾아오지 않게 되었다. 그가 어떻게 될지 걱정스러웠다. 아무래도 위험을 무릅쓰고 계속 당뇨 약을 먹으며 자기 얼굴이 알려지지 않은 다른 병원을 찾아가서 똑같은 연기를 할 가능성이 컸다. 결국 나는 두 번 다시 그를 보지 못했다.

논리정연한 표준 의학의 허점

게리의 경우가 유독 인상적이긴 했지만, 증상이 덜 극적일 뿐 게리와 비슷한 환자들이 병원에 몇 번씩 찾아간 뒤에도 진단받지 못했음을 보여주는 증거가 여럿 있다. 의학계 자체가 그런 식으로 조직되고 운영되기 때문이다. 의사들은 자신을 형사처럼 여긴다. 의술, 직관, 통찰과 과감한 임상적 결단을 통해 병리를 발견하고 아무도 이해하지 못한 사례를 해석해내는 존재가 되고 싶어 한다. 그런 다음 누구도 감히 떠올리지 못했던 이런저런 수술을 실시해 성공하고, 감격하는 환자와 경이에 찬 동료들에게 느긋하게 손을 들어 답례하는 것이다. 근거 중심 의학과 구분하여 농담조로 '영웅 중심 의학'이라고 불리는 이런 식의 진료는 많은 의사들의 꿈이다. 하지만 이는 〈ER〉이나 〈하우스〉 같은 의학 드라마에나 등장하는 판타지이며 현실에서는 지극히 드물다.

근거 중심 의학은 오늘날 의료의 표준으로, 특정 증상의 치료에 있어 최선의 근거와 최신 연구를 반영한 절차와 지침을 따른다는 뜻이다. 연구가 미흡한 분야에서는 해당 분야의 뛰어난 전문가들이 지침을 보충한다. 명백한 근거가 부재하는 상황에서 최선의 진료를 하는 데 도움이 될 식견을 제공하기 위해서다. 의학계가 근거 중심 의학을 장려하고 보급하는 것은 꼭 필요한 경우의 영웅적 행위를 만류하기 위해서가 아니라, 이단적인 의사들이 제멋대로 행동하는 것을 막기 위해서다. 의학계에서 종종 보이는 이런 의사들은 대체로 의도는 좋지만 독단적이며 엉뚱한 짓을 저지르곤 한다. 명확한 근거가 없는 질병과 치료 이론을 펼치다 보니 합리적인 주류 의견에서 멀어지기도 한다. 그중에도 최악은 혁신적인 예언가를 자처하지만 의사로서의 실력은 형편없는 경우다. 나는 환자에게 근거 없는 치료를 실시하는 의사들을 수년 동안, 심지어 표준 의료의 영역에서도 많이 보아왔다. 자기만의 이론이 있다든지, 이전 상사가 이렇게 했다든지, 이렇게 했더니 '효과가 있었기' 때문이라고 변명하면서 말이다. 이런 태도와 관행은 뿌리를 뽑아야 마땅하다. 의학의 역사는, 효과가 있어야 하지만(우리는 그렇게 믿으려 하지만) 사실상 가망 없는 치료들로 가득하다.

비교적 최근의 사례가 요통 치료다. 내가 의대생이었을 때 요통의 표준 치료법은 휴식이었다. 침대에 누워 움직임을 자제하며 저절로 낫기를 기다리는 것이 허리 통증의 해결책이라니 누가 봐도 직관적이고 현명한 이야기 같았다. 이 이론은 어찌나 당연한 사실로 보였는지 아무도 의문을 제기하지 않은 채 수십 년 동안 생각 없이 받아들여졌다. 차후의 연구로 이런 방식이 이롭기는커녕 유해하다는 점이 밝혀지기 전까지는 말이다. 연구에 따르면 대부분의 요통에는 정반대로 대응해야 한다. 기계적 요통이 낫길 바란다면 가능한 한 일어나서 돌아다녀야 한다. 항상 그렇듯 이 연구에도 회의론과 반대 의견이 따랐지만, 이제 모두가 이를 자명한 사실로 받아들이고 있다.

근거 중심 의학이 발전하면서 의학은 점점 더 균질해졌고, 서구 여러 나라에서 표준화된 의료가 실시되었다. 따라야 할 지침과 합의, 절차가 넘쳐났다. 이는 어찌 보면 바람직한 일이다. 환자가 어느 병원에 가든, 어느 지역에 살든 동일한 치료를 받을 수 있으니까. 이런 의학에서 제공하는 치료는 양질의 근거에 기반을 두며, 표준화되어 결과도 예상이 가능하다. 일단 진단이 내려지면 의사 개인의 편견이나 특이성, 변덕스러운 행동보다는 근거 중심 의학에 의지하는 편이 훨씬 낫다. 나 자신도 우리 진료소에 위탁된 환자들이 편견과 변덕에 좌우되는 의사들에게 피해를 입은 사례를 직접 목격한 바 있다.

하지만 근거 중심 의학에도 허점은 있다. 첫째로 순응주의 때문에 진보가 억제될 수 있다. 혁신은 흔히 지역 문제에 대한 해결책을 그 지역 내에서 모색할 때 일어난다. 한 지역이나 병원, 특정 환자

집단에서 효과를 본 방식이 다른 곳에서는 효과가 적을 수도 있기 때문이다. 반면 표준 의학의 연구 조사는 대규모 집단에서의 결과를 보여주므로, 환자 하위집단이나 특정 개인의 차이점은 드러내지 못할 수 있다. 또한 정해진 절차를 따르면 더 명확한 결과가 나오기는 해도, 그런 절차의 근거가 되는 연구는 진단상의 의문점이나 환자에게 더욱 복잡한 다른 증상이 있을 경우를 제외한 이상적 시나리오를 전제로 하게 마련이다. 그래서 당장 진료소를 찾아온 눈앞의 환자에게 기존의 절차가 효과적이라는 보장은 없다. 게다가 의학에서 혁신이 가능하려면 환자를 어느 정도 유연성 있게 치료할 수 있어야 한다. 의사가 다양한 원칙과 지침을 숙지하는 것은 바람직한 일이지만, 그렇다고 생각 없이 주어진 원칙만 따르는 의사를 바랄 환자는 없을 테니까.

하지만 근거 중심 치료의 가장 큰 허점은 지침에만 의존하다가 비판적 사고의 필요성을 잊을 수 있다는 것이다. 지침만 따르다 보면 알고리즘에 매몰되기 쉽다. 1단계로 시작했다가 효과가 없으면 순서도를 따라 2단계로 간다. 그렇게 투여량을 조금씩 늘리거나 약을 이것저것 바꿔보거나 급기야 점점 더 난해한 약물 조합을 시도한다. 문제는 환자 상당수가 처방받은 약을 먹지 않으면서 의사에게 이 사실을 숨긴다는 것이다. 세계보건기구의 보고서에 따르면 선진국에서 만성 질환자의 복용 이행(환자가 처방받은 대로 약을 복용하는지 여부를 뜻한다) 비율은 평균 50퍼센트 전후였다.[1] 우울증 환자가 처방받은 항우울제를 복용할 비율은 40퍼센트에서 70퍼센트까지 다양한 편이었다. 호주의 경우 천식 환자의 43퍼센트가 항상 처방받은 대로 약을 복용한다고 응답했지만, 증상이 없을 때도 처방받은 예방약을 복용한다고 응답한 비율은 28퍼센트에 그쳤다.

의사들은 이 사실을 알고 있으며 환자들 본인도 분명히 알 것이다. 하지만 내 경험에 따르면 진료 시에 처방약을 먹지 않았다고 자발적으로 말한 환자는 한 명도 없었다. 의사가 대놓고 물어보지 않는 한(그리고 의사들은 보통 그럴 생각을 못한다) 지침은 별 도움이 되지 않는다. 환자가 진료소를 재방문했는데 전혀 나아지지 않았을 경우 의사가 취하는 가장 흔한 대응은 처방약의 양을 늘리는 것이다. 의사는 환자가 약을 먹지 않았다는 것을 알아차리지 못하고 그저 약이 효과가 없었다고 생각해버리기 때문이다.

의대생 시절 함께 일한 흉부외과 의사가 직접 진행한 연구 이야기를 들려준 적이 있다. 그는 천식 환자들이 하루에 두 번 써야 하는 예방약 흡입기에 마이크로칩을 넣었다고 했다. 환자들이 예방약 흡입기를 얼마나 규칙적으로 정확하게 쓰는지 확인하기 위해서였다. 천식 증상이 심해졌을 때만 완화제 흡입기를 써야 하는데, 이런 방침을 지키려면 평소에 예방약 흡입기를 제대로 사용해야 했다. 거의 모든 환자들이 그에게 예방약 흡입기를 하루에 두 번 규칙적으로 썼다고 말했다. 환자들은 마이크로칩에 흡입기 사용 여부가 저장된다는 걸 알고 있었지만 사용 회수만이 아니라 흡입기 펌프가 작동한 시간도 저장되었다는 건 몰랐다. 마이크로칩에 저장된 데이터를 다운받아 보니 환자 중 상당수는 진료 직전 대기실에서 여러 차례 흡입기 펌프를 눌렀다는 게 밝혀졌다. 그가 처방한 회수인 하루 두 번을 정확히 채우기 위해서 말이다.

지침의 가장 큰 문제점은 무엇보다도 '콩 심은 데 콩 나고 팥 심은 데 팥 난다'는 것이다. 믹서에 다진 고기를 넣고 스테이크를 꺼낼 수는 없는 노릇이다. 지침도 마찬가지다. 지침이 세상 최고의 치료 알고리즘을 제공할 수는 있지만, 의사가 애초에 진단을 잘못하면 첫 단추를 잘못 끼운 셈이며 지침을 따를수록 점점 더 올바른 목적지에서 멀어질 수밖에 없다.

정확한 진단은 사람들이 흔히 생각하는 것보다 더 어렵다. 교과서에는 (당연하게도) 특정한 질병의 교과서적 사례가 실리지만, 이는 실제 환자의 증상과 일치하지 않을 가능성이 크다. 질병이 초기 단계라서 증상이 뚜렷이 나타나지 않을 수도 있고, 환자가 염려하는 특정 증상을 강조하느라 다른 증상을 무시할 수도 있다. 혹은 의사가 유독 집착하던 다른 질병으로 진단을 내릴지도 모른다(얼마 전 다른 환자에게서 놓친 질병일 확률이 크다). 이 모든 요인이 환자를 엉뚱한 치료 과정에 배치할 수 있다. 게다가 앞에서 본 게리 같은 경우도 있다. 드물고 복잡한 경우인 만큼 평생 한 번도 이런 환자를 만날 일이 없는 의사도 많지만, 사실 사람들이 생각하는 것만큼 드물지는 않다.

뮌하우젠 증후군 환자를 만나다

게리의 병은 일명 '인위장애'로 알려진 병이다. 모든 입원 환자의 1퍼센트를 차지할 것으로 추측되지만, 내 경험에 따르면 이 병을 진단받는 환자는 1퍼센트보다도 훨씬 더 적다.[2] 인위장애 환자는 일부러 특정 증상을 가장한다. 통증 같은 것은 꾸며내기 쉬운 편이다. 혈뇨의 경우는 좀 더 꾀를 부려야 한다. 소변 검사 용기를 받으면 일단 오줌을 눈 다음 남들의 눈을 피해 조용한 장소로 가서 손가락을 찔러 샘플에 핏방울을 떨어뜨리는 식이다. 이런 행동을 일컬어 인위장애라고 하지만, 집요하고 극단적인 경우는 뮌하우젠 증후군이라고 부르기도 한다.

뮌하우젠 증후군이라는 명칭은 소설 속 등장인물 뮌하우젠 남작에게서 따온 것이다. 실제 18세기 독일 귀족이었으며 전장에서 겪은 황당무계한 경험담을 늘어놓는 것으로 유명했던 뮌하우젠을 기반으로 만들어진 인물이다.[3] 가상 인물인 뮌하우젠 남작은 군인이자 사냥꾼으로 살아온 이야기를 들려준다. 대포알을 타고 날아갔다거나, 늪에 빠졌을 때 자기 신발 끈을 당겨 몸을 끌어올렸다는 등의 허황하고 어이없는 모험담이다. 소설은 자화자찬하는 말투로 서술되어 있으며 남작 본인도 스스로의 이야기를 믿는 것 같지만, 객관적 관찰자에게는 어처구니없게 들릴 뿐이다. 하지만 뮌하우젠 증후군을 겪는 환자의 말은 적어도 처음에는 충분히 그럴싸하게 들리기 때문에, 의사가 방심했다가는 의학적 재난을 초래할 수 있다.

어째서 의사들은 좀처럼 이 병을 진단하지 못하는 걸까? 의사들이 워낙 시간에 쫓긴다는 이유도 있지만, 기본적으로 의사들은 질병에 관한 환자의 설명을 곧이곧대로 받아들이는 편이다. 위대한 의사이자 '현대 의학의 아버지'인 윌리엄 오슬러^{William Osler}가 말했듯 "환자에게 귀 기울여라. 그가 진단을 내려줄 것이다."라고 교육받아 왔기 때문이다. 의사는 환자가 일부러 자기를 속일 수도 있다는 생각을 좀처럼 하지 못한다. 또 다른 이유는 분위기가 어색해질까 봐 (그리고 진료 시간이 연장될까 봐) 질병에 대한 환자의 견해에 반박하는 것을 꺼리기 때문이다. 환자의 심기를 거스르지 않으려면 요령과 인내가 필요하다. 의사들은 환자들이 종종 병에 걸린 척한다는 걸 알면서도(병에 걸린 것처럼 보이려고 가짜 상처를 만든다든지, 애초에 증상 자체가 거짓말이라든지) 지금 당장 눈앞에 있는 환자가 그런 경우라고는 생각지 못한다.

사람들이 이런 짓을 하는 이유는 불분명하다. 내가 왜 그랬느냐고 직접 물어보면 절반 정도는 시침 뚝 떼고 오리발을 내민다. 심지어 그들의 주장이 의학적으로 불가능하다고 의학적 근거를 통해 명백히 입증되었을 때도 말이다. 환자가 자신의 행동을 인지하는 경우에도 치료에 협조하는 일은 드물다. 이참에 한마디 덧붙이겠다. 뮌하우젠 증후군이라는 명칭이 우스꽝스럽고 재미있게 들릴 수는 있지만, 현실은 대포알을 타고 날아가는 독일 귀족과는 다르다.

내가 만난 뮌하우젠 증후군 환자들은 내 의사 경력을 통틀어 가장 골치 아픈 부류에 속했으며 전부는 아니라 해도 상당수가 매우 음침하고 폐쇄적인 성향이 있었다.

내가 뮌하우젠 증후군 환자를 처음 접한 것은 병원 당직 의사들을 그림자처럼 따라다녀야 했던 의대생 시절이었다. 나는 외과 회진 중이었다. 안온한 대학병원을 떠나 직원 수는 적지만 훨씬 우호적인 분위기의 지역병원에 발령받은 참이었다. 나는 수술이란 게 사람들이 생각하는 것만큼 매력적이지 않다는 사실을 깨달아가고 있었다. 의대생의 역할이란 한마디로 '똘마니'라고 할 수 있었다. 대부분은 눈치껏 배워야 했고, 그런 기회나마 누리는 대가로 이리저리 움직이고 이것저것 나르고 수련의들이 시키는 대로 따라야 했다. 수련의들도 그들 나름대로 전문의와 수석 임상의에게 이래저래 들볶이고 있었다. 게다가 당시만 해도 외과에는 경직되고 생각 없는 분위기가 만연해 있었다.

수술실 보조를 할 수 있다는 건 의대생으로서는 특권이었지만, 그 짜릿함도 순식간에 사라져버렸다. 첫 번째로 손을 씻고 수술복과 장갑을 착용하는 과정에서 어떻게든 위생상의 문제를 찾아내는 수술실 간호사의 철저하고 요란하며 노골적인 꾸지람을 통과해야 했다. 일단 손을 씻고 나면 코를 긁는 건 고사하고 아무것도 만져서는 안 되었다. 수술복을 입어서 찌는 듯 더웠고 망신을 당해 얼굴이 달아올랐지만, 손이 오염될까 두려워서 수술용 마스크 안에 맴도는 내 뜨거운 숨결과 살갗을 간지럽히며 흘러내리는 땀방울을 참고 견딜 수밖에 없었다.

최초의 짜릿함이 가시고 나면 곧 수술실에서의 가장 큰 골칫거리인 지루함을 견뎌야 했다. 수술이 느릿느릿 진행되는 동안 집도의는 (모든 게 잘돼갈 경우) 활력이 넘치는 상태와 (그렇지 못할 경우) 신경이 곤두서서 언제 터질지 모르는 시한폭탄 상태를 오갔다. 그렇다 보니 수술실에 들어가면 마음을 놓을 수 없었다. 의사가 벌컥 화를 낼 때도 힘들었지만, 폭군이 기분 좋을 때라고 안심할 수는 없었기에 수술실은 거의 항상 긴장된 분위기였다. 근육에 쥐가 나는 것도 문제였다. 나는 보통 집도의가 수술 부위를 잘 볼 수 있게 간이나 돌돌 말린 내장을 견인기로 들고 있는 역할을 맡았다. 이런 자세로 계속 있다 보면 좀이 쑤셔서 무거운 짐 가방을 들 때처럼 양손을 바꿔 잡곤 했지만, 그러는 사이에 내장을 놓치지 않게 주의해야 했다. 가끔은 눈앞의 현실을 잊고 월드컵 결승전 마지막 순간에 골을 넣거나 복권에 당첨되는 몽상에 빠지기도 했다. 수술 도구로 손목을 세게 얻어맞고서야 내가 놓친 내장이 도로 복강으로 미끄러져 들어가려는 걸 알아차린 일도 한두 번이 아니었다.

이렇게 현장 실습을 나가 있던 시절, 한 남자가 외과 병동에 실려 왔다. 남자는 배가 아프다고 했지만 의대생에 불과했던 나도 그의 이야기가 석연치 않음을 느낄 수 있었다. 하지만 한창 바빴던 외과의들은 환자의 어조보다도 그가 실려 왔다는 사실에 주목했고 그의 말을 곧이곧대로 받아들이는 듯했다. 남자는 수차례 수술을 받은 적이 있지만 전부 해외에서였다고 했기에(참 편리한 변명이었다) 사실 여부를 입증하기는 불가능했다. 자기가 뱃사람이고 지금도 해상 근무 중이라서 그가 주장하는 건강 문제를 확인해줄 사람은 없다고 했다. 물론 우리와 이 문제를 의논할 가족이나 친구도 없었다. 남자는 상처투성이인 복부에 관해서도 이런저런 변명을 횡설수설 늘어놓았다. 결국 그는 개복 수술을 받기 위해 수술실로 실려 갔다. 집도의가 배를 가르고 잘 살펴보면 그가 느낀다는 심한 복통의 원인이 밝혀질 터였다.

　남자는 몇 시간 후 병동으로 돌아왔지만, 외과의들은 개복 수술로도 문제를 알아낼 수 없었다. 회복실 병상에 누운 남자에게 기존 병력이나 인적사항 등 진단에 도움이 될 정보를 물어보아도 그는 계속 얼버무리거나 앞뒤가 맞지 않는 대답만 했다. 그러다 갑자기 런던의 '어느 역 근처' 병원에 자기 진료 기록이 있을지도 모른다고 '기억'해내는 바람에 외과 의료진 전체가 추적에 나서야 했다. 물론 런던의 병원들은 대부분 철도역 근처에 있으니 이 정도 단서는 도움이 되지 않았다. 하지만 철도역 근처에 있는 런던의 모든 병원 이름을 읊어줘도 남자는 더 이상은 기억나지 않는다고 우겼다. 어느 날 저녁 그는 병원을 빠져나갔고 두 번 다시 돌아오지 않았다. 인위장애 환자들이 항상 그러듯 몇 주 뒤 다른 병원에 나타나서 똑같은 시나리오로 연기를 펼쳤으리라.

인위장애는 의료 분야의 방대한 회색지대다. 인위장애 환자는 자신의 증상이 의도적으로 꾸며낸 것임을 알지만, 자신이 아픈 척하는 이유를 분명히 아는 꾀병 환자와는 다르다. 꾀병 환자는 질병 수당이나 보험 사기처럼 확실한 이익을 얻어내려는 것이며 그 자신도 이 점을 잘 알고 있다. 인위장애 환자도 증상을 가짜로 꾸며내긴 하지만 꾀병 환자와 달리 그들의 동기는 의사뿐만 아니라 본인에게도 수수께끼다. 이처럼 기이한 행동을 설명하기 위해 다양한 이론이 제기되었다. 어째서 불필요하고 고통스러우며 위험하기까지 한 검사와 수술에 기꺼이 몸을 맡기려는 사람들이 있는 걸까? 이는 대체로 '병자 역할'을 하고 싶다는 욕구 때문인 것으로 보인다.

'병자 역할'이란 1951년에 미국 사회학자 탤컷 파슨스가 제시한 개념이며 일종의 사회 계약으로 여겨진다.[4] 이 사회 계약에 따르면 건강이 나빠진 개인은 의사의 검진에 몸을 맡기며, 의사는 진단을 내림으로써 개인의 고통을 정당화하고 출퇴근을 비롯한 평소의 사회적 책임을 면제해준다. 이에 대한 보답으로 개인은 의사의 조언을 따라 건강을 회복하고 기존의 사회적 역할에 복귀해야 한다. 의사가 진단을 내릴 때부터 개인이 회복을 선언할 때까지가 개인이 '병자 역할'을 하는 기간이다. 인위장애가 있는 개인은 영원히 이 역할에 머물며 의료진의 돌봄을 받으려 한다는 것이다. 이상성격이 인위장애의 원인이라는 주장도 있지만, 이는 진단이라기엔 다소 모호하며 실제 인위장애 환자를 대하는 데 도움이 되지도 않는다.

내가 인위장애를 두 번째로 접한 것은 2월의 어느 밤이었다. 나는 1년차 의사가 되었고 응급 병동 근무를 자원한 참이었다. 실무 경험을 더 쌓아 '진짜' 의사가 된 기분을 느끼고 싶었기 때문이다. 의사가 되고 1년간은 줄곧 면밀한 감독을 받았지만 그 뒤로는 감독의 수준이 복불복이었고, 응급 병동에 근무하면서는 감독이랄 게 없다시피 했다. 나는 유일한 야간 근무 의사였기에 밤 아홉 시에서 다음날 아침 아홉 시까지는 허세를 부리고 진땀을 흘리면서도 어떻게든 상황을 망쳐놓지 않으려고 발버둥 쳐야 했다. 지금 와서 생각해보면 어떻게 의대를 갓 졸업한 수련의에게 응급 병동 전체를 맡긴 것인지 어이가 없지만, 당시엔 모든 게 그런 식이었다.

진료실이 한적할 때면 나는 간호사들과 나란히 앉아서 '진단명 맞추기' 게임을 하곤 했다. 진료실 구석에 걸린 CCTV 화면을 통해 접수대의 환자를 관찰하고 무슨 일로 왔는지 추측해보는 게임이었다. 요폐 같은 경우 환자가 몸을 둘로 꺾다시피 하며 진땀을 흘렸기에 흐릿한 CCTV 화면으로도 비교적 쉽게 맞출 수 있었다. (맥주를 3.4리터나 마시고 집에 갔더니 소변이 나오지 않았다던 거구의 스코틀랜드인이 기억난다. 여전히 취한 상태였지만, 점점 소변이 마려워지고 이러다 방광이 터질 것 같다는 폐쇄공포 망상까지 도지면서 그날 밤 잠자기는 글렀음을 깨닫고 새벽 여섯 시에 응급 병동을 찾아왔다고 했다. 내가 카테터를 꽂아 소변을 빼주자 그는 안도의 한숨을 내쉬며 한껏 평온해진 얼굴로 나를 올려다보았다. 그러고는 지친 미소를 띠고 유쾌한 스코틀랜드 억양으로 "축

복받은 기분이네요, 선생님"이라고 말하더니 곧바로 깊고 달게 잠들었다. 나는 비뇨기과에 그의 외래 진료를 의뢰하고 다시 교대 근무로 돌아갔다.)

접수대에 선 CCTV 속 환자들의 모습은 다양한 증상의 총집합과도 같았다. 골절, 치통(의대에서는 전혀 가르치지 않는 분야였다), 천식, 심장마비, 흉부 감염, 열상, 알코올의존증, 신경쇠약, 환각제 부작용, 뇌졸중, 연기 흡입, 비틀거리는 노인, 온기를 찾아온 노숙자, 그리고 내가 가장 반겼던 일요일 아침의 베이글 환자들도 있었다. 응급 병동이 있던 런던 북부에는 유대계 주민이 많아서 베이글은 이 동네 일요일 브런치의 단골 메뉴였다. 그렇다 보니 일요일마다 베이글을 한 손에 들고 다른 손에 든 칼로 가르다가 손바닥까지 베어버린 환자들이 많이 찾아왔다. 이들은 위해 '베이글 환자용 진료소'를 운영해야 할 지경이었다.

그날도 평소처럼 응급 병동 야간 근무 중에 '진단명 맞추기'를 하고 있는데 CCTV 화면에 한 팔을 붙잡고 들어오는 남자가 보였다. 그것만 봐서는 진단을 내리기가 어려웠다. 골절인가? 개한테 물렸나? 아니면 탈구? 알고 보니 정말로 어깨 탈구였다. 이 경우 우선 엑스레이를 촬영해 정말로 어깨가 탈구되었는지 확인한다. 그 다음엔 어깨를 복위시켜야 하는데(제자리에 돌려놓는다는 뜻이다) 그러려면 강력한 진통제와 근육 완화제를 다량 투여하고 환자가 의자 등받이에 팔을 걸치게 한 다음 세게 잡아당겨야 한다. 어깨가 제대로 뚝 소리를 내며 제 위치로 돌아가는 순간이면 새삼 내가 의사임을 실감하게 된다. 즉시 효과가 나타나니까.

그날의 환자는 엑스레이 촬영을 원하지 않았다. 이런 경우는 흔치 않은데다 나 역시 나름대로 깐깐한 의사였기에 그건 안 된다고 말했다. 하지만 어떻게 해서인지(지금까지도 대체 무슨 수를 썼는지 모르겠지만) 환자는 결국 그럴 필요가 없다고 나를 설득하는 데 성공했다. 되돌아보면 그가 나에게 마법이라도 썼나 싶다. 환자는 이전에도 수차례 탈구를 겪은 적이 있어서 증상이 어떤지 잘 안다고 주장했다. 그러고는 선생님은 럭비 선수인가 보다, 딱 보면 안다, 어깨 맞추는 것 정도는 식은 죽 먹기겠다며 칭찬을 늘어놓았다. 그쯤 되자 내 키가 170센티미터 될까 말까 한 데다 그때까지(그리고 25년이 지난 지금까지도) 결코 체격이 좋다고 칭찬받은 적이 없다는 사실을 순간적으로 잊고 말았다.

진통제를 투여하자 환자는 나른해진 듯했다. 나는 환자의 팔을 의자 등받이에 걸치고 천천히 세게 당겼지만, 아무 일도 일어나지 않았다. 나는 계속 천천히 팔을 당겼다. 눈썹에 땀방울이 맺히기 시작했다. 팔은 여전히 끄떡도 하지 않았다. 도무지 방법이 없었다. 나를 바라보는 간호사의 시선이 느껴졌다. 요즘 수련의들이 무능력한 건지, 아니면 그냥 내가 문제인지 의아해하고 있었을 것이다.

나는 환자의 팔을 놓고 몸을 일으키며 숨을 골랐다. 예전에 들은 후디니 이야기가 생각났다. 유명한 탈출 마술사였던 그는 미국에서 트워스키라는 랍비(우연히도 그 역시 정신과 의사였다)에게 잠긴 방에서 탈출해보라는 도전장을 받았다. 문이 닫히자 후디니는 작업에 들어갔다. 반시간 동안 뱃속에 숨겨둔 열쇠를 꺼내는 등 평소의 요령을 총동원해 잠긴 문을 따려 했지만 전부 수포로 돌아갔다. 마침내 후디니가 패배한 것인가! 결국 그는 지쳐서 털썩 주저앉았다. 그런데 후디니가 주저앉으면서 문손잡이를 건드리자 문이 활짝 열렸다. 이 이야기의 교훈은 다음과 같다. 아무리 위대한 후디니라도 애초에 잠기지 않은 문은 딸 수 없다는 것.

후디니 이야기가 떠오르자 갑자기 모든 게 명백해졌다. 내가 어깨를 맞출 수 없었던 건 애초에 어깨가 탈구되지 않았기 때문이었다! 그래서 환자가 엑스레이 촬영을 원하지 않았던 것이다. 나는 엑스레이 촬영 서류와 질문지를 챙겨 환자에게로 돌아갔다. 그러자 환자는 나를 보더니 벌떡 일어났고, 아직 진정제 기운이 남았는지 한동안 갓 태어난 망아지처럼 두 다리를 덜덜 떨며 서 있다가 서늘한 런던의 밤공기 속으로 허둥지둥 사라져갔다.

나는 당황해서 몇 분 동안 가만히 서 있었다. 이게 대체 무슨 일이지? 지극히 건강한 사람이 응급실에 와서 아픈 척을 하다니. 한밤중에 풋내기 의사에게 진정제 투여(이 자체도 위험성이 없지 않았다)와 고통스러운 치료를 받겠다고 제 발로 찾아오다니. 전혀 건강에 이로울 게 없는 행위였다.

하지만 그때 의사와 환자의 '계약', 그리고 병자 역할에 관한 내용이 떠올랐다. 의대에서 배운 바에 따르면 이는 의사와 환자의 행동 전반을 좌우하는 확고한 규칙이었다. 하지만 현실은 당시 내가 깨달은 것처럼 훨씬 혼란스러웠고 여러 모로 불확실했다. 방금 전 응급 병동을 떠나간 환자는 확실히 상태가 안 좋았지만, 겉보기와 달리 팔이 아픈 건 아니었다. 그는 신체적 불편을 호소하며 찾아왔지만 사실은 정신을 치료받아야 할 사람이었다.

환자는 왜 의사를 찾아오는가

나는 병원에서 일하는 동안 원인불명의 신체 증상을 꾸며내어 몇 주도 아닌 몇 달, 몇 년씩 의사들을 속이는 환자를 여럿 보아왔다. 이런 환자에게 아무리 검사와 검진을 해봤자 병의 원인은 밝혀낼 수 없다. 환자는 여전히 아프고, 불필요한 검사로 인한 국민건강보험 부담은 커져만 간다. 의사들은 대체로 진단을 내리지 못하는 상황을 두려워하기에, 그들을 속이고 싶은 환자는 마음껏 거짓말을 계속할 수 있다. 환자가 이런 짓을 하는 이유는 복잡하지만 성격 문제와 불행한 성장 과정이 연관된 것으로 보인다. 환자가 의사를 설득해 수술을 받게 되면 그 결과로 진짜 문제가 생겨서 상황이 더 복잡해지기도 한다. 나는 멀쩡한 신장을 제거하거나 혈액형 검사 결과를 날조한 환자, 일부러 피부 발진을 일으키거나 관절에 주사를 놓아 감염을 유발한 환자도 본 적이 있다.

이런 환자들에게 정말 필요한 진료가 있다면 정신과 의사와의 상담이겠지만, 그런 일은 좀처럼 일어나지 않는다. 이처럼 전문적인 분야에 흥미와 식견을 지닌 정신과 의사는 극소수인데, 이 점만 봐도 의학계의 재정 지출 우선권이 어디에 있는지 알 수 있다. 이런 환자들은 의료 체계에서 좀처럼 눈에 띄지 않는다는 사실이 재정 문제를 더욱 악화시킨다. 의사들은 이런 환자의 존재를 거의 알아차리지 못하며, 환자들은 의사가 제안하는 침습 검사와 치료를 저항 없이 받아들이고 반기기까지 한다.

이 모든 상황은 의사들이 교과서와 의대에서 배운 내용을 곧이곧대로 믿어왔기 때문이다. 의사는 의학이 과학이라고 믿는다. 환자가 병원에 찾아오는 건 의사가 병리학과 망가진 신체 부위, 질병의 숨겨진 원인을 밝혀내어 치료해주기를 원해서라고 생각한다. 의사는 의학이 병에 냉정하고 합리적이고 과학적으로 접근하는 방식임을 철석같이 믿는다.

그러다 보니 환자가 의사를 찾아오는 데는 다양한 이유가 있으며 그중 상당수가 건강과는 무관하다는 점을 잊게 되었다. 환자인 척하는 사람들 중에는 회복엔 전혀 관심이 없는 경우도 많다. 회복이란 증상이 사라진다는 것인데, 그들이 의료진을 찾아올 수 있는 건 바로 증상이 있기 때문이니까. 사실 그들은 자상한 의료진의 품속에 머물기를 원하며 그런 상태를 목표로 삼는다. 그들을 회복시키려면 증상을 몇 번씩 검사할 것이 아니라 그들의 정신적 고통을 인식하고 치유해야 한다. 인위장애가 의사들에게 잘 인식되지 않는다는 사실이야말로 그들이 교육 과정에서 어떻게 생각하도록 훈련받고 있는지 보여준다. 유감스럽게도 의학은 이런 환자들을 대하는 데 있어 아직도 한참 갈 길이 멀다.

11

환자의 마음을 읽는다는 것

"내 마음이 네 마음으로, 나의 생각이 너의 생각으로."〈스타 트렉〉의 등장인물 스팍은 마인드멜드(외계 종족 벌컨이 구사하는 일종의 최면술―옮긴이)를 구사하면서 이렇게 말한다. 그는 이 기술을 통해 텔레파시로 연결된 상대의 생각에 접근할 수 있다. 이 에피소드를 보면서 문득 스팍이 유능한 정신과 의사가 될 수 있겠다는 생각이 들었다. 정신의학이란 마음의 영역에서 수행되는 것이며, 정신과 상담의 목적은 내담자의 내적 경험에 접근하는 것이니까.

우리 정신과 의사들은 세심한 관찰과 면밀한 질문을 통해 이런 목적을 달성한다. 환자의 정신질환 이력은 자유 연상이나 무질서한 수다가 아니라, 특정 영역을 포함해야 하는 어느 정도 구조화된 상담을 통해 파악된다. 나는 항상 현재의 불만 사항, 다시 말해 내담자가 우리 진료소에 위탁된 이유로 대화를 시작한다. 이 과정에서 시간이 오래 걸릴 수도 있다. 귀 기울이고 질문하며 내용을 명확히 이해하려면 20~30분씩 걸리기도 한다. 그러고 나면 환자의 과거 병력과 정신질환 이력을 알아야 한다. 환자의 증상을 진단하는 데 도움이 될지도 모르니까. 가족사와 인생사를 들을 시간도 필요하다. 이것만으로도 길고 어지러운 사연일 경우가 많다. 물론 알코올과 약물 복용에 관해서도 들어야 한다.

이런 상담을 잘해내려면 노련한 기술이 필요하다. 오랜 경력과 전문성뿐만 아니라, 귀에 들리는 말을 이해하고 상대가 꺼내지 못한 말을 들을 능력이 있어야 한다. 정신질환과 인간성을 이해하는 능력도 요구된다.

나는 내담자의 말을 들으면서 계속 가설을 세우지만, 나중에 보면 그중 일부만이 사실로 밝혀진다. 어째서 안정적인 가정의 중산층 부모 슬하에 태어난 사람이 자꾸 몇 달 만에 직장을 그만두는 걸까? 그 사실은 이 사람의 성격과 사회성에 관해 무엇을 알려줄까? 이 사람은 왜 학교에서 친구를 사귀지 못할까? 이 사람의 가정생활이 그토록 끔찍한 이유는 무엇일까? 이 사람의 이야기가 학대 관계를 암시하는 걸까? 이 사람은 어째서 서른다섯 살이 되도록 몇 주 이상의 장기적 관계를 맺지 못하는 걸까? 불운은 누구나 겪을 수 있지만, 이런 불운에서 내담자의 자존감과 자신감 문제를 읽어낼 수도 있다. 나아가 내담자의 근본적 성격 구조도, 피상적 관계를 더욱 깊은 관계로 발전시키지 못하는 궁극적인 무능력도 엿볼 수 있다.

나는 비언어적 단서에도 주의를 기울인다. "모든 행위는 소통"이라고 말했던 사람이 누구인지는 잊어버렸지만, 그 말이 사실이라는 건 안다. 우리는 머리 모양에서 신체 자세와 옷 입는 방식까지 일거수일투족을 통해 소통한다. 눈빛 교환, 초조한 태도, 목소리, 말의 길이, 질문에 반응하는 방식 등도 전부 은연중에 자신을 드러낸다. 문신 역시 자기 정체성을 드러내는 표현 방식이다. 팔뚝에 커다란 고딕체 글씨로 '힘내자'라고 문신을 한 사람은 약하고 불안정하게 느껴지는 자신을 격려하고 싶은 것일지도 모른다.

사실과 거짓을 구분하는 것도 의사의 일

이런 요소들을 인지하는 과정은 적어도 내 경우에는 무의식중에 이루어진다. 나는 즉각적으로 상대의 인상을 구축한다. 사회계급, 직업, 결혼 여부, 성격, 진단명, 이 모두가 눈 깜짝할 사이 머릿속에 떠오른다. 정신과 의사로 일하면서 내겐 꽤 믿을 만한 육감이 생겨났다. 사람들을 관찰하고 그들과 자세한 대화를 나누며 행동과 상호작용 패턴을 구축한 결과다. 하지만 육감은 마술이 아니고 100퍼센트 정확하지도 않으며 철저한 상담으로 뒷받침되어야 한다.

특성을 판단하는 능력은 정신과 의사에게만 한정되지 않는다. 인간 행동을 관찰해야 하는 직업을 가진 사람이라면 누구나 그런 능력이 있다. 공항 보안 요원만 봐도 알 수 있는 사실이다. 미국 9.11 테러 직전에 항공사 직원들은 뉴어크 공항을 통해 입국한 테러범들의 행동거지가 심상찮다고 느껴서 그들이 제시한 항공권을 평소와 달리 버리지 않고 보관해두었다.[1] 그들을 보자마자 보통 승객들과 뭔가 다르다는 인상을 받았기 때문이다. 오랫동안 수많은 항공기 탑승객을 접해온 경험에 비추어 볼 때 왠지 이질적이고 수상하다고 느꼈던 것이다. 당시에는 그게 무엇인지 꼭 집어 말할 수 없었고 조만간 어떤 재난이 일어날지 상상조차 못했겠지만 말이다.

이런 이야기로 인해 정신과 상담이 힘겹고 불쾌한 경험처럼 여겨질 수 있으니, 나를 만난 내담자들의 가장 흔한 소감이 '즐거운 경험이었다'라는 점도 말해두어야겠다. 아마도 두 가지 이유 때문일 것이다. 첫째로 사람들은 자신에게 귀 기울여주는 상대에게 자기 이야기를 하는 걸 좋아하기 때문이다. 둘째로 두려워하던 상담을 무사히 마쳤다는 안도감 때문이다. 과거에 내담자들은 뭔가 잘못 말하면 '강제 입원', 그러니까 비자발적 입원을 당할까 봐 두려워했지만 최근에는 그런 우려를 표하는 사람이 줄어들었다. 실제로 내담자에게 어지간히 심각한 말을 듣지 않는 이상 내가 강제 입원을 고려할 가능성은 없다.

나는 이따금 상대가 거짓말을 하는지 알 수 있느냐는 질문을 받는다. 사람들이 거짓말을 하는 데는 별의별 이유가 다 있다. 경제적 이유로, 그러니까 병원에 의료사고 소송을 걸어 보상금을 받으려고 거짓말을 하는 사람도 있다. 의사에게 검사와 보살핌을 받고 싶어서, 혹은 간병해주는 친지를 붙잡으려고 거짓말을 하는 사람도 있다. 당황해서 거짓말을 하는 경우도 있다. 싸움에 가담했다거나 더러운 욕설을 했다거나 누군가에게 학대받고 있다는 사실을 인정하기 두려워서 거짓말할 수도 있다. 다시 말해 사람들은 온갖 이유로 거짓말을 하는데, 그중 일부는 자기방어를 위해서지만 나머지는 타인을 기만하고 조종하기 위해서다.

이 때문에 의료인이 곤혹을 치르는 경우도 많다. 수술 과정에 문제가 있어서 자기 몸속에 수술 도구가 남았다고 터무니없는 거짓말을 하며 병원 측을 고소한 남자도 있었다. 나는 그의 주장이 해부학적으로 불가능하다는 걸 알고 있었다. 하지만 언제나 그렇듯 언론이 끼어들어 "일류 의사들이 사고를 치다"라는 식의 모욕적인 표제를 단 기사를 내보냈다.

법의학 보고서를 쓰는 동료가 들려준, 수년 전 도로에서 교통사고를 당해 장애가 생긴 어느 보험 청구인 이야기가 있다. 동료는 청구인의 임상 문제로 장시간 상담을 하고 서류를 꼼꼼히 살펴본 뒤 그에게 매우 호의적인 보고서를 썼다. 동료가 보고서를 마무리하고 있을 무렵 보험회사에서 보낸 DVD가 도착했다. 청부업자가 청구인을 미행하여 몰래 촬영한 영상이었다. 영상 속에서 병원 근처 기차역에 내린 청구인은 경쾌하게 계단을 뛰어올라 개찰구를 통과하더니, 갑자기 지팡이를 꺼내 짚고 병원까지 남은 100미터를 힘겹게 걸어가기 시작했다. 상담이 끝나고도 마찬가지였다. 청구인은 기차역까지 느릿느릿 힘겹게 걸어와서는 지팡이를 접어 가방에 넣고 정상적인 걸음걸이로 플랫폼을 향한 계단을 내려갔던 것이다.

내담자의 첫인상 때문에 완전히 헛다리를 짚을 때도 있다. 그럴 때면 당황스럽다. 괜찮은 임상의라면 항상 보여야 할 자신감 있는 태도가 한순간 흔들리기도 한다. 내가 우울증 치료를 진행했던 환자의 증상 전체가 우울증이 아닌 코카인 남용 때문이었다는 사실이 뒤늦게 밝혀진 경우도 있었다. 그제야 왜 그의 상태가 전혀 나아지지 않았는지 이해가 되었다. 섭식장애 역시 앞뒤가 맞지 않는 증상 뒤에 숨겨져 간과되기 쉬운 원인이다. 나 역시 우울증 치료를 진행한 지 몇 달이 지나서야 섭식장애가 증상의 진짜 원인임을 알아차린 적이 있다.

위험한 점은 일단 눈앞의 환자에 대한 인상이 굳어지면 의사가 자신의 선입견을 알아차리기 어렵다는 것이다. 첫인상과 상충되는 증거는 축소되거나 무시된다. 환자의 회복이 너무 더딘 것을 보고 초조함이 쌓여 다시 생각해보지 않을 수 없는 상황에 이를 때까지. 나도 이런 경우를 수차례 겪었다. 그런 환자들의 이름과 실제 진단명은 자만에 빠지면 안 된다는 경고로서 내 뇌리에 새겨져 있다. 이런 식으로 내가 정신과 의사로 일하며 배운 교훈이 몇 가지 있다. 그 교훈들을 떠올리면 부끄러움에 움찔하게 되지만, 인생에서 교훈을 얻었을 때 대응 방법은 하나밖에 없다. 내가 더 나아질 수밖에 없는 것이다. 전문의로 경험을 쌓으면서 나는 한층 신중해졌고 잘못 판단할 가능성을 인식하게 되었으며 사고방식도 더 유연해졌다.

내가 들려줄 수 있는 한 가지 확고한 조언이 있다면, 상대의 거짓말을 알아차리기는 무척 어려우며 자기기만은 깨닫기가 거의 불가능하다는 것이다. 상담에서 사실과 거짓을 구분하는 과정은 과학이라기보다 직감에 가깝다. 거짓말쟁이의 '초조하게 움직이는 손가락'에 관한 프로이트의 언급은 이제 상식처럼 되었지만 실제로는 근거 없는 헛소리일 뿐이다. 앤드루 몰슨Andrew Malleson이 놀라운 저서 《목뼈 손상과 그 밖의 편리한 질병들Whiplash and Other Useful Illnesses》에 적은 것과 같이, 프로이트는 뛰어난 심리 치료사였지만 세관원으로서는 젬병이었을 것이다. 거짓말쟁이를 확실히 '알아볼' 수 있는 방법은 없기 때문이다.[2]

상대가 거짓말을 하고 있는지 판단하는 데 도움이 되는 근거는 나 자신의 경험뿐이다. 예를 들어 상대가 나이를 묻는 단순명료한 질문에도 안절부절하며 잘못 대답한다면 주의를 기울여야 한다는 신호다. 중요한 내용에 거짓말을 하려는 사람은 모든 걸 정확히 기억하려고 애쓰면서 솔직하게 대답하는 척하느라 정신적 여유가 없는 상태이기 때문이다. 거짓말 자체는 머릿속으로 연습해두었지만, 사소한 점이라도 각본을 벗어난 질문을 받으면 당황해서 실수를 저지르는 것이다.

우울증 뒤에 숨은 감정을 포착하다

✳

환자가 일부러 의사를 속이려 하지 않는다 해도 그들이 품은 감정의 진짜 원인을 파악하기는 어려울 수 있다. 정신과에 근무하던 의대생 시절 전문의에게 스무 살 웨일스 출신 여성을 상담하라는 지시를 받은 적이 있다. 우울증 환자인데 치료가 듣지 않아서 그 병원에 위탁되었다고 했다. 그는 삼촌이 죽으면서 시작된 우울증에 관해 한 시간 동안 길고 복잡한 이야기를 들려주었다. 게다가 삼촌을 죽인 사람은 자기 남자친구였으며 그 일로 인해 수감되었다고 했다. 하지만 그의 우울증에는 왠지 앞뒤가 맞지 않는 데가 있었다. 증상이 모호한 데다 살짝 모순되는 구석도 보였던 것이다. 환자의 이야기를 끝까지 들어보았지만 딱히 특이한 사항은 없었다. 알코올과 향정신성 약물 복용, 임시직 전전, 가질 수 없는 물건을 손에 넣기 위한 사기성 경범죄. 뭔가 딱 떨어지지 않는 느낌은 있었지만, 가까웠던 삼촌이 무척 비극적인 상황에서 사망했으니 우울증에 걸릴 만하다는 생각은 들었다.

나는 환자와 함께 전문의 진료실로 가서 알아낸 내용을 보고했다. 전문의는 의료 팀 전체의 선임으로 수련의들이 상담한 모든 환자의 치료를 책임진다. 의대생의 경우 진료를 볼 때마다 매번 전문의에게 감독을 받아야 한다. 전문의 앞에서 환자의 이력을 진술하는 일은 노련한 의사가 환자를 어떻게 대하는지 배울 좋은 기회이며 그 자체로 수련 과정의 일부다. 전문의는 내 보고를 듣고 몇 마디 덧붙이더니, 환자에게 삼촌의 살해와 관련해 몇 가지 추가 질문을 했다. 환자는 남자친구가 삼촌을 칼로 찔러 종신형을 받았다고 대답했다.

"하지만 당신은 아직 남자친구를 사랑하는군요." 전문의가 상냥한 어조로 한마디 했다. 의문형이 아니라 서술형 문장이었다. 나는 숨죽여 기다렸다. 내 생각엔 상당히 무례한 말 같았다. 환자가 어떻게 반응할지 알 수 없었다. 하지만 다음 순간, 지금까지도 생생히 기억날 만큼 놀라운 일이 일어났다. 나는 항상 '울음을 터뜨리다'라는 말이 상투적 표현일 뿐이라고 생각했다. 그날 그 순간까지는 누가 실제로 '울음을 터뜨리는' 걸 본 적이 없었으니까. 갑자기 우레가 치듯 격렬하게 환자의 감정이 폭발했다. 내가 그와 한 시간이나 상담하며 끄집어내려 했지만 실패했던 모든 것들이 일순간 드러난 듯했다. 삼촌을 사랑하지만 삼촌을 죽인 남자도 사랑한다는 끔찍한 죄책감, 번민, 고통이 환자의 영혼을 짓누르고 있다가 마침내 터져 나온 것이다.

이 사건을 통해 내 사고방식이 얼마나 편협했는지 깨달을 수 있었다. 나는 환자가 우울증이라고 미리 결론지은 채 내 가설에 맞는 질문만 던졌던 것이다. 하지만 정신의학은 단순히 정신적 문제를 진단하는 것이 아니라 진단의 한계를 이해하는 것이다. 때로는 진단이 진짜 문제를 포착하지 못하고 심사숙고를 차단하는 일종의 평계가 되기도 한다. 그럴 때 진단은 통찰이 아니라 속박이다. 우울증 진단은 모든 불행을 우울증 탓으로 치부하는 반사적 사고 때문에 한 사람의 경험이 얼마나 쉽게 무시될 수 있는지 보여주는 좋은 사례다.

내가 맡은 우울증 환자 중 유독 기억에 남는 이가 있다. 로즈를 처음 만난 곳은 창밖에 정면으로 벽돌담이 내다보이는 위층 진료실이었다. 건축물 화재 안전 기준 때문에 문을 여럿 통과하고 나서야 진료실에 들어갈 수 있었다. 중앙 계단을 올라와 첫 번째 문을 열면 진료실로 이어지는 두 번째 문을 열 공간이 모자랐기에, 좁고 어두운 복도에 서서 유압식 경첩으로 서서히 움직이는 첫 번째 문이 닫히길 기다렸다가 두 번째 문을 열어야 했다. 때로는 첫 번째 문이 닫히고 두 번째 문이 열릴 때까지 환자에게 말을 붙이려고 애쓰며 어색할 만큼 바짝 붙어 서 있어야 했다.

진료실에 들어가 자리에 앉자 로즈의 이야기가 시작되었다. 로즈는 그런대로 솔직한 태도를 취했지만 다소 풀 죽은 기색도 보였다. 다림질하지 않아도 되는 벨루어 운동복 바지와 윗도리를 편하게 걸치고 있었고, 본인은 서른여섯 살이라고 했지만 마흔이 넘은 듯했다. 창백하고 여윈 얼굴에 한쪽 뺨에는 음식 부스러기가 묻어 있었다. 단정한 모습을 유지하는 걸 포기한 듯했다.

로즈는 런던 남부에서 자랐고 열여섯 살에 학업을 중단했으며 열일곱 살에 임신했다고 했다. 가족 관계는 그리 좋지 않았다. 제법

영리한 학생이었지만 공부를 열심히 할 동기가 없었고 학교생활에 적극적으로 참여하지 않았다. 이야기를 들어보니 그럴 분위기의 학교도 아니었던 듯했다. 직업적 야심도 없이 애매한 자격증 몇 개만 딴 채 로즈는 학교를 떠났다. 아기가 태어난 뒤 파트너는 다른 여자가 있다고(로즈도 알고 있었지만 임신 기간 내내 모른 척한 사실이었다) 털어놓았다. 두 사람은 헤어졌다. 부모님이 육아를 도와주었지만 몇 년 뒤 로즈는 또다시 강간을 당해 임신했다. 임신 소식을 듣자 남자는 딱 한 번 덮쳤을 뿐인데 그걸로 임신을 했냐며 펄펄 날뛰었다.

이제 로즈는 독신이었고 연애를 안 한 지 5년이 넘었다고 했다. 맏아들은 다 자라서 독립했고 열다섯 살이 된 둘째 딸은 엄마에게 관심이 없었다. 로즈에게는 직장도, 돈도, 할 일도 없었다. 로즈는 항상 서글프고 고립되고 무기력하며 의욕이 없다고 했다. 오랫동안 온갖 항우울제를 복용해봤지만("안 먹어본 약이 없어요.") 딱히 효과는 보지 못했다. 이번에는 뭐가 달라질 거라고 생각해서 이곳에 찾아온 것인지 알 수 없었지만, 그래도 나는 로즈의 이야기에 귀 기울였고 그의 절망감을 이해할 수 있었다. 문득 진료실 밖 거리에서 드릴 소리가 들려 왔다. 창밖을 내다보니 자동차 한 대가 도로를 천천히 따라가다 깜빡이를 켜고 좌회전하는 모습이 보였다. 그렇게 우리 둘 다 한 마디도 하지 않은 채 30초가 지났다.

서류를 보면 로즈는 우울증 환자가 맞았다. 슬픔, 절망, 무력감, 비관주의, 인생의 즐거움에 대한 무감각 등 우울증의 모든 면모를 보이고 있었다. 하지만 로즈와 이야기해보니 그가 단순한 우울증 환자처럼 느껴지진 않았다. 문득 빅터 프랭클이 제2차 세계대전 당시 강제 수용소에서 저술한 걸작《죽음의 수용소에서》가 떠올랐다.[3] 강제 수용소 생활을 다룬 이 감동적인 수기에서 프랭클은 삶에서 모든 의미가 사라지면 살아가는 것이 견딜 수 없어진다고 적었다. 프랭클에 따르면 인간은 근본적으로 삶에서 목적의식을 갈망한다. 살아가는 이유만 이해할 수 있다면 어떻게든 버틸 수 있고, 인생에 목적이 생기면 아무리 고통스러워도 계속 살아갈 수 있다. 하지만 목적의식이 없다면 고통은 무의미해지고 더는 견딜 수 없게 된다.

내가 의뢰받는 환자들 상당수는 다양한 항우울제를 복용해왔지만 전혀 나아지지 않아서 '치료 곤란' 혹은 '치료 저항성 우울증'이라는 딱지가 붙은 경우다. 그리고 이들의 문제는 대체로 우울증이 아니라 고차원적인 목표가 결여된 삶이었다.[4] 자신의 행동이 무의미하고 하루하루가 그냥 흘러가는 것처럼 느껴질 때 슬픔과 절망과 비관주의와 불행에 빠지지 않을 사람이 어디 있겠는가? 프랭클은 허무주의가 무(無)에 대한 믿음이 아니라 '고작 이것뿐'이라는 믿음이라고 말한 바 있다. 인간이 고작 지적인 원숭이나 기계일 뿐이라면 인생은 무의미해진다. 인간은 자신의 행동이 눈앞의 욕구를 넘어서는 의미 있는 일이라고 믿어야 살아갈 수 있다. "자신을 발견하는 최선의 방법은 자신을 잊고 남에게 봉사하는 것이다." 마하트마 간디의 이 말은 인생에서 어떻게 의미를 찾아낼 수 있는지 직관적으로 보여준다.

〈뉴욕 타임스〉에서 일본 노동법을 다룬 기사를 읽은 적이 있다.[5] 일본에서는 정규직 노동자를 해고하기가 어렵다고 한다. 이 때문에 일본의 회사는 명예퇴직을 거부하는 직원에게 일거리를 전혀 주지 않는 것으로 대응한다. 직원은 날마다 직장에 나와도 아무런 할 일 없이 멍하니 앉아 있어야 한다. 하루하루 아무것도 성취하지 못하고 집과 직장을 오가며 출퇴근을 반복할 뿐이다. 자리에 놓인 전화기는 울리지 않는다. 아무도 그의 의견을 묻지 않는다. 회사에서 그의 존재는 없는 거나 마찬가지다. 정신을 말려 죽여 산송장으로 만드는 셈이다. 어떻게든 버텨서 급여를 받는다 해도 이처럼 매일 되풀이되는 굴욕과 수치와 허무를 보상받을 수는 없을 것이다. 나라면 총알처럼 빠르게 직장에서 뛰쳐나가고 말리라.

로즈도 이런 상태를 겪고 있는 것일까? 인생에 의미가 없다고 느끼는 걸까? 나는 거의 모든 사람이 가끔씩은 자신의 행동에 쓸모가 있기는 한지 자문해볼 것이라고 생각한다. 쾌락과 음주와 자동차와 요트와 휴가 여행이 인생의 전부는 아니지 않을까 하고 말이다. 물론 이런 것들은 모두 즉각적인 만족을 주지만 깊고 오래가는 행복을 선사하진 못한다. 의미 있는 역할을 찾지 못한 사람에게 인생은 충만한 기쁨이 아니라, 그저 태어났으니 살아가는 것으로 느껴지기 쉽다.

나는 로즈에게 마지막으로 정말 행복하다고 느낀 게 언제였는지 물었다. 로즈는 잠시 생각에 잠기더니 조카딸을 히스로 공항에 데려다주었을 때라고 대답했다. 사람들은 대체로 그런 일에서 성취감을 느끼지 않겠지만, 로즈의 경우 자기에게 아직도 쓸모가 있다는 걸 확인할 수 있어서 만족스럽다고 느꼈던 것이다.

나는 로즈의 치료 계획을 짰다. 항우울제에 의존하기보다 인생의 목적을 찾는 게 중요했다. 로즈가 잘하는 일과 즐기는 일을 함께 살펴보고 적당한 자원봉사 활동을 찾아보기로 했다. 어쩌면 일자리를 구하는 데 도움이 될 기술을 배울 수 있을지도 몰랐다. 알고 보니 로즈는 예전부터 자전거 타기를 좋아했다. 낡은 자전거가 있긴 하지만 잘 타지는 않았는데 최근 들어 다시 자전거를 타고 시내를 벗어나는 게 즐거워졌다고 했다. 로즈가 동네 자전거 가게의 시간제 일자리 면접을 본 날은 나도 로즈만큼 안달복달했던 기억이 난다. 어떻게 됐는지 물어보려고 연락하는 건 부적절한 일 같아서 그냥 다음 상담일까지 기다렸지만 말이다.

나는 몇 달 뒤 다시 로즈를 만났다. 로즈는 자전거 가게에서 일하고 있으며 지난 몇 년 동안 이렇게 기분이 좋았던 때가 없었다고 말했다. 아직 소득 보조금을 받고 있지만 자존감이 훨씬 높아졌고, 항우울제가 필요한 경우도 줄었다고 했다. 가게 동료와 데이트하기 시작했다고 수줍게 말하는 로즈의 모습에서 정상성을 되찾았다는 안도감이 느껴졌다. 이후 몇 달 동안 로즈의 삶은 서서히 체계를 되찾아갔다. 내가 더는 진료소에 오지 않아도 된다고 말했을 무렵 로즈는 정규 직원이 되었고 약혼한 상태였다.

내가 로즈를 기억하는 것은 일이 이렇게 잘 풀리는 경우가 드물기 때문이다. 환자가 초조함과 무력감을 느끼는 이유는 대체로 매우 다양하며, 의사는 무엇을 제안하든 환자의 갖은 반대와 변명에 부딪히게 된다. 환자와의 대화는 보통 이런 식이다.

"환자분이 낮에 참여할 만한 활동이 있을까요?"

"아이를 하교시켜야 해서요."

"따님이 참여할 수 있는 방과 후 활동이 있을 텐데요?"

"아이가 그런 걸 안 좋아해서요."

"일주일에 며칠이라도 따님을 대신 하교시켜줄 수 있는 친구나 친척은 없을까요?"

"아이가 좋아하지 않을 거예요."

"따님이 학교에 있는 오전 동안에 시간제로 근무할 일자리를 찾아보면 어떨까요?"

"그런 일자리는 없어요."

"그러니까 찾아볼 필요가 없다는 말씀인가요?"

환자의 이런 대답은 아무리 그럴싸하게 들린다 해도 결국 환자가 무력감의 악순환에 빠져 있다는 것을 보여주며, 임상의도 주의하지 않으면 이런 악순환에 말려들고 만다. 오랫동안 자신을 상황의 희생자로 느껴왔던 사람은 피해자 의식에 빠지기 쉽다. 무력감에 빠져 만사를 다른 사람이나 조직, 우울증, 불운, 나쁜 타이밍 탓으로 돌리고 자기가 상황을 바꿀 수 있다는 생각은 못하는 것이다.

환자가 의사와 같은 시각으로 상황을 보게 하려면 시간과 인내와 요령이 필요하다. 하지만 명백히 우울증이 아닌 증상을 치료하겠다고 효과도 없을 항우울제를 계속 처방하는 것보다는 그 편이 나을 것이다. 환자에게 뇌 내 세로토닌 결핍이 아니라 인생의 의미 결핍이 문제임을 인식시키기란 분명 어려운 일이지만, 의사에게 그럴 경험과 배포가 있다면 환자의 삶은 완전히 달라질 수 있다.

12

외모 강박과 불안

병상 옆 의자에 앉은 메리앤을 처음 본 순간 나는 충격 받은 표정을 애써 숨겨야 했다. 회진에 앞서 주간 팀 회의에서 메리앤에 관한 수련의의 보고를 듣고 왔는데도 말이다. 마흔두 살 여성인 메리앤은 몇 년 전 일종의 중증 내장 질환으로 석 달간 입원한 적이 있다고 했다. 그가 이번에 우리 병원을 찾아온 건 심각한 체중 감소 때문이었다. 처음에는 당연히 염증성 내장 질환이 재발한 것으로 여겨졌지만 검사해보니 내장에는 문제가 없었다. 체중이 위험할 만큼 줄어든 메리앤은 결국 입원하게 되었다. 뭐가 문제인지 조사하고 영양을 투여해 체중을 회복해야 했다. 메리앤은 속이 울렁거려 식사를 할 수 없다고 했기에 코에 영양관을 넣고 식도를 따라 위장까지 삽입한 다음 링거에 든 영양 수액을 투여했다. 유감스럽게도 영양관은 툭하면 빠졌는데, 특히 메리앤이 밤중에 자면서 뒤척거릴 때 어딘가 걸려서 빠진다고 했다. 그러다 보니 메리앤의 체중은 계속 줄어만 갔다.

종합병원 정신과에 위탁되는 환자들 상당수가 그렇듯이, 메리앤도 이미 여러 다른 분과에서 진료를 받은 터였다. 소화기내과에서는 장 기능을 검사하고 양분이 흡수되지 않아서 체중이 감소한 것은 아닌지 확인했다. 다른 분과에서는 체중 감소를 초래할 만한 암이나 종양이 없는지 검사했다. 내시경, 더듬자, 정밀검사 등 온갖 검사가 총동원되었지만, 의료진은 결국 병의 원인을 이해할 수 없었다. 메리앤이 입원한 지 2주 가까이 지났을 무렵, 병동 의료진은 혹시 정신의학이 이 수수께끼를 푸는 데 도움이 되지 않을까 하고 생각했다.

팀 회의가 끝난 후 우리는 메리앤이 쇠약해져 누워 있는 병실을 찾아갔다. 과연 정신과 진료가 메리앤에게 도움을 줄 수 있을지 염려스러웠다. 내 경험에 따르면 새로운 환자를 만나기 전에는 항상 다양한 진단 가능성을 고려해두는 것이 바람직했기에, 나는 우리 팀 의사들과 함께 걸어가면서 머릿속으로 메리앤이 어떤 상태일지 추측해보았다. 내과 의료진이 나중에 후회할 만한 뭔가를 못 보고 놓친 긴 아닐까 생각도 해봤지만, 그들이 신중하고 주의 깊은 임상의란 걸 나도 잘 아는 만큼 그럴 가능성은 희박했다. 하지만 비신체적 요인을 어떻게 설명하면 좋을까? 나도 우울증 때문에 식사를 거부하고 체중이 감소한 환자들을 본 적은 있었지만 이렇게 심각한 경우는 드물었다. 게다가 병원에서 매일 환자를 돌보는 간호사와 의사, 물리치료사가 식사를 거부할 만큼 심각한 우울증을 알아차리지 못했을 리가 없다. 내가 알기로 그만큼 우울증이 심한 환자들은 말을 거의 하지 않고 어조도 느리며 단조롭다. 게다가 구부정한 자세와 의기소침한 태도 때문에 누가 봐도 우울증이라는 게 확 티가 난다. 그러니 메리앤의 체중 감소가 우울증 때문은 아닐 듯했다.

혹시 마약 복용 때문은 아닐까 하는 생각도 들었다. 도저히 설명이 불가능했던 증상이 알고 보니 마약 복용 때문인 경우는 꽤 흔하다. 게다가 마약 중독은 신체 건강에 예측할 수 없는 다양한 여파를 미친다. 마약을 복용하는 입원 환자들은 병원에 마약을 반입하기 위해 별별 희한한 수법을 다 쓰지만, 의료진은 좀처럼 환자가 마약을 복용할 거라고 생각지 못한다. 평범한 의사-환자 관계는 '원칙적으로' 상호간의 깊은 신뢰를 전제로 한다. 환자가 항상 자기를 속이려 한다고 의심하는 의사나, 의사가 제약 회사의 뇌물을 받고 특정 약물을 처방하는 건 아닌지 우려하는 환자만 있다면 의료 행위는 불가능할 것이다.

나는 딱히 냉소적인 사람은 아니지만, 오랫동안 진료를 해온 의사들이 대부분 그렇듯 환자를 너무 믿었다가 된통 당한 경험을 통해 다른 사람의 말을 의심하는 법을 배웠다. 몇 년 전 어느 입원 환자가 알코올 의존증이 아닌지 간호사들이 의심한 적이 있다. 하지만 내가 넌지시 떠보자 그가 어찌나 속상해하고 펄펄 뛰며 부인하던지 정말로 분노할까 봐 더는 묻지 못했다. 말쑥한 중년 남성이었던 그는 술을 끊은 지 한참 됐는데 아무도 믿어주지 않는다고, 게다가 '병동에만 처박혀 있는데 어떻게 술을 구할 수 있겠느냐'고 하소연했다. 하지만 그 답은 며칠 뒤에 저절로 밝혀졌다. 그의 탕파(뜨거운 물을 넣어서 그 열기로 몸을 따뜻하게 하는 기구—옮긴이)가 보드카로 채워져 있었다는 걸 내가 알아냈기 때문이다. 아무도 거기까지는 확인할 생각을 하지 못했다. 메리앤의 문제도 마약 복용일 수 있겠다는 생각이 들었지만 의료진이 그 점을 눈치 못 챌 확률은 매우 낮긴 했다.

외모 강박이 몸을 갉아먹다

병실에 도착한 나는 메리앤의 자리로 찾아가서 자기소개를 했다. 그러고는 메리앤이 가리킨 병상 옆 의자에 어색하게 걸터앉았다. 우리 팀 의사들은 내 뒤에 둘러서 있었다. 뼈가 앙상한 몸에 잠옷만 걸친 메리앤은 침대에 기대앉아 있었다. 시트는 침대 발치에 엉망으로 구겨져 있었다. 가장 먼저 눈에 들어온 것은 메리앤의 무릎이었다. 허벅지에 비해 엄청나게 굵어 보이는 무릎에 이어, 바싹 야윈 어깨 위에 달덩이처럼 보이는 머리가 눈에 들어왔다. 나는 침대 옆

탁자를 슥 둘러보았다. 내가 본능적으로 항상 하는 행동이었다. 누군가 주변에 늘어놓은 물건들은 그 사람의 다양한 면모를 알려주게 마련이니까. 하지만 사람들이 몇 주씩 입원해 있으면 쌓이기 마련인 잡동사니들은 하나도 보이지 않았다. 트럼프 카드, 가족사진, 퀴즈 책, 신문, 소설책, 루코제이드(영국의 스포츠 음료로 환자들이 수분 보충을 위해 마신다—옮긴이) 병, 비스킷 상자나 과일바구니는 어디 간 걸까?

메리앤은 비교적 무덤덤한 어조로 자신의 건강 문제를 얘기했다. 자기도 왜 체중이 계속 감소하는지 의아하다며 원인이 뭔지 몰라서 너무 무섭다고 말했다. 메리앤의 말은 왠지 미리 연습한 것처럼 들렸고 감정이 전혀 느껴지지 않았다. 그래서 나는 전략을 바꿔 메리앤의 가정환경이 어땠는지 물어보았다.

메리앤의 가족은 전부 성공한 사람들이었다. 부모는 투자 은행에 근무했고 언니는 옥스퍼드 대학을 졸업한 뒤 런던 시내의 대형 법조회사에서 승승장구하고 있었다. 반면 메리앤은 항상 자기가 부모의 기대에 미치지 못했고 언니의 그늘에서 살아왔다고 믿었다. 자기가 뭘 하든 어설프게만 느껴졌으며 어린 시절 집안 분위기도 냉랭했다고 했다. 원하는 것은 전부 가질 수 있었지만 가장 간절했던 애정과 찬사만은 얻지 못했다. 메리앤은 따스하고 동정적이기보다는 실리적이고 유능한 부모 슬하에서 칭찬과 관심에 굶주리며 자랐다. 이런 이야기를 하는 동안 메리앤의 뺨에 눈물이 흘러내렸다.

자신이 못났다는 느낌과 거부당했다는 느낌이 아직까지도 생생한 나머지 잠시 현재를 잊은 듯했다. "나로서는 부족했던 거예요." 메리앤은 딱히 어느 질문에 대한 답이랄 것도 없이 막연하게 중얼거렸다.

학교를 졸업한 메리앤은 회계원으로 일했다. 몇 차례 짧은 연애를 하긴 했지만 결혼은 하지 않았다. 메리앤은 자존감이 낮았고 자신이 못생긴 데다 밉살스럽다고 생각했다. 자기 통제력을 되찾고 자존감을 높이기 위해 식이 제한을 시작했다. 날씬해지기만 하면 다른 사람들이 자기를 동경하고 존중해줄 것 같았다고 했다.

당시의 대화를 돌아보면 가장 뚜렷이 기억나는 건 메리앤의 눈물이다. 상담 초반의 잡담에 이어 좀 더 깊은 속내를 털어놓기 시작하자 메리앤은 수도꼭지를 튼 것처럼 눈물을 철철 흘렸다. 자기가 일부러 단식을 했다고 남에게 인정하는 건 처음이라고 했다. 더 예뻐 보이고 싶었다고, 남들의 주목과 사랑을 받고 모두가 자신의 자제력에 감탄해주길 바랐다고 했다. 영양관이 밤중에 어디 걸려서 빠진 게 아니라 자기가 몰래 빼놓은 거라는 사실도 인정했다. 항상 몇 킬로그램만 더 빠지면 만족하고 자신감을 느낄 거라고 생각해왔지만, 이제는 자기가 수습할 수 없는 상황이라는 걸 깨달았다고 했다. 나는 메리앤에게 이제는 스스로 충분히 말랐다고 생각하는지 물어보았다. 메리앤은 잠시 가만히 있더니 잘 모르겠다고, 하지만 의료진이 자기 때문에 염려하는 건 안다고 대답했다. 나는 호기심에 메리앤에게 스스로 생각하는 자기 모습을 그려보라고 요청했다. 여성 식이장애 환자는 자기 몸을 왜곡된 시각으로 바라보며 그 시각이 자화상에 반영된다는 연구를 읽은 적이 있었기 때문이다.[1] 메리앤이 그린 것은 건장한 거구의 여성이었다. 보기 괴로울 만큼 야윈 메리앤의 실제 모습과는 전혀 닮은 구석이 없었다.

메리앤의 체중 감소에 관한 수수께끼가 마침내 풀렸다. 내과 의료진은 증상의 원인을 찾기 위해 더욱 복잡한 검사를 계속하고 싶었겠지만, 사실 정답은 다른 곳에 있었다. 살이 찌면 안 된다는 강박이 그의 체중과 몸을 갉아먹은 것이다. 이처럼 순전히 신체 건강 문제처럼 보이는 증상을 정신의학을 통해 바라보면 치료 방법이 완전히 달라질 수 있다. 반면 온갖 탁월한 의술과 정밀검사, 내시경, 채혈을 비롯한 검사의 미로 속에서 더 큰 그림이 흐려지기도 한다. "수술은 대성공이지만 유감스럽게도 환자가 사망했군"이라는 어느 외과 의사의 한탄처럼.

거식증은 왜 위험한가

내가 종종 접하는 여러 정신질환 중에서도 거식증만큼 당혹스러운 것은 없다. 인간은 수백 년 전부터 단식을 해왔지만, 역사 초기의 단식은 대체로 종교적 신념 때문이었지 현대인이 거식증이라는 말을 들으면 떠올리는 이유에서가 아니었다. 학술 교재와 논문을 통해 거식증을 설명하기 위한 수백 가지 이론이 제시되었다. 이런 이론의 중심 주제는 살찌는 데 대한 공포이며, 거식증이 모델이나 발레리나처럼 과체중이 단점으로 작용하는 직업군에서 더 흔한 것도 사실이다.

유전학자들이 일란성 쌍둥이와 이란성 쌍둥이의 거식증 비율에 차이가 있는지 연구한 사례가 있다. 일란성 쌍둥이는 동일한 유전자와 가정환경을 공유하지만 이란성 쌍둥이는 가정환경만 공유하고 유전자는 다른 만큼, 양측의 거식증 비율에 차이가 있다면 결국 거식증의 원인은 유전이라는 의미다. 실제로 일란성 쌍둥이가 이란성 쌍둥이보다 거식증에 함께 걸릴 확률이 높다는 연구 결과로 볼 때 유전적 요인은 확실히 존재하는 듯하다.[2] 완고하고 강박적이며 완벽주의 성향인 사람이 거식증에 더 잘 걸린다고 밝힌 연구도 있다. 또 다른 연구는 거식증이 가족의 주의를 자신의 병에 집중시켜 가족을 통제하려는 수단이라고 결론을 내렸다.

하지만 이런 요인들 아래에는 여성 거식증 환자들이 공유하며 사회 전반의 관점을 반영하는 중요한 가치가 숨어 있다. 바로 마른 것이 미덕이라는 문화적 신념이다. 유전, 성격, 양육 환경, 그 밖의 유의미한 요소들을 연구하는 건 좋지만, 애초에 마른 것이 아름다움이고 활력이며 성적 매력이자 성공이라는 괴이한 신념이 없었다면 거식증이라는 병도 존재하지 않았을 것이다.

우리 사회는 오래전부터 '이상적 체형' 혹은 '완벽한 몸매'를 신봉해왔다. 일반 대중이 굶주렸던 먼 옛날에 과체중은 부와 번영의 상징이었지만, 대량 생산 가공식품과 저렴한 고칼로리 패스트푸드가 넘쳐나는 현대에는 날씬하고 미끈한 몸이야말로 부와 성공을 상징하게 되었다. 2000년대 초반에 '제로 사이즈' 모델들이 등장하면서 본격적인 위기가 도래했다. 그런 모델들은 젊은 여성들이 동경하고 모방하려 하는 삶의 본보기가 되었으며, 곧이어 거식증 사망자들이 발생하기 시작했다. 프랑스, 이탈리아, 이스라엘, 스페인 등 여러 나라에서는 상황이 너무 심각해진 나머지 체질량지수가 너무 낮은 모델이 패션쇼에 서는 것을 금지하는 법까지 생겼다.[3] 하지만 패션 분야가 아니어도 대중 매체에 등장하는 여성의 대부분은 특정 체형에 한정되어 있으며, 서구 문화가 세계를 독식하면서 거식증은 텔레비전, 영화, 잡지, SNS를 통해 다른 국가로도 수출되고 있다.

내가 접한 가장 독특한 거식증 연구는 남태평양의 피지 섬에서 수행되어 〈영국정신의학저널The British Journal of Psychiatry〉에 발표된 것이다.[4] 텔레비전이 널리 보급되지 않았던 당시 피지의 특수한 환경을 고려하면 이 연구를 지금 재현하기는 어려울 것이다. 연구자들은 피지의 10대 소녀들이 자신의 체중과 체형을 어떻게 생각하는지 1990년대에 한 번, 그리고 텔레비전이 보급되고 난 이후에 다시 한번 조사했다. 조사에 따르면 텔레비전을 본 소녀들은 화면 속 인물

들처럼 체중을 줄이길 원했으며 그리하여 식이장애가 증가한 것으로 나타났다. 텔레비전이 들어오기 전까지는 만족스럽게 지내던 소녀들이 갑자기 자기 체형에 불만을 갖게 된 것이다. 충분히 예상 가능하면서도 유감스러운 연구 결과지만, 서구에서도 텔레비전과 인터넷, SNS가 확산되면서 식이장애 발생률이 높아진 이유를 이해하는 데는 도움이 된다.

의사들이 거식증을 연구하는 것은 단지 의학적 호기심 때문이 아니다. 거식증이 약물 남용과 함께 사망률이 가장 높은 정신적 문제임을 알려주면 많은 사람들이 깜짝 놀란다.[56] 거식증 환자는 나이와 성별이 비슷한 정상인과 비교했을 때 사망 가능성이 다섯 배에서 열 배나 높다. 설사 거식증으로 사망하지 않는다 해도 굶주림은 체내의 모든 장기에 여파를 남기며 빈혈, 골다공증, 신장 손상, 근육통과 근육 약화, 위장 질환, 체온 조절 기능 문제, 심장병, 혈액 내 무기물 결핍, 피부 건조와 부종 등 다양한 문제를 초래할 수 있다.

메리앤의 경우와 같은 거식증은 치료하기 어려울 수 있으며, 몇 년이고 진척이 없거나 재발하기도 한다. 내가 의대생이었을 때 거식증 환자는 다른 정신질환 환자들과 함께 일반 정신과 병동에서 치료를 받아야 했다. 당시 병원에서는 거식증 환자의 체중을 늘리기 위해 환자에게 보상을 주는 체계를 사용했다. 체중이 1킬로그램 늘면 병실에서 신고 다닐 수 있는 슬리퍼를 주고, 2킬로그램 늘면 조간신문을 볼 수 있으며, 3킬로그램 늘면 환자복이 아닌 자기 옷

을 입고 지낼 수 있다는 식이었다. 요즘은 이런 방식이 쓰이지 않는
다. 거식증 환자들이 보상 체계에 그리 민감하지 않은 데다 입원 기
간에 늘린 체중이 퇴원한 뒤에도 유지되진 않는다는 사실이 밝혀
졌기 때문이다. 하지만 이런 방식이 사라진 가장 큰 이유는 입원 환
자라면 마땅히 기대할 수 있는 일을 '특권'이라며 강탈하는 것이 환
자에게 가혹하고 굴욕적이라는 인식이 확산되었기 때문이다.

이제 거식증 환자는 거식증 전문 병동에서 치료를 받는다. 그곳
에서는 직원들이 환자들과 함께 식사하며, 교육과 심리학적 접근을
통해 사회적 맥락에서 식사를 정상화하는 데 힘쓴다. 메리앤의 경
우 내과 병동과 정신과 병동 중 어느 쪽이 최선의 치료 환경인가 하
는 문제로 갈등이 발생했다. 내과와 정신과 문제를 동시에 지닌 환
자가 생겼을 때, 내과 의료진은 '정신의학' 문제가 있는 환자를 돌
보기엔 역부족이라 느끼고 정신과 의료진도 한층 세심한 의료와 영
양 공급이 필요한 환자를 받아들일 여력이 없다고 느끼기 쉽다. 메
리앤은 결국 거식증 전문 지역병원에 맡겨졌다. 일대일 심리 치료
와 전문 간호사의 보살핌을 받고, 정상적 식이를 위해 다른 환자들
과 한자리에 앉아 식사하게 될 것이라고 했다. 덕분에 메리앤은 서
서히 체중을 회복해 나갈 수 있었다. 이후에 메리앤을 담당한 식이
장애 전문의와 마주쳤을 때 들은 바로는 그가 여전히 회복한 체중
을 유지한다고 했다.

거식증은 극단적이거나 건강이 악화된 경우가 아니면 간과하

기 쉬운 질환이다. 많은 식이장애 환자들이 외부에 도움을 요청하지 않는다. 자기에게는 아무 문제도 없다고 생각하기 때문이다. 실제로 의료진이 환자를 의뢰할 때 거식증이 부수적으로만 언급되는 경우도 있다.

메리앤을 비롯한 여러 거식증 환자를 진료하면서 나는 여성들에게 적용되어 심각한 불행과 건강 문제를 초래하는 특정한 미의 잣대를 다시 생각해보게 되었다. 여성들은 사회적으로 칭송받는 이상적 외모를 닮지 않았다는 수치감에 이런저런 의료기관을 찾아가지만, 정작 정신의학과로 오는 여성은 드물다. 그들은 대부분 자신의 정신이 아니라 신체가 문제라고 생각하기 때문이다. 이런 여성을 대상으로 주사, 필러, 염색 등 외모를 개선하기 위한 온갖 시술이 존재한다. 이런 시술이 실제로 여성의 외모를 개선하는지는 관점에 따라 다르겠지만, 이처럼 강력한 사회적 규범을 거부할 수 있는 여성은 드물 것이다. 사회에서 주입된 미의 잣대가 이들의 마음을 병들게 하고 몸을 해치는 것이다.

탈모 불안증 환자

시대가 변하면서 남성들도 비슷한 행동 양식을 보이기 시작했다. 몇 년 전에 있었던 일이다. 정신없는 오후를 보내고 마지막으로 피부과 의사가 의뢰한 20대 후반의 남성 테오를 진료하게 되었다. 테오는 대기실에서 진료실로 오는 동안 계속 불안하고 혼란스러워 보였으며 방 안에 들어서면서도 도망치고 싶은 기색이 역력했다. 그는 양쪽 무릎이 찢어진 청바지와 긴소매 티셔츠를 입고 야구 모자를 쓰고 있었다. 키는 평균 정도였고 왠지 자신감 없는 태도였지만 길에서 마주쳐도 별문제를 느끼지 못할 사람이었다. 하지만 테오의 문제는 내가 듣도 보도 못한 것이었다. 그는 대머리가 되는 것에 대한 압도적이고 끔찍하며 지독한 공포증을 겪고 있었다.

나는 테오를 보낸 피부과 의사의 의뢰서를 훑어보았다. 테오에게 쓸데없는 걱정 말라고, 그가 남성 탈모증에 걸릴 징후는 눈곱만큼도 없다고 몇 번이나 타일렀지만 테오의 불안을 해소해줄 수 없었다는 내용이었다. 아무래도 테오의 증상은 전염성이 있는 모양이었다. 피부과 의사는 테오에게 탈모 치료가 필요 없다고 단언하면서도 모발 성장 촉진제를 처방해주었으니까.

테오와 만나면서 나는 그가 살아가는 평행세계에 들어서게 되었다. 그는 자신이 못생겼고 평생 거부당해 외롭게 살 것이며 자기 자신과 화해할 수 없는 운명이라고 믿었다. 그는 끊임없이 자기 머리카락을 생각했고 날마다 몇 번씩 인터넷으로 탈모 치료법을 검색했다. 그래봤자 일시적인 안도감밖에 얻을 수 없었지만, 그래도 테오는 그런 행동을 멈출 수 없었다.

급기야 세상이 그에게 반기를 들고 그의 불안을 부추기려고 음모를 꾸미는 것처럼 느껴지기 시작했다. 그는 런던 지하철에서 피하기 힘든 남성 탈모증에 관한 광고를 본 적이 있었다. 어떤 남자의 점점 후퇴하는 이마 선을 위에서 찍은 사진과, 같은 남자가 이후 치료에 '성공'하여 만족스러워하는 사진이 담긴 광고였다. 나도 그 주에 라디오에서 '남성 탈모증으로 고통받고 계십니까?'라는 광고 문구를 들은 기억이 났다. 마치 대머리가 새로 발견된 질병이며 대머리가 된 이상 '고통'받지 않을 수는 없다는 것처럼 들렸다.

내 머리는 20대부터 벗어지기 시작했고, 내가 결혼한 30대 중반에는 이미 절반이 벗어져 있었다. 옷가게에서 매장 내 CCTV 영상을 구경하다가 내 성글어진 뒤통수를 보고 머리가 벗어지고 있다는 사실을 처음 깨달았다. 하지만 나는 머리가 벗어지는 것 때문에 전전긍긍한 적이 없었다. 탈모는 그냥 일어나는 일이니까. 테오에게 대머리가 그의 인생을 망가뜨리진 않을 거라고 말하면서도, 속으로는 과연 그가 대머리 의사와 이런 대화를 하고 있다는 역설을 눈치 챘을지 궁금했다. 문득 래리 데이비드의 이런 농담이 생각났다. "어떤 남자나 머리털이 풍성하다면 자신만만할 수 있다. 하지만 자신만만한 대머리 남자야말로 가공하지 않은 원석 같은 사람이다." 머리숱이 적을수록 자신감을 잃는 남성이 많다는 것이다.

이런 상황에서 승자는 오직 두발 관리 산업뿐이다. 두발 관리 산업은 남자라면 머리털이 풍성해야 하며 숱 많은 머리야말로 자신감과 매력, 남성성의 상징이라는 생각을 퍼뜨렸다. 그리고 남자들

스스로도 이에 넘어가서 그들의 불안감을 이용하는 세계적 시장을 형성했다. 조만간 탈모 공포증이 정신의학 분류 체계에 새로운 유형으로 추가되어 가짜 질환을 정당화할 것이며, 불운한 탈모 남성들은 두발 관리 외에도 정신과 치료에 돈을 써야 할 것이라고 어렵지 않게 추측할 수 있다.

그리하여 거식증과 그 양상이 비슷하되 남성이 다수인 새로운 정신질환이 대두되고 있다. 두발에서 외모의 완벽함을 찾는 것은 자의적인 관점처럼 보이지만, 생각해보면 그렇게 자의적이진 않을 수도 있다. 풍성한 머리털과 마른 몸은 젊음의 자산이라는 공통점이 있기 때문이다.

내가 청소년이었을 무렵엔 남성용 화장품은커녕 남성 패션 시장조차 존재하지 않았다. 물론 면도 용품이 쓰이긴 했지만, 남성들이 브뤼Brut 애프터셰이브 로션을 바르지 않으면 남성성이 거세될 것처럼 느끼게 된 건 전직 헤비급 권투선수 헨리 쿠퍼가 그 로션의 광고 모델이 된 이후였다. 남성 '그루밍' 시장, 즉 남성용 화장품 시장은 2024년에는 세계적으로 8100만 달러 규모에 이를 것이라 예상된다.[7] 과거의 남성들도 성기 크기나 체형을 집착에 가깝게 염려하긴 했지만, 현대에 대두된 사회적 압력은 남성들의 관심 영역을 예전에는 '여성적'이라고 여겨지던 분야에까지 확대시켰다. 그리하여 남성들이 느끼는 불안감의 영역도 확장되고 있다. 외모에 관한 고민으로 우리 진료소를 찾아오는 남성은 아직 소수에 지나지 않지만, 그들의 존재는 서서히 사회를 잠식해 나갈 하나의 변화라고 느껴진다. 그리고 이 변화로 이득을 볼 것은 남성들의 불안으로 돈을 벌 일부 기업들뿐이리라.

테오의 탈모 불안증은 흔히 말하는 신체이형장애의 범주에 속한다고 하겠다. 19세기 말에 이탈리아 의사 엔리코 모르셀리Enrico Morselli가 '신체이형 공포'로 처음 명명한 이 정신질환은, 환자가 특정 신체 부위에 계속 집착하면서 자신의 결함이나 매력 결핍이 바로 그 부위 때문이라고 굳게 믿는 증상을 말한다. 이처럼 환자가 거부감을 느끼는 외적 특성에 대한 근심은 눈덩이처럼 불어나 그의 인생을 짓누르게 된다. 테오의 경우 항상 거울을 가지고 다니며 하루 종일 이마 선이 후퇴하지 않았는지 확인하는 습관이 있었다. 심지어 상담 도중에도 내 책상 옆으로 와서 정수리를 보여주며 탈모가 시작되지 않았는지 봐달라고 부탁하곤 했다. 바로 얼마 전에 피부과 의사에게 그렇지 않다고 확인을 받았는데도 말이다.

테오의 치료는 오래 걸렸고 결과적으로 완전한 성공도 아니었다. 이런 유형의 정신적 문제에는 흔히 있는 일이며, 증상이 심하거나 증상이 생긴 지 한참만에야 의사를 찾아온 환자라면 더욱 그렇다. 대체로 조절 가능하지만 스트레스를 받으면 악화되는 강박증 정도가 기대할 수 있는 처선의 결과일 때도 있다. 나는 테오에게 불안과 강박적 행동을 완화시킬 약을 처방해주었지만, 그는 약 복용을 내키지 않아 했고 얼마 지나지 않아서 아예 복용을 그만두었다. 테오는 인지행동 치료도 받기 시작했다. 일종의 대화치료로, 그가 굳게 믿고 있던 여러 오해를 풀어주는 것이 관건이었다. 예를 들어 대머리 남자에게 매력을 느낄 여성은 하나도 없다는 생각 말이다. 신문 가십난에 등장하는 유명 인사들만 봐도 전혀 그렇지 않다는 걸 알 수 있지만, 테오는 자신의 견해를 포기하지 못했다. 그는 우리가 오랫동안 애쓴 끝에야 자기가 틀렸다는 걸 받아들였지만, 마음속으로는 여전히 예전처럼 믿는 것 같았다.

우리는 반응예방치료(강박적 사고나 행동을 유발하는 자극에 노출시키고 이에 대한 반응 행동을 극복하게 하는 치료법—옮긴이)도 시도했다. 자꾸만 이마 선을 확인하고 주변 사람들에게 괜찮은지 물어보는 습관을 고쳐주어야 했다. 이 치료가 테오의 불안을 덜어줄 수 있길 바랐다. 이런 종류의 불안은 한번씩 심해졌다가도 결국에는 자연스럽게 사라질 수 있기 때문이다. 그러면 주변 사람들에게 이마 선이 어떤지 물어보는 습관도 없어지고 부족했던 상황 통제력을 회복할 수 있게 된다. 나는 테오에게 두려워하지 말고 평범하게 외부 활동에 참여하라고 조언했다. 그러면 곧 본인 말고는 아무도 그의 머리에 신경 쓰지 않는다는 사실을 깨달을 것이며, 그 역시 여러 일상적 관심사로 인해 차차 머리 외의 다른 문제에 주목하게 될 터였다. 그럼에도 테오는 치료 과정 내내 온갖 강박적 암시를 발견하고 괴로워했다(한번은 과연 '탈모 치료약'이 나올 것인지를 다룬 신문 기사를 가져와 보여주기도 했다. 그 기사로 인해 탈모는 치료해야 할 끔찍한 병이라는 생각이 더 굳어진 듯했다).[8] 결국 테오는 내내 자신을 괴롭히던 불안에서 완전히 빠져 나오지 못했다.

'정상'과 '질환'의 경계

나는 우리 진료소에 얼마나 다양한 건강 불안증 환자들이 찾아오는지 생각해본다. 대부분은 병원 내 다른 분과를 거쳐서 온 사람들이다. 어디까지 '정상'이고 어디부터 '질환'인지 정의하는 것이 의사의 일에서 얼마나 큰 비중을 차지하는지도 생각한다. 그 경계는 대중이 흔히 생각하는 것보다 훨씬 불분명하고 흐릿하다. 사회 불안의 끝과 치료의 시작을 결정해야 하는 의사에게 판단은 무척 중요한 기술이다.

의학계의 가장 큰 난제이자 골칫거리는 그 경계가 사회의 변화와 기대에 따라 계속 달라진다는 것이다. 최근의 그런 사례로는 성별 불쾌감gender dysphoria이 있다. 자기가 잘못된 성별로 태어났다고 느끼는 사람은 한때는 완전히 무시당했고 좀 더 나중에는 도착적 존재로 전시되었다. 이제는 성별이 다양한 방식으로 경험될 수 있다는 점이 보다 널리 받아들여지고 호르몬 치료와 성별 적합 수술도 확산되는 추세다. 마찬가지로 동성애도 영국에서는 1973년까지 질병으로 정의되었으며 미국의 정신질환 진단 및 통계 편람에서는

1987년에야 삭제되었다.[9] 그 전까지 동성애 성향은 치료 가능한 정신병으로 간주되었다. 남성 동성애자는 남성의 알몸 사진을 보여주면서 엄지손가락에 가벼운 전기 충격을 가하는 치료를 받았다. 남성의 알몸에서 쾌락을 연상하지 못하게 하려는 목적이었다. 의학과 정신의학, 사회 변화는 서로 끊임없이 영향을 주고받으며 나 자신도 종종 그 변화의 한복판에 놓인다.

정신의학 임상의와 심리 치료사는 환자와 다양한 방식으로 관계를 맺는다. 어떤 방식이 바람직하느냐는 사람마다 다르지만, 나의 경우 20세기의 주요 심리학자였으나 이제는 거의 잊힌 칼 로저스 Carl Rogers의 저서를 떠올린다.[10] 1902년 시카고에서 태어난 로저스는 원래 종교학을 전공했으나 심리 치료사와 환자의 상호 작용에 관심을 갖게 된다. 로저스가 남긴 업적 중에서도 소위 '내담자 중심 치료'는 특히 중요한 것으로 손꼽는다. 인간은 누군가를 존중할 가치가 있는지 자의로 판단하고 그에 따라 평가하기 쉽다는 것이 이 치료의 핵심 전제다. 사회 규범이나 가치관에 부합하지 못하는 사람들, 예를 들어 실업자나 마약 중독자는 부정적으로 평가당하고 존중받지 못하는 것이다. 그러다 보면 그들도 자신에게 존중과 사랑을 받을 자격이 없다고 생각하게 된다.

칼 로저스는 인간이라면 누구나 사랑과 존중을 받아야 한다고 주장했다. 어떤 성취를 거두었는지, 얼마나 가치 있는 인물로 평가되는지와 상관없이 말이다. 로저스는 이를 '무조건적 긍정적 관심'이라고 불렀으며, 의사나 심리 치료사는 어떤 상황에서든 마음을 열고 내담자를 있는 그대로 받아들여야 한다고 주장했다. 나는 다양한 심리 치료 유파를 좋아하지만 그중에서도 칼 로저스의 주장에 가장 공감한다. 우리는 누구나 본질적으로 존중받고 인정받길 바라며, 자신이 직업이나 옷차림을 떠나 한 인간으로서 중요한 존재임을 느끼기를 원한다.

바로 그렇기에 메리앤이나 테오 같은 환자를 치료하는 일이 감정적으로 고된 것이다. 우리는 자신과 타인을 외모, 차, 머리카락, 돈 같은 피상적 조건들로 평가하는 사회를 만들었다. 정신과 진료소에 오면 그 결과를 뚜렷이 목도하게 된다. 불안하고 불행한 사람들, 자신이 무가치하다고 느끼며 내면의 불안을 외모에 투사하는 이들 말이다. 그들 상당수는 자신의 '결함'을 바로잡기 위해 이런저런 병원을 찾아다닌다. 외모를 고민하는 환자들이 성형외과, 피부과, 정신과 중 어디를 찾든 간에, 그들이 외모를 개선하려고 의료에서 도움을 구한다는 것 자체가 이 사회의 근본적 문제를 보여준다.

13

어떤 치료로도 낫지 않은 통증

의대생 시절 인간이 삶을 어떻게 체험하는지 생각하다가 새삼 놀
란 적이 있다. 모든 생각과 경험, 인간의 모든 야망과 감각이—장미
꽃 향기, 그랜드캐니언 앞에서의 경탄, 첫사랑의 설렘, 항공기가 결
항되었을 때 느끼는 실망감까지도—사실은 세포막을 가로지르는
전기 자극일 뿐이라니. 신경섬유 수십억 개가 진동하며 신경 사이
의 미세한 공간에 화학물질을 발산하고, 이를 통해 다음번 물질을
촉진하거나 억제한다. 인간이 도저히 이해할 수 없을 만큼 절묘하
고 복잡한 오케스트라 연주처럼.

나는 인간의 두뇌가 지닌 무한한 복잡성에 경탄하고 그 원리와
비밀을 영원히 이해하지 못하리라는 사실에 좌절한다. 이 모든 희
망과 공포, 열망과 야심을 느끼는 우리가 그저 뉴런의 그물망에 불

과한 걸까? 성능이 충분히 뛰어난 컴퓨터가 만들어진다면 인간 두뇌를 완벽하게 복제할 수 있을까? 컴퓨터로서의 두뇌는 21세기에 한정되는 개념일 뿐일까? 내 절친한 친구이자 신경과 의사인 앨릭스는 뇌란 우리가 했다고 믿는 일을 반영하는 하나의 거울에 지나지 않는다고 주장한 바 있다. 우리가 하는 연구라는 것도 애초에 우리가 찾던 목적을 확인하는 과정일 뿐이라고.

뇌의 기능에 관해서는 오랫동안 다양한 이론이 제기되었다. 고대 그리스 철학자 아리스토텔레스는 뇌가 심장에서 발생한 열을 식히는 역할을 한다고 주장했다. 뇌 내에 방대하게 뻗은 혈관이 냉각 장치처럼 작용한다는 것이다.[1] 뇌는 수 세대에 걸쳐 영혼의 보금자리나 복잡한 신체 작동을 제어하는 관제소로 여겨졌다. 그리고 시간이 지나면서 뇌가 특정한 기능을 수행하는 여러 영역으로 나뉜다는 합의가 형성되었다.

이런 이론의 형성 초창기에 가장 크게 기여한 학자는 18세기 독일 의사 프란츠 갈Franz Gall이었다. 뇌의 영역화는 (나중에 밝혀졌듯) 어느 정도 사실이긴 했지만, 갈의 이론에는 두 가지 중대한 오류가 있었다. 첫 번째는 뇌 영역을 지나치게 세분화했다는 것이다. 예를 들면 갈은 친절, 탐욕, 조심성 등 세세한 심리까지 관장하는 각각의 영역이 있다고 믿었다. 두 번째는 뇌를 둘러싼 두개골의 발달 정도가 해당 영역을 그대로 반영한다고 생각한 것이었다. 직업윤리가 투철하거나 통찰력이 뛰어난 사람은 그 능력을 관장하는 뇌 영역쪽의 두개골이 두드러지게 발달한다는 식이었다. 이런 생각에서 골상학이라는 유사과학이 탄생했다. 골상학을 신봉하는 의사들은 두개골 모양만 봐도 개인의 성격을 파악할 수 있다고 주장했다.

골상학은 유럽과 미국에서 엄청난 인기를 끌었다. 그럴 만도 하다. 인간 성격을 일관성 있고 손쉽게 측정할 수 있는 수단일 테니까. 내가 알기로 영국에서 정신과 의사에게 'shrink('줄어들다'라는 뜻 ─옮긴이)'라는 별명이 붙은 이유 중 하나는 심리 치료를 받으면 불건전한 성격을 관장하는 뇌 영역의 크기가 줄어들면서 그 위의 두개골도 쪼그라든다는 대중의 관념 때문이었다. 하지만 역사상의 의학 이론 대부분이 그랬듯 골상학도 반짝 인기를 누린 끝에 의혹이 제기되어 버려질 운명이었다. 골상학은 19세기 중에 이미 퇴물 신세가 되었고, 뇌의 신비는 또다시 미지의 수수께끼로 남았다.

현대에는 뇌를 방대한 통합 네트워크가 있고 운동, 감각, 언어 등 일부 기능이 분산된 고도로 복잡한 컴퓨터로 보는 관점이 대세다. 하지만 의식이나 추상적 사고와 같은 고차원적 뇌 기능을 설명할 수 있는 컴퓨터 모델은 아직 존재하지 않는다. 이처럼 설명할 수 없는 것을 설명하려면 소위 뇌 기능의 양자론(미시적 존재의 구조나 기능을 해명하기 위하여 양자의 관점에서 전개되는 물리학 이론─옮긴이) 같은 것을 전제해야 한다. 이는 흥미롭지만 증명하기(그리고 반증하기도) 어려운 이론이다. 하지만 나는 아무도 이해하지 못하는 이 두 가지, 즉 양자역학과 뇌 기능의 양상이 대체로 비슷할 거라고 생각한다.

통증을 느끼는 원리

통증을 느끼는 원리의 이해도 비슷한 과정을 거쳐 발전했다. 하지만 의사들 다수가 고통을 사유하고 치료하는 방식은 여전히 구시대적 관점에 머물러 있다. 케임브리지의 테니스코트 로드라는 고풍스러운 이름의 길가에 위치한 해부학 강의실도 그런 구시대의 향취를 풍기는 곳이다. 나는 대학원생 시절 그 아찔한 계단식 강의실에서 일주일에 몇 번씩 해부학과 생리학 강의를 들었다. 아마도 내가 들은 강의는 나보다 수 세대 전의 의대생들이 그곳에서 들은 것과 다르지 않았으리라.

우리는 통증이 세포 손상에 따른 증상이라고 배웠다. 이는 데카르트가 제시한 이론이다. 데카르트는 통증이 '동물의 영혼'을 전달하는 텅 빈 관, 그러니까 신경을 통해 뇌까지 전해진다고 생각했다.[2] 300여 년 뒤에 내가 배운 것과 본질적으로 같은 내용이다. 신체 부위에 상처나 부상이 생기면 신경 말단에서 화학물질이 분비되어 신경섬유를 자극하고, 그리하여 맨 위의 뇌까지 정보가 전달된다. 흥미롭게도 나는 통증을 뇌까지 전달하는 신경섬유에 두 가지 종류가 있다는 사실을 그곳에서 강의를 듣고 알게 되었다. A 신경 섬유는 통증을 빠르게 뇌로 전달하는 급속 통로이며, 좀 더 느린 C 신경 섬유는 더욱 강하고 구체적인 통증 정보를 전달한다. 그래서 우리가 펄펄 끓는 물이 나오는 수도꼭지 아래 손을 대고 뜨거움을 느끼자마자 '아얏!' 하고 외치며 손을 빼는 것이고(A 신경 섬유) 1초 뒤 더욱 깊고 통렬한 통증이 뇌에 전달되면(C 신경 섬유) '아야야야' 하며 길고 고통스러운 신음소리를 내는 것이다.

1960년대 매사추세츠 공과대학교에서 통증을 연구하던 멜자크 Melzack와 월Wall은 유명한 공동 논문을 통해 척수에서 일종의 게이트 장치가 작동한다는 이론을 제시했다. 통증 신호가 척수를 통해 뇌까지 전달될지(게이트가 열릴 경우) 아니면 차단될지는 그 장치에 달려 있다는 것이다. 신체 부위가 통증을 느끼면, 예를 들어 팔을 한 대 맞는다면 그 정보는 신경을 따라 척수까지 전달된다. 그리고 척수에 존재하는 교차점에서 통증 신호를 뇌까지 올려 보낼지 여부가 결정된다. 통증이 척수를 통과해 뇌로 갈 것인지 결정하는 여러 요소 중 하나가 접촉이다. 통증을 느끼는 부위(앞의 경우에는 맞은 팔)를 살짝 어루만지면 촉각이 신경을 따라 전달되면서 통증이 척수 '게이트'를 통과하지 못하게 차단한다. 직관적으로 이해가 되는 이론이다. 탁자에 정강이를 부딪치면 일단 반사적으로 정강이를 문지르게 된다는 것을 생각해보자. 이 같은 부드러운 접촉은 통증을 전달하는 신경섬유가 척수에 연결되지 못하게 막아준다. 아이가 다쳤을 때 '아프지 말라고 뽀뽀'해주는 것 역시 단순한 미신이 아니라 통증의 전달을 방지하는 애정의 손길인 셈이다.

따라서 급성 통증은 적어도 어떤 면에서는 이해하기 쉽다. 다친 부위의 통증이 앞서 설명한 경로대로 신경 섬유를 따라가서 마침내 척수에 도달한다. 그러면 척수가 통증 신호를 몸속 구석구석 전송하는 중앙 고속도로 구실을 한다. 마치 영국 북부와 남부를 이어주는 M1 고속도로처럼, 척수신경이 뇌에서 아래로 내려가며 각각의 척추 마디 주변에 정보를 전달한다. 물론 역방향 작용도 일어난다. 체내의 정보나 감각이 가까운 척추 마디로 전달되어 뇌까지 올라가는 것이다. 이렇게 뇌가 신경에서 전달받은 전기 신호를 해독하면 마침내 특정한 감각, 이 경우 통증이라는 신경 신호를 느끼게 된다(발가락을 밟히거나 미처 보지 못한 유리문에 부딪힌 순간 느껴지는 갑작스런 아픔을 생각해보자. 이는 만성 통증과 구분되는 급성 통증의 좋은 사례다).

반면 만성 통증이라는 개념은 좀 더 이해하기 어려울 수 있다. 내가 만난 환자들 상당수는 만성 통증이 극심한 통증을 의미하는 것으로 알고 있었다. 하지만 만성^{chronic}이라는 말은 사실 오랜 기간 지속되는 통증을 가리키며, 일반적으로는 석 달 넘게 지속된 통증을 만성 통증으로 정의한다. 이보다 더욱 심각하고 흔한 오해는 통증이 급성 통증과 똑같은 것이되 더 오래갈 뿐이라는 것이다. 환자뿐만 아니라 의사도 종종 이런 오해를 저지르며, 그에 따른 치료 실패는 사람들이 정신과 진료소를 찾아오는 주요 원인 중 하나다.

만성 통증은 급성 통증과 어떻게 다른 것일까? 신경과학자 아이린 트레이시^{Irene Tracey}는 옥스퍼드 대학에서 만성 통증을 연구하고 있다. 트레이시와 동료 과학자 캐서린 부슈널^{Catherine Bushnell}은 만성 통증 자체를 개별 질환으로 볼 수 있다는 의견을 제시한다. 만성 통증 환자는 뇌 구조와 기능이 특징적으로 변하기 때문이다.[7] 그러나 만성 통증을 느낀다고 해서 무조건 신체적 원인이 존재하는 것은 아니다. 절단되어 존재하지 않는 사지에 느껴지는 통증인 환상사지 통증은 기이하지만 이미 잘 알려진 현상이다.

악몽 같은 경험이 부른 만성 통증

지속적 통증을 느끼는 환자는 결국 정신과 진료소로 오게 된다. 내가 마지드를 처음 만난 것은 진료소가 유난히 한산했던 7월의 어느 오후였다. 대기실 안은 찔 듯이 더웠다. 선풍기를 틀어도 진료실 전면 통유리창으로 쏟아져 들어오는 햇볕은 어쩔 수 없었다. 이미 한여름이었기에 나는 정장과 넥타이 대신 셔츠에 면바지를 입고 양말과 단화를 신었다. 남성 의사의 전형적인 여름 옷차림이었다. 그럼에도 몸이 무지근하고 땀이 흘러 끈적끈적했다. 여름 원피스에 샌들 차림인 여성 의사들이 부러워 죽을 지경이었다.

그런 더위 속에서도 마지드의 손은 덜덜 떨렸다. 그는 손에 구겨 쥔 손수건 뭉치로 이마의 땀을 닦아내며 의자에 앉아 있었다. 베이징 하늘에 뜬 스모그처럼 짙고 선명한 애프터셰이브 향기가 그를 에워쌌다. 헐렁한 바지에 칼라 없는 반팔 셔츠를 입고 양말과 샌들을 신은 차림이었다. 성근 머리털은 기름을 발라서 한쪽 귀 위에서부터 옆 가르마를 타 넘겼다. 빈틈없이 단장한 매력적인 모습이었고 나이는 30대쯤 되어 보였다. 마지드가 입을 열자 억양은 강하지만 잔잔한 파도처럼 부드러운 목소리가 흘러나왔다. 그가 말할 때마다 콧수염이 가볍게 떨렸다. 마지드는 날씨가 무덥다는 내 인사에 대답하면서 떨리는 손으로 좁은 복도 난간을 붙잡고 힘겹게 진료실로 걸어 들어왔다. 그러고는 통증에 얼굴을 찡그리며 내 책상 옆에 놓인 의자에 털썩 주저앉았다.

의례적 인사를 주고받은 뒤 나는 마지드의 성장 환경이 어땠는지 물어보았다. 마지드는 아프가니스탄의 수도인 카불의 유복한 중산층 가문에서 태어났다. 아버지는 국립병원의 고위직이었고 어머니는 집에서 남편과 네 남매를 보살폈다. 마지드는 성장기를 아프가니스탄에서 보냈다. 고국이 외세의 간섭에서 자유로웠던 적이 없었다며 애석해했지만, 그래도 카불에서 지낸 시절이 살면서 가장 행복했다고 했다. 그는 외국에 유학하며 도시공학을 전공한 뒤 내전으로 황폐해진 고국에 돌아가서 여러 재건 프로젝트에 참여했다.

그렇게 아프가니스탄 여기저기로 출장을 다니며 일하던 어느 날, 그는 일행과 함께 기습 납치를 당했다. 이때의 기습으로 동료 한 명이 중상을 입었고, 결국 죽었다는 사실을 한참 뒤에야 전해 들었다고 했다. 마지드 자신도 메마른 아프가니스탄 땅 어딘가의 좁은 방에 인질로 잡혀 있었기 때문이다. 알몸으로 갇혀 있다는 굴욕, 구타로 인한 고통, 벗어날 수 없는 궁지 앞에서 느낀 공포와 무력감을 마지드는 생생히 회상했다. 이후로 몇 주간 이리저리 끌려다니면서 두려워하기도 지쳐 자신의 운명을 체념하게 되었지만, 그래도 두려움을 완전히 떨쳐내진 못했다.

그렇게 끌려다니다 보니 흉부에서 점점 더 심한 통증이 느껴졌다. 처음 기습당했을 때 몇 번이나 얻어맞은 부위였다. 쇠사슬로 묶인 한쪽 다리도 아파 왔다. 납치범들은 결국 몸값을 받고서야 그를 풀어주었다. 마지드는 그사이 체중이 7킬로그램이나 줄었고 공황 상태였으며 굴욕감에 빠져 있었다. 풀려난 뒤에도 시간이 한참 지나서야 비교적 안전한 카불로 돌아갈 수 있었다. 하지만 카불에 정착하는 데 난관을 겪고 일에도 흥미를 잃은 그는 가족과 함께 영국으로 가서 새 출발을 하자고 결심했다.

마지드는 고국이 얼마나 아름다운지, 반면 영국에서의 생활은 얼마나 침울하고 삭막한지 이야기했다. 그는 아프가니스탄이 정말 그립다고 쓸쓸하게 말했다. 영국 생활은 힘들었다. 난민 수용소에서 지내야 했고 일자리를 구하기도 쉽지 않았다. 마지드는 가족을 부양할 수 없는 자신의 무능력에 좌절했고, 결국 소형 택시회사에 운전사로 취직해 교대 근무를 했다. 집은 겨울이면 눅눅했고 여름이면 부엌에 개미가 많아서 골치 아프다고 했다.

아프가니스탄에서 생긴 통증, 특히 흉통이 끊임없이 그를 괴롭게 했다. 마지드는 결국 지역병원을 찾아갔다. 그를 처음 진료한 의사는 심장에 문제가 있는 것 같다며 흉부 엑스레이와 심전도 검사를 받게 했다. 결과는 정상이었지만 흉통은 점점 악화되기만 했고 통증이 한쪽 팔로 번져 손까지 떨리기 시작했다. 게다가 다리도 여전히 아팠다. 치료할 병을 찾아내지 못한 의사는 달리 방법이 없다며 진통제를 처방해주었지만, 마지드의 통증은 그대로였다. 의사는 망설이다가 이전보다 더 강력한 진통제를 처방했다. 처음에는 약이 듣는 것 같았으나 그것도 얼마 가지 않았고, 마지드는 마약성 진통제에 중독된 채 출발점으로 되돌아왔다.

이후로 몇 달간 그는 '비정형 흉통' 환자로 분류되어 심장외과 진료를 받았다. 하지만 의사들은 몇 달간 수차례 그를 진료한 뒤 흥미를 잃고 '심장 문제가 아니'라며 그를 돌려보냈다. 그 뒤에는 류마티스내과와 신경과에서 진료를 받았다. 매번 혈액 검사를 비롯해 다양한 검진을 받았지만 흉통의 원인은 밝혀지지 않았다. 마지드는 결국 통증 진료소에 위탁되었다. 그곳 의사들은 열심히 다양한 약물과 복합 치료를 시도했으나 효과는 전혀 없었다. 마지드는 모든 치료에 성실히 임했지만 희망이나 기대는 잃은 상태였다. 하지만 1년 반이 지나서 여기로 온 걸 보니 이제는 뭔가 더 좋은 방법을 찾고 싶어진 모양이었다.

통증은 상대적인가

지속적 통증으로 위탁된 환자는 종합병원 정신과 의사에게 항상 흥미로운 존재다. 통증이라고 하면 흔히 떠오르는 것들과는 무관한 요인이 있는 경우가 많기 때문이다. 1950년대와 1960년대에 실시된 초기 통증 연구를 보면 문화적 양상에 따른 통증 경험의 차이를 알 수 있다. 마크 즈보로브스키Mark Zborowski가 1950년대 미국 뉴욕에서 진행했던 유명한 실험이 있다. 그는 자원한 참여자들을 민족 집단별로 선별했다.[4] 주요 집단은 유대계, 이탈리아계, 그리고 '미국인 토박이(전형적인 백인 신교도)'였다. 참여자 모두가 통증을 겪고 있었으며 그중 다수는 추간판 탈출증(디스크)이나 척추 질환에 따른 요통이었다. 실험 집단으로 이탈리아계와 유대계 미국인이 선택된 것은 그들에게 통증을 과장하는 성향이 있다고 여겨졌기 때문이었다. '미국인 토박이'는 다른 민족 집단의 비교 대조군이었다.

연구자들에 따르면 이탈리아계와 유대계 환자 모두 통증에 감정적으로 반응했지만, 이탈리아계 미국인은 대체로 통증 자체를 염려하는 반면 유대계 미국인은 통증이 어떤 의미이며 자신의 건강과 미래에 어떻게 작용할지에 주목하는 편이었다. 이런 자세는 진통제를 대하는 환자의 태도에도 반영되어서, 이탈리아계 환자들은 진통제에 거부감이 덜한 반면 유대계 환자들은 진통제 의존을 염려할 뿐만 아니라 진통제가 병 자체를 치료하진 못하는 만큼 병의 경과를 은폐할까 봐 우려했다. 그러다 보니 유대계 환자들은 통증이 사라져도 쉽사리 안심하거나 의사를 믿진 않는 편이었다. 연구자들은 '미국인 토박이'들이 자신의 통증을 무덤덤하게 언급하고 의사가 최적의 조건에서 진단할 수 있도록 기술적·사실적으로 서술하기를 선호한다는('무감정하게 거리를 두는 관찰자 역할') 점도 알아냈다. 그들은 통증에 대한 감정적 태도가 진단을 방해할 뿐이라고 여겼다. 따라서 비슷한 통증을 느끼는 환자들 사이에도 통증의 체험과 소통에 있어 문화적 차이가 존재한다는 결론이 나왔다.

하지만 통증의 역치는 어디쯤일까? 인간은 어느 시점에서 통증을 느끼기 시작하는 걸까? 이를 밝히기 위해 1960년대에는 자원한 참여자들에게 전기 충격을 가하는 연구가 이루어졌다.[5] 앞서 살펴본 즈보로브스키의 연구처럼 이 연구에도 미국인 청교도, 아일랜드계, 유대계 집단이 참여했지만 통증의 역치는 비슷비슷하게 나타났다. 이 실험에서는 통증의 원인이 확실했기에 유대계 참여자들은 통증의 '원인'을 크게 염려하지 않고 한층 쉽게 통증을 견뎌낼 수 있었다. 누구나 통증의 원인이 심각하지 않다는 걸 알고 나서 아픔이 훨씬 덜해진 경험이 있을 것이다. 이유 없고 갑작스러운 흉통은 테니스공에 가슴을 맞았을 때의 아픔에 비해 훨씬 더 걱정스럽고 괴롭게 마련이다. 이를 통해 고통의 의미가 고통의 인식에 미치는 영향을 짐작할 수 있다. 같은 시기의 비슷한 연구에 따르면 유대계 참여자는 다른 참여자들보다 통증의 역치가 낮았지만, 어느 종교 집단이 통증을 더 잘 참는지 알아보는 것이 실험 목적이라고 밝히자 역치가 한층 높아졌다.[6] 이처럼 인식은 통증의 역치를 뚜렷이 높인다. 이를 통해 통증의 의미와 그에 대한 우리의 감정이 고통스러운 외부 자극의 경험에 예상보다 훨씬 더 중요하게 작용한다는 것을 알 수 있다.

통증 표현이 문화와 언어에 따라 얼마나 다른지도 흥미로운 지점이다. 이는 웨스턴온타리오 대학교의 롤먼Gary Rollman 교수가 쓴 놀라운 책에 잘 요약되어 있다.[7] 어느 연구에 따르면 아일랜드계 환자들은 통증을 언급하기 꺼리는 편이며, 그래서 눈이 얼마나 아픈지 불평하는 대신 '눈에 모래알이 들어간 것 같다'는 표현을 썼다고 한다. 반면 이탈리아계 환자들은 더 다양한 신체 부위에 더 심한 통증을 호소했다. 일본인 환자가 통증을 표현하는 언어는 '심하다/약하다, 얕다/깊다, 널리 퍼져 있다/집중적이다'처럼 간결하고 대체로 한정적이었다.[8] 반면 영어 사용자는 '타는 듯한', '쏘는 듯한', '찌르는 듯한'처럼 통증을 비유적으로 표현하는 경우가 많았다(내 진료 경험을 돌아봐도 확실히 그렇다).[9] 이처럼 사람들이 통증을 표현하는 방식을 생각하다 보면 우리가 통증을 표현하는 언어와 그 방식이 통증 경험에 영향을 미치는지 궁금해진다.

1960년대 미국의 실험에 나타난 문화적 차이는 많은 문화가 미국 사회에 동화되면서 감소했을 것이며, 따라서 다시 실험해도 기존의 결과처럼 뚜렷한 문화적 차이가 나타나지는 않을 것이다. 하지만 이 실험을 통해 고통의 객관적 척도는 희박하다는 것을 알 수 있으며, 통증 경험에 관여하는 여러 요인에 고유문화, 사용 언어, 개인이 통증에 부여하는 의미도 포함될 것이라고 추측할 수 있다.

뇌도 진실을 왜곡한다

통증에 영향을 미치는 다른 요인들도 있다. 그중 하나가 흔히 '베이즈 확률론'이라고 불리는 이론이다. 이 이론은 통증과 그 의미에 대한 우리의 평가와 연관된다. 베이즈 확률론은 새로운 정보를 얻었을 때 우리의 생각이 바뀔 확률과 위험성에 대한 주관적 추정치를 설명한다. 이는 정규 확률, 다시 말해 앞면이 나올 가능성이 2분의 1인 동전 던지기처럼 확률이 명확한 경우와는 구분된다.

하지만 확률을 분명히 알 수 없는 상황이라면 어떨까? 손의 통증에 심각한 원인이 있을 가능성이 얼마나 될지 추측해야 한다면? 우리는 몇 가지 정보를 갖고 있을 수 있다. 여러 차례 검사를 받았는데 전부 정상이 나왔을지도 모른다. 그럼에도 우리는 몸에 통증을 느끼는 이상 의사가 발견하지 못했더라도 반드시 원인이 존재할 거라고 믿을 수 있다. 일단 우리가 '손의 통증에 심각한 원인이 있을 가능성이 75퍼센트이며, 따라서 손을 움직이거나 운동을 하면 부상을 입을 것'이라 믿는다고 가정해보자.

여기서 또 다른 정보를 고려할 수 있다. 바로 통각 수용체가 보내는 피드백이다. 이 정보로 인해 손의 통증에 심각한 원인이 있다는 생각이 바뀔 수도 있다. 손에 통증이 거의 느껴지지 않는다면 심각한 원인이 있을 확률의 추정치도 줄어들 것이고, 그러면 우리는 통증을 걱정하지 않을 것이다. 반대로 손을 움직일 때 통증이 심해진다면 심각한 원인이 있을 확률이 90퍼센트나 된다고 추정치를 올려 잡을 수도 있다.

그런데 애초에 손의 통증에 심각한 원인이 있을 확률의 추정치가 틀렸다면 어떨까? 사실은 그 확률이 75퍼센트가 아니라 1퍼센트에 가깝다면 우리 뇌는 어떤 판단을 내릴까? 손이 보낸 피드백을 바탕으로 생각을 바꾸고('그렇게 아프지 않네. 내가 별것도 아닌 일로 걱정했나 봐.') 심각한 원인이 있을 확률의 추정치를 하향 조정할까? 아니면 기존의 추정치를 굳게 믿으며 손에서 오는 정보를 왜곡할까('손을 너무 많이 움직이면 안 돼. 움직이면 무조건 엄청 아플 테니까.')? 다시 말해서 우리는 감각에서 오는 증거를 믿을 가능성이 더 큰가, 아니면 우리가 진실이라고 생각하는 것을 믿을 가능성이 더 큰가? 내 경험에 따르면 후자다. 뇌에서 내려오는 하향식 예측이 강해질수록 손에서 전해지는 실제 통각 수용체의 피드백은 더욱 왜곡된다. 따라서 손을 조금만 움직여도 통증이 심해질 것이다. 즉, 뇌는 스스로 진실이라고 생각하는 것을 선호하고 그 기대에 맞추어 현실을 왜곡한다.

궁극적으로 우리는 손의 통증에 정말로 심각한 원인이 있는지 결정을 내려야 한다. 최초의 믿음이 굳건하다면 뇌는 결국 심각한 원인이 있다고 결론지을 것이다. 이제 손에서 전해지는 모든 감각은 더욱 고통스럽게 왜곡될 것이다. 우리는 손을 점점 덜 쓰게 될 것이며, 어쩌다 손을 움직이게 되면 통증이 더욱 심해질 것이다. 그리하여 '뭔가 심각한 문제가 있다는 가설'을 몇 번이고 재확인할 것이다.

위약이 효과가 있는 것은 바로 이런 이유 때문이다. 다만 작용 방향이 반대일 뿐이다. 위약은 활성 성분이 없는 약물인데도 탁월한 효과를 낼 수 있으며, 흥미롭게도 위약을 처방받은 사람들 상당수는 복용 후 부작용까지 보고한다. 확실히 위약은 이런 유형의 통증 치료에 유용할 수 있다. 환자가 위약을 복용하면 이제 통증이 덜해질 거라는 하향식 믿음이 생겨난다. 따라서 (앞의 사례에서는) 손의 신경에서 오는 상향식 감각도 덜 아픈 것으로 해석된다. 그러면 손을 더 많이 쓰게 되며, 뇌도 손에서 오는 감각이 사실은 통증이 아니라고 인식하기 시작한다. 그리하여 통증이 가라앉고 있으며 심각하진 않은 것 같고 점점 나아지리라는 믿음이 강화된다. 머지않아 뇌는 '통증이 가라앉고 있으며 약이 효과가 있다'는 하향식 결정을 내리고, 시간이 지나면 우리는 아팠던 손이 정상적으로 작동하게 된 것조차 거의 인식하지 못하게 된다.

시간에 쫓기는 진료 중에 이런 내용을 설명하기는 어렵다. 이는 결국 우리의 신념에 의문을 던지는 일이기 때문이다. 우리는 이 세상이나 신체에 대해 아무 선입견도 없는 상태로 하루를 시작하지 않는다. 우리는 날마다 세상에 대한 이런저런 선입견을, 주위의 반대되는 증거에도 불구하고 대체로 변치 않는 믿음을 지닌 채 잠에서 깨어난다. 예를 들어 천성적으로 편집증인 사람은 길에서 행인들이 괜히 자기만 쳐다보며 남들보다 자기를 더 자주 밀친다고 믿을 것이다. 객관적으로 보면 전혀 그렇지 않더라도 말이다.

나는 가상현실 도서관에서 바로 이 점을 입증해주는 불편한 사건을 겪었다. 도서관 안을 걷는데 책상에 앉아 있던 아바타들이 고개를 들어 나를 쳐다보았다. 자기네가 앉은 책상 곁을 누가 지나가는지 확인하는 정도의 무심한 태도였다. 반면 한 실험에서 똑같은 가상현실 도서관을 지나가도록 요청받은 몇몇 사람들은 내가 보았던 그 선량한 아바타들을 한층 적대적이고 위협적인 존재로 여겼다.[10] 나와는 정반대로 아바타들의 표정을 수상하게 해석한 것이다. 이는 세상에 대한 우리의 믿음이 실제 현상을 왜곡한다는 또 다른 증거다. 백문이 불여일견이라는 말은 틀렸다. 똑같은 상황에 처한 두 사람은 자신의 경험을 서로 완전히 다르게 해석할 수 있다. 우리가 느끼는 모든 감각이 심각하게 받아들여져야 한다고 믿는다면, 통증은 반드시 심한 질병의 징후여야 한다. 하지만 의사들은 십중팔구 심각한 원인을 찾아내지 못할 것이며, 도리어 이 모든 요인이 환자의 경계를 강화하여 통증만 심해질 것이다.

통증에 영향을 미치는 다른 요소로 기분이 있다. 우울증 환자는 통증을 포함한 신체 증상을 비환자보다 더 많이 경험한다.[11] 사실 우울증에서 신체 증상은 예외적이라기보다 보편적이다. 인생에 대한 동기 부여나 추진력, 열정이 결핍된 우울증 환자는 본인이 느끼는 통증을 너무 깊이 염려한 나머지 필연적으로 통증이 악화되기 쉽다. 우울하고 낙담하고 기죽은 사람에게는 통증이 더욱 성가시고 골치 아프게 느껴지기 마련이다. 이런 현상은 역방향으로도 일어난다. 지속적인 통증의 경험은 사기를 떨어뜨리고 우울증을 악화시키며, 그리하여 통증은 점점 더 심해지고 우울증과 고통의 악순환도 계속된다.

불안장애 또한 통증 주기에 비슷한 악영향을 미친다. 요즘 진료소를 찾아오는 환자들 대부분은 자신의 통증이 어떤 의미일지 걱정하다가 결국 그 증상을 인터넷으로 검색한다. 내가 30년 가까이 의사로 일하는 동안 증상을 조사해본 뒤 걱정할 필요 없겠다고 안심했다는 환자는 단 한 명도 본 적이 없다. 이런 사실 자체가 흥미로운 논문 주제일 것이다. 물론 인터넷 검색을 하고 안심한 사람들이 병원에 오진 않을 것이며, 따라서 내가 접하는 집단이 편향되어 있다는 사실은 인정해야겠지만 말이다. 그러나 인터넷으로 증상을 검색하는 데 장점보다 단점이 많다는 것은 보편적인 사실로 보인다. 환자는 검색한 해당 증상의 원인 중 가장 드물거나 가능성이 희박한 것에 꽂히기 마련이며, 그리하여 증상의 원인에 대한 불안만 더 심해진다("내 담당 의사는 이 사실을 얘기해준 적이 없어요. 그래서 다른 의사의 의견도 들어봐야 할 것 같더라고요…….").

수련의들을 다룬 사무엘 셈$^{Samuel Shem}$의 걸작 소설 《하우스 오브 갓》에도 비슷한 이야기가 나온다. 창밖에서 들려오는 발굽 소리의 정체를 의사는 '말'이라고 생각하지만 의대생은 '얼룩말'이라고 생각한다는 이야기 말이다(여기서 얼룩말은 희귀 질환을 뜻한다. 1948년 노벨 의학상 후보자 시어도어 우드워드는 "말발굽 소리가 들린다면 말을 떠올려야 얼룩말을 생각해서는 안 된다"라는 격언을 남겨, 환자의 복잡한 증상을 진단할 때 드물고 희귀한 가능성을 가정하기보다 보편적이고 일반적인 진단명부터 확인해야 함을 강조했다—옮긴이).[12] 의학 지식이 한정된 환자들이 인터넷 검색으로 발견하는 것은 대부분 얼룩말이다. 병인이 '얼룩말'일 것이라는 끈질긴 걱정과 파국적 사고(단순한 말이나 행동을 근거로 파국적 결론을 이끌어내는 인지적 사고 오류—옮긴이)는 뭔가 잘못되었다는 하향식 믿음을 강화하고 개인이 경험하는 증상을 왜곡시킬 수 있다.

일부 환자의 경우 불행한 유년기가 불가해한 통증을 유발한다는 증거도 있다. 이 주제와 관련하여 1958년생 집단을 대상으로 역사상 손꼽힐 대규모 연구가 진행된 바 있다.[13] 이 집단은 1958년의 어느 일주일 동안 태어난 1만 7천 명 이상의 사람들로, 연구진은 이들이 겪은 모든 종류의 문제와 증상을 여러 해에 걸쳐 면밀히 추적했다. 오랫동안 방대한 데이터가 수집되었고 그사이 다양한 증상이 나타났기 때문에, 연구진은 해당 증상을 겪은 개인들에게 어떤 공통 요인이 있었는지 확인할 수 있었다.

　연구진은 광범위한 만성 통증을 추적한 결과 보호시설에서 자란 아이들이 그런 통증을 겪을 가능성이 더 높다는 것을 발견했다. 어린 시절 어머니의 죽음이나 재정적 어려움을 겪은 아이들도 마찬가지였다. 따라서 적어도 어떤 사람들에게는 어린 시절의 고난이 훗날의 통증 발생과 경험에 영향을 미치는 것으로 보인다. 사실 유년기의 불행한 경험은 불가해한 통증뿐만 아니라 그 밖에도 다양한 건강 문제의 지표가 된다. 미국에서의 대규모 연구는 유년기의 불행한 경험과 심장병, 간질환, 암, 폐질환 발병에 상관관계가 존재함을 드러냈다.[14] 연구진은 유년기의 불행한 경험이 흡연, 알코올, 약물 남용, 다수와의 성관계 등 즉각적인 위안을 주지만 장기적으로는 해롭고 불건강한 대응기제로 이어질 가능성이 높다고 보았다. 이들 모두 스트레스와 불행을 일시적으로 완화시킬 수는 있지만 주된 대응기제가 되면 수명 단축과 지속적 건강 악화를 초래한다.

마음을 마주하고 고통에서 빠져나오다

나지드에게는 진통제가 듣지 않고 어떤 치료도 통증이 낫지 않을 이유가 충분히 있었다. 그는 명백히 심한 불안에 시달렸으며 불안 반추, 파국적 사고, 지속적 불안감 등 불안장애의 여러 전형적인 특징을 보였음에도 일체의 심리 치료를 거부했다. 마지드는 자신의 통증이 납치범들에게 학대받아 생긴 영구적 신체 손상 때문이며 의사들은 이를 알아낼 교양이(그리고 호기심도) 부족하다고 생각했다. 그는 자기가 정신과 의사에게 맡겨졌다는 사실에 당황하고 기분이 상했지만, '내가 미치지 않았다는 걸 증명해보시죠, 선생'이라는 태도로 상담에 임해야 한다고 여겼다. 그래야 자기를 이리로 보낸 병원에 돌아가 더욱 효과적인 치료를 계속할 수 있을 테니까.

하지만 면담이 진행되면서 분위기는 누그러졌다. 마지드는 납치 과정에서 겪은 수치심, 두려움, 남성성이 거세당했다는 느낌을 털어놓았다. 그는 눈물을 참으려 했으나 결국 실패했고 서둘러 손수건으로 눈을 닦았다. 그러고서는 한층 후련한 모습으로 봇물이 터진 듯 이야기를 쏟아냈다. 그는 일하지 못하고 가족을 부양할 수 없다는 게 부끄러웠다고 말했다. 자기가 납치되어 묶여 있는 악몽을 꾼다고, 그래서 잠들기가 두렵다고 했다. 자기를 찾는 사람은 아무도 없다는 걸 잘 알면서도 길거리에 나가면 덜컥 공포를 느낀다고 했다. 마지드는 고국과 친구들로부터 멀리 떨어져 있다는 외로움, 아직 극복하지 못한 문화적 차이, 무뚝뚝한 영국인들과 친구가 되는 것의 어려움을 이야기했다. 그리고 생전에 발을 들일 줄은 생각도 못했던 정신과에 오게 된 수치심도 이야기했다. 예정된 상담 시간을 훌쩍 넘겨가며 얘기를 끝낸 뒤 그는 놀랍게도 이렇게 물었다. "선생님은 내 통증을 어떻게 생각하시죠? 정말로 심리적 원인 때문이라고 보세요?"

우리는 이후 몇 달 동안 여러 번 만났다. 마지드는 항상 상담 시간보다 일찍 도착했고, 자신의 통증이 심리적 문제라는 이론에 여전히 회의를 드러내며 지적인 질문을 퍼부었다. 그는 무엇보다도 베이즈 확률론을 주제로 토론하기를 즐겼다. 그것이 위협적이지 않을 만큼 충분히 지적이고 추상적으로 통증을 설명하며 그도 어느 정도 타당하다고 인정할 수 있는 개념이었기 때문이다. 나는 마지드가 통증에서 주의를 돌릴 수 있도록 전환 기법을 시도했다. 통증의 정체에 대한 불안감을 상쇄하고 통증이 심각하며 악화되어간다는 하향식 믿음을 일시적으로나마 막으려 한 것이다. 우리는 확률에 관해서도 이야기했다. 의사들이 마지드의 통증에 관련해 심각한 원인을 찾지 못했다는 건 정말로 심각한 원인이 없다는 의미인지, 아니면 그의 생각처럼 의사들이 뭔가를 놓쳤을 가능성이 높은지 말이다. 양쪽의 증거를 이성적으로 검토하고 나자 마지드도 심각한 원인이 없을 가능성이 크다는 걸 인정하게 되었다. 우리는 그가 영국 사회에 통합되어 삶의 기반을 닦고 새로운 목적의식을 찾을 방법도 의논했다.

이 모든 과정에서 불안장애를 비롯한 마지드의 감정 문제를 직접 언급하지 않도록 조심했다. 그런 언급이 그를 불편하게 했기 때문이다. 항불안제에 관한 우리의 논의는 항상 신경 전달 물질, 통증 경로, 항불안제의 정확한 작용 기전 등 길고 지적인 토론으로 이어졌다. 그리고 나의 대답은 결코 그를 완전히 납득시키지 못했다.

시간이 지나면서 마지드는 진통제를 줄이기 시작했다. 어쨌든 진통제를 먹으면 피로해진다면서 말이다. 그러다가 그의 과학적 성향대로 '한번 시험'해보겠다며 진통제 복용을 일절 중단했고, 마침내는 회복되기 시작했다고 선언했다. 그는 점점 더 나아지고 있다면서 상담을 차츰 줄여갔다. 여전히 통증이 재발할까 봐 걱정했고 사소한 일에도 노심초사했지만, 아내가 임신했으니(그때까지는 밝히지 않았던 사실이었다) 이제는 앞으로 나아갈 필요가 있다고 했다. 나중에 필요하면 언제든 내게 연락할 수 있다면서.

이후로 마지드는 연락하지 않았다. 내 비서에게 전화를 걸어 딸이 태어났다고 전해주긴 했지만 말이다. 하지만 문화적 차이와 그가 나를 찾아오게 만든 불행한 경험에도 불구하고, 나는 마지드의 경우가 상당히 전형적인 치료 과정에 해당한다고 생각했다. 일단 정신과 의사에게 맡겨졌다는 민망함을 극복하고 나자 그는 자신의 통증에 관한 새로운 개념을 서서히 이해해갔고 내 의견을 이성적으로 수용했다. 물론 그가 끝까지 자신의 불안장애를 받아들이지 못했다는 점은 인정해야겠다. 하지만 정신의학도 결국은 다른 의학 분야와 마찬가지로 치료 방법을 찾는 일이며, 다행히도 마지드는 그 목적에 도달해 통증에서 벗어날 수 있었다.

스스로 삶을 끝내고 싶은 암 환자

내 진료실은 대체로 깔끔하다. 서류는 차곡차곡 쌓여 있고, 싸구려지만 널따란 포마이카 책상의 가짜 나뭇결을 따라 펜이 다소 강박적으로 놓여 있다. 국민보건서비스에서 지급한 대형 데스크톱 컴퓨터도 책상 위에 자리를 잡고 있다. 나는 일할 때 주변이 어수선하면 살짝 불안하고 부담스럽게 느껴진다는 것을 깨달았다(반면 느긋하고 편안하게 지내는 것이 우선인 집에서는 주변이 아무리 어질러져 있어도 좀처럼 눈치 채지 못한다). 깔끔하게 정리한 내 진료실은 나만의 고요한 오아시스가 되었다.

그날은 내 깔끔한 책상에서 혼자 맛있는 것을 먹기로 했다. 오전과 오후 내내 진료를 하고 점심시간에는 수련의 한 명을 감독해야 하는 월요일마다 나 자신에게 주는 보너스였다. 마치 동물원에서

공연하는 물개처럼, 쉬는 시간 20분 동안 맛있는 걸 먹으면 업무 처리가 더 잘되는 것 같기 때문이다. 마침 내가 그날 먹기로 한 것도 물개가 좋아하는 날생선, 정확히는 중년이 넘어서야 맛을 알게 된 초밥이었다. 나는 초밥 상자를 열고 가짜 '샐러드'를 어떻게 할지 고민하면서(먹어도 되는 걸까, 아니면 그냥 장식일까?) 간장에 와사비를 섞고 있었다. 그때 진료실 문을 두드리는 소리가 났다. 초밥은 그날 오후 내내 책상 한구석에 방치되었고, 나는 한참 뒤 진료실에 돌아와서야 그 비린내를 알아차릴 수 있었다.

문을 두드린 사람은 긴급 의뢰 환자를 의논하러 온 우리 팀 임상의였다. 모든 종류의 암을 다루는 종양학과에서 의뢰한 환자였다. 에이프릴이라는 50대 초반의 여성으로, 치료하지 않고 방치하면 치명적일 폐암에 걸려 있었다. 현재로서는 손 쓸 수 없는 상태까진 아니지만 상당히 불쾌한 화학 요법과 방사선 요법을 받아야 한다고 했다. 그런데 종양학과 병동에 입원해 있던 에이프릴이 전문의들에게 더 이상 치료를 받지 않기로 결심했다고 선언한 것이다.

나는 에이프릴을 만나러 입원 병동으로 갔다. 마음이 불안했다. 에이프릴처럼 치료를 거부하는 환자가 어떻게 될지 생각하면 항상 그랬다. 능숙한 상담은 한 생명을 구할 수 있지만 어설프고 서투른 상담은 치명적인 결과를 초래힐 수 있다는 사실이 새삼 부담스럽게 다가왔다. 나는 에이프릴을 만났고 그를 휴게실로 데려갔다. 휴게실은 환자들이 병상에서 벗어날 수 있게 만들어진 공간이다. 보통은 안락의자나 소파 몇 개와 창문턱에 쌓인 책 몇 권 정도가 있지만 이용하는 사람은 거의 없다. 그날도 휴게실은 언제나처럼 비어 있었다. 에이프릴은 내가 손짓으로 가리킨 소파 한쪽에 앉았고, 나는 맞은편의 지나치게 큰 안락의자에 앉았다.

나는 논쟁적인 화제를 피해 상담을 시작했다. 우선 에이프릴의 성장 환경에 관해 몇 가지 물어보았다. 에이프릴은 영국 남해안 출신으로 소위 '대안적' 삶을 살고 있었다. 그는 내가 대변하는 세계에, 다시 말해 안정되고 관습적이고 억압되고 상상력이 부족하며 사회적으로 보수적인 의학계에 언뜻 경멸적인 태도를 보였다. 에이프릴이 이런 태도를 극복하고 당면한 문제를 논의하게 되기까지는 다소 시간이 걸렸다. 공평하게 말하자면 사실 나도 시간이 좀 지나서야 헐렁한 날염 바지와 발목 장식과 샌들에 가려진 에이프릴의 본모습을 볼 수 있었다. 나는 그리넘 커먼^{Greenham Common}(영국 내 핵무기 시설에 항의하기 위해 설립된 시위 캠프—옮긴이)과 반자본주의 시위를 떠올렸고, 에이프릴의 코 피어스를 보며 애버딘 앵거스(코뚜레를 꿰어 사육하는 스코틀랜드의 소형 소 품종—옮긴이)를 연상했다. 내가 아는 한 의사들은 대부분 대안적 삶을 불편하게 여기지 않지만, 건강에 대한 대안적 신념은 존중하기 어렵다고 생각할 것이다. 그런 신념이 수명을 단축시킨다면 더욱 그렇다. 그렇게 양쪽 모두가 깊은 편견으로 무장한 상태에서, 나는 에이프릴의 과거 병력에 귀를 기울이기 시작했다.

이야기를 나누다 보니 점점 더 에이프릴에게 호감이 갔다. 에이프릴은 영리하고 재치 있고 적당한 자의식과 겸손한 유머 감각을 지닌 사람이었다. 에이프릴도 내게 호감을 느꼈던 듯하다. 우리는 서로 전혀 다른 삶을 살았지만 공통된 인간애와 (알고 보니) 비슷한 유머 감각을 공유하고 있었으며, 따라서 서로를 이해하고 좋아하고 존중할 수 있었다. 우리는 에이프릴의 이색적인 어린 시절을 화제로 삼았다. 에이프릴은 정기적으로 이곳저곳 이사를 다녔고 한동안 가정폭력범 아버지를 피해 어머니와 함께 여성 쉼터에서 살기도 했다. 학교를 졸업한 뒤 런던으로 와서 잠시 보트에 살다가 이런저런 공유 주거지와 공동체를 전전했고, 직접 장신구를 만들어 주말 시장에 팔면서 생계를 꾸렸다.

에이프릴은 나와 비슷한 또래였다. 나는 맨체스터 교외에서 보낸 어린 시절을 회상했다. 내가 다닌 사립 초등학교와 중·고등학교, 대학교도 떠올렸다. 내가 얼마나 안전하고 안락하게 자랐는지 생각해 보니, 그때는 관습적이고 지루하게 여겨졌던 환경이 이젠 축복처럼 느껴졌다. 만약 내가 에이프릴처럼 살았다면 어떻게 되었을까 하는 생각이 들었다. 아마 에이프릴만큼 잘 헤쳐 나가지는 못했으리라. 에이프릴은 한 번도 결혼하거나 정착하고 싶었던 적이 없다고 했다. 남자는 절대 믿지 않는다고 말했다가 황급히 웃으며 나는 의사니까 남자로 치지 않는다고 덧붙이더니, 그런 말이 어떻게 들리는지 깨닫고는 더 크게 웃음을 터뜨렸다.

그렇게 에이프릴과 이야기를 이어나가다 보니 그가 나를 만나려고 한 진짜 이유를 알게 되었다. 그는 내가 생각했던 것처럼 '대안적 치료냐, 관습적 치료냐' 하는 문제를 논하려는 게 아니었고 '서구 표준 의학'을 비난하려는 것도 아니었다. 에이프릴은 어떤 치료를 받을 수 있는지 종양학과 전문의에게 자세한 설명을 들었지만 전부 다 내키지 않는다고 판단했으며, 스스로 삶을 끝낼 수 있게 내가 도와주었으면 한다고 말했다.

의사는 어디까지 결정할 수 있을까

이런 시나리오는 점점 더 흔해지고 있다. 내가 의사로 살아오는 동안 의료 결정권에 관한 여론은 급격히 변화했다. 내가 처음 의학도가 되었을 때만 해도 의료윤리는 매우 간단해 보였다. 의료윤리에 관한 표준 강의는 선행(환자에게 좋은 일을 하는 것), 악행 금지(환자에게 어떠한 해도 끼치지 않는 것), 자율성(환자가 스스로 결정을 내릴 권리), 정의(사회 전반에 걸쳐 환자가 공평한 자원을 가질 수 있게 요구하는 것)의 네 가지 요소를 언급했다. 어떤 면에서 이는 최선의 치료를 결정할 때 의사가 강한 압박을 행사하는 간섭주의의 반영이자 원인이기도 했다. 현재의 의료는 이런 모델에서 상당히 벗어났고, 간섭주의는 과거의 유산이자 다소 경멸적으로 치부되는 개념이 되었다.

하지만 내 생각에 적어도 일부 환자는 간섭주의적 관행을 선호하고 높이 평가했다. 사람들은 특히 겁을 먹었거나 몸이 안 좋을 때면 의사가 여러 개의 선택지를 제시하며 그중에 결정하라고 하는 걸 좋아하지 않는다. 오히려 어떻게 해야 하는지 알려달라고 하는 경우가 많으며, 거의 항상 의사에게 자기가 당신 친척이라면 어떻게 하겠느냐고 물어본다.

수련의 시절 어느 외과 의사 수하에서 일한 적이 있다. 그는 모든 면에서 사람들이 흔히 생각하는 외과 의사의 전형이었다. 다시 말해 시끄럽고 독단적이고 참을성이 없고 화를 잘 냈다. 언젠가의 아침 회진이 기억난다. 전문의는 수련의·간호사·물리치료사·작업치료사·의대생 들을 대동하고 병동을 돌아다니며 그날 수술받을 환자들과 전날 수술받고 회복 중인 환자들을 둘러보았다. 그는 어느 중년 여성의 머리맡에 거만하게 멈춰 서더니 자기가 그날 그 환자의 장을 수술할 것이라고 설명했다.

"무슨 수술을 하시게요, 선생님?" 병상에 누운 환자가 벌벌 떨며 물었다. 의사는 얼굴이 시뻘게졌다. 감히 자기가 무슨 수술을 받을지 알고 싶어 하다니 이 얼마나 건방진 환자인가!

"부인." 의사는 병상을 둘러싼 커튼이 펄럭거릴 만큼 거세게 내뱉었다. "내가 의사고 당신은 환자입니다. 당신에게 어떤 수술이 필요한지는 내가 결정하는 게 최선일 텐데요." 그러고는 대답조차 기다리지 않고 누가 봐도 성난 태도로 커튼을 확 밀치며 다음 병상을 향했다. 우리 모두 그를 우르르 따라갔다.

회진이 끝나자 나는 임상의와 수석 인턴과 함께 그 환자의 병상을 찾아가서 전문의의 행동을 사과하려고 했다. 그때쯤엔 우리 모두 그런 뒷수습에 익숙해져 있었다. 우리를 보자 환자는 자리에 똑바로 앉았고 임상의는 침대 한구석에 걸터앉았다. 임상의가 입을 열고 사과의 말을 꺼내기도 전에 환자는 아련한 눈길로 입원 병동을 나서는 전문의의 뒷모습을 바라보며 말했다. "아, 정말 멋진 분이에요." 사과가 불필요해진 셈이었다. 임상의는 환자에게 수술 일정만 알려주고 몇 분 뒤 우리와 함께 말없이 병동을 떠났다.

의학적 간섭주의는 지나간 시대의 의료 모델이자 행동 양식이었다. 그러나 간섭주의를 잘난 체하는 의사들의 특징이라 비난하고 성급하게 과거의 유물로 치부하면서 의학계는 의료의 중요한 요소 하나를 상실했다. 환자가 스스로 결정하는 부담을 지는 대신 의사에게 모든 걸 맡기려 할 때도 있다는 사실 말이다.

지금은 환자의 자율성이 무엇보다도 중요하게 여겨지는 시대다. 물론 이는 현재 사회 전반에서 두드러지는 변화이며 대체적으로 바람직한 일이지만, 가끔은 윤리적으로 역설적인 상황을 불러온다. 예를 들어 약물을 과다 복용한 환자가 결정 능력이 있다고 판단되거나 사전연명의료의향서를 제출한 경우, 환자에게 자율적으로 결정할 권리가 있다는 것은 그의 목숨을 구하려는 의사가 그에게 해를 끼치는 것(악행 금지의 윤리적 의무를 버리는 것)일 수 있으며 그가

죽게 내버려두어야 그에게 좋은 일을 하는 것(선행의 의무)이라는
의미가 된다.

조력 자살에 관한 논쟁

이는 현재 의학 최대의 윤리적 난제인 조력 자살에 관한 논쟁으로
이어진다. 조력 자살이란 환자가 의사의 도움으로 삶을 끝내는 것
을 말한다. 따라서 연명치료 중단이나 의사가 직접 치명적 약물을
투여하는 안락사와는 구분된다. 조력 자살의 경우 의사가 환자와
면담하여 그가 고통스러워하는지, 스스로 삶을 끝내겠다고 결정할
능력이 있는지 판단한 다음 사망 수단을 건네준다. 조력 자살은 현
재 미국의 여러 주, 호주와 콜롬비아의 일부 지역, 네덜란드, 벨기
에, 스위스 등의 유럽 국가에서 합법이며 세계 다른 나라에서도 점
차 합법화될 전망이다. 영국에서도 관련 법안을 도입하려는 시도가
계속 있었고, 내 생각에는 빠른 시일 내에 합법화될 것이다.

솔직히 말해서 나는 조력 자살에 반대하며, 무엇보다도 의사가
환자의 자살에 관여하는 것에 반대한다. 차분하고 이성적인 상태에
서 삶을 끝내기로 선택하는 사람들도 있겠지만, 그보다 훨씬 더 많
은 사람들이 자살하라는 압력이나 강요를 받게 될 것이다. 밤에 현
관문을 잠그는 이유는 들어오려고 작정한 침입자를 막기 위해서가

아니라 그냥 지나가던 사람이 문을 여는 것을 막기 위해서라는 말이 있다. 마찬가지로 조력 자살을 금지하는 법률은 심사숙고해서 자기 삶을 끝내기로 결정한 사람이 아니라 가족에게 '폐를 끼치지 않기' 위해 삶을 끝내는 데 동의하라고 강요받을 가능성이 있는 사람들을 보호하려는 것이다. 말년에 몸이 불편해지고 겁에 질린 사람이 재산을 의료비나 요양원 비용으로 날리지 말고 가족에게 유산으로 남겨야 한다는 직간접적 압박을 받을 수 있다. 그는 가족이 자기를 돌보는 부담을 지면 안 된다는 압박감을 느낄지도 모른다. 취약해지고 겁먹은 환자는 가족이 자기를 사랑하고 이해하며 소중히 기억할 수 있으려면 조력 자살을 택해야 한다고 생각할 수도 있다.

나는 이 문제와 관련 있는 일화를 직접 겪은 적이 있다. 응급 병동에서 수련의로 일하던 시절의 크리스마스였다. 어느 노부인이 아들과 며느리에게 이끌려 찾아왔다. 아들은 "어머니 상태가 안 좋아서요"라고만 말하고 내가 알아서 진료하게 놔두고 가버렸다. 나는 환자복으로 갈아입고 병상에 앉아 있는 노부인에게 다가가 병력을 물어보았다.

"상태가 좋지 않으시다고 들었는데요."

"나한테는 아무 문제도 없어요." 노부인이 이렇게 대답하더니 흐느끼기 시작했다.

"하지만 아드님께서 그렇게 말씀하셨는걸요. 아니면 왜 환자분을 응급실로 모셔왔겠어요?"

"그냥 나랑 같이 크리스마스를 보내기 싫은 거예요."

나는 한순간 멍해졌다. 상담에는 문제를 파악하기 위한 질문과 답변의 대본이 있게 마련인데 방금 들은 말은 내가 아는 대본엔 없었으니까. 나는 노부인에게 잠시 양해를 구하고 아들과 며느리를 찾아 자세히 물어보려 했지만, 두 사람이 이미 병동을 떠났다는 말밖에 들을 수 없었다. 그들이 남긴 번호로 전화를 걸어도 전화기가 꺼져 있어 연락이 불가능했다. 나는 응급 병동으로 돌아와 간호사에게 어쩌면 좋을지 물어보았다.

"아, 노인 유기네요. 크리스마스마다 일어나는 일이죠." 간호사는 찬장에서 식염수 병을 꺼내면서 태연하게 대답했다.

"하지만 오늘은 크리스마스이브잖아요. 어떡하면 좋죠?"

"사회복지국에 전화해보세요."

사회복지국에 전화를 걸자 휴무 중이라는 자동응답 메시지가 흘러나왔다. 내가 전화를 돌리는 동안에도 응급 환자는 쌓여만 가고 있었다. 결국 나는 어쩔 도리가 없다는 사실을 깨달았다. 노부인은 해결책이 생길 때까지 노인 병동에 입원하게 되었고 크리스마스를 병원에서 보내야 했다.

이런 일이 있다는 것 자체가 당혹스러웠다. 하지만 간호사들에겐 익숙한 일이며 이런 경우를 가리키는 명칭까지 있다고 해서 더욱 충격적이었다. 나는 사람들이 항상 올바르게 행동하거나 노인을 공경하진 않는다는 사실을 병원에서의 경험으로 깨닫게 되었다. 조력 자살에 관한 이야기를 들으면 가장 먼저 이 사건부터 생각난다.

국회의원들에게 이런 문제를 제시하면 걱정할 것 없다, 안전장치가 있을 것이다, 노련한 의사가 자살을 원하는 개인의 정신을 감정하게 하여 취약 계층을 보호하겠다는 대답을 듣게 마련이다. 그와 같은 정신감정을 요청받게 될 노련한 전문가로서, 나는 그런 절차가 아무것도 보장하지 못한다는 말밖에 할 수 없다. 어떤 사람의 진정한 동기를 알아내기란 지극히 어려운 일이며, 조력 자살을 요청하는 사람의 동기 또한 마찬가지다. 특히 그 사람이 겁을 먹었거나, 취약하거나, 남들의 비위를 맞추고 남들이 원하는 대로 행동하려 한다면 말이다. 혹시라도 윤리적인 이유로 조력 자살에 개입하지 않으려고 정신감정 요청을 거부하는 의사들이 있다면 정확한 감정은 더욱 어려워진다. 조력 자살에 전반적으로 찬성하고 환자의 소망을 이해할 수 있다고 생각해("누구든 이런 상황에서는 그렇게 느끼지 않겠어요?") 조력 자살 요청을 승인하는 성향의 의사만이 정신감정을 담당하게 될 테니까.

실제로 이미 그런 상황이라는 증거가 쌓이고 있다. 찬반 논쟁을 떠나서, 조력 자살은 원래 불치병으로 심각한 고통을 겪는(남은 수명이 6개월 미만이라고 추정되는) 환자를 위한 것이었다. 그런데 벨기에, 룩셈부르크, 네덜란드에서는 조력 자살 허용 범위가 확장되어 치료 가능한 정신질환자도 허용 대상에 포함되기에 이르렀다.[1] 이제는 벨기에와[2] 네덜란드에서[3] 조력 자살을 하는 사람들의 3퍼센트가 정신질환자로 추정된다. 정신질환은 대체로 치료 가능하며 자살 충동은 정신질환자가 흔히 겪는 증상이다. 그런 사람들이 스스로 삶을 끝낼 수 있도록 국가적으로 승인된 방법이 있다는 것은 누구나 염려해야 할 문제다.

한 연구는 네덜란드에서 조력 자살을 요청한 정신질환자의 50퍼센트가 성격장애(사회적 압력에 민감한 증상을 보이는 매우 불안정한 질환이다) 진단을 받았음[4]을 드러냈다(벨기에에서도 비슷한 수치가 나왔다[5]). 그중 20퍼센트는 정신 건강 문제로 입원한 적이 없었으며(그렇다면 중증 정신질환자도 아닐 것으로 의심할 수 있다) 56퍼센트는 주로 외로움과 사회적 고립감 때문에 조력 자살을 요청한 것으로 추정되었다. 이런 연구 결과는 조력 자살이 적절한 사회적·정신적 의료를 대체하고 있는 게 아닌지 의문을 제기한다. 이 연구에 포함된 가장 불편한 통계 자료는 네덜란드에서 정신감정위원 전원의 동의가 없어도 조력 자살이 시행된 경우가 12퍼센트나 된다는 점이다.[6]

죽고 싶다는 욕구, 살아갈 기회

일반 대중이(구체적으로는 영국 인구의 80퍼센트 정도로 보인다) 조력 자살에 대체로 찬성한다는 건 분명하다.[7] 하지만 흥미로운 사실은 사람들이 조력 자살을 자세히 알수록 찬성할 가능성이 줄어든다는 점이다. 의사들의 경우 조력 자살에 찬성하는 비율이 일반 대중보다 훨씬 낮은 것으로 드러났다(조사에 따라 40퍼센트에서 55퍼센트까지 다양한 수치를 보인다). 완화 의료(호스피스)나 노인 요양 분야에서 일하는 의사들만 본다면 그 비율은 한층 더 낮아진다.[8] 완화 의료인들은 환자가 양질의 완화 의료를 받을 수만 있다면 대부분 죽고 싶다는 생각을 덜 한다는 걸 알기 때문이다.

내 경험에 따르면 죽게 해달라고 요청하는 사람들 상당수는 사실 다른 말을 하고 싶어 한다. 그들은 살고 싶어서 도움을 요청하려고 한다. 자기 문제에 어떻게 대처해야 할지 모르겠다고, 극복할 수 없을 것 같은 눈앞의 어려움을 헤쳐 나갈 방법을 찾을 수 있게 도와달라고 말하려는 것이다. 그들의 요청을 문자 그대로 받아들여 그들을 가까운 조력 자살 클리닉으로 데려간다면 의사로서 환자에 대한 책임을 포기하는 셈이다. 조력 자살은 머지않아 환자를 처리하는 저렴한 방법이 될 것이고, 환자의 상태가 나빠지면 그냥 환자를 포기하는 편이 훨씬 쉬워질 것이다. 사실 지금도 입원할 때부터 '안락사'당할까 봐 두려워하는 환자들이 있는데, 조력 자살이 합법화된다면 이들의 우려는 의심할 여지 없이 더 악화될 것이다.

비장애인에게 신체가 마비되거나 심한 장애가 생기면 기분이 어떨지 상상해보라고 한다면 어떤 반응을 보일까? 아마도 죽고 싶을 거라고 대답하는 사람이 많으리라. 더 이상 자전거를 탈 수 없다면, 달리지 못하고 테니스도 못 치고 운전도 못하는 상태로 살아야 한다면 죽는 게 낫겠다고 하는 사람들도 있다. 하지만 내가 확실히 알게 된 점이 있다. 실제로 사고나 질병 때문에 장애가 생긴 사람들은 삶(그리고 죽음)을 예전과 같은 방식으로 생각하지 않는다는 것이다. 그들에게 정말로 죽고 싶은지 물으면 그들은 과거에 상상했던 것과 달리 죽을 생각이 없다고 말한다. 사람은 새로운 상황에 적응하기 위해 삶에서 다른 의미를 찾아낸다.

많은 사람들에게 있어 죽고 싶다는 욕구와 조력 자살 요청은 통제력 상실, 고통스러운 죽음에 대한 두려움, 다른 사람들에게 폐를 끼치기 싫다는 생각과 연관된다. 그들은 삶에 대한 통제권을 잠재적으로 포기하는 것보다 자기 삶을 포기하는 편이 낫다고 생각할 수도 있다. 대체로 인생의 초창기 경험에서 비롯되는 뿌리 깊고 오랜 자립적 철학, 남에게 뭔가를 기대하면 실망할 수밖에 없다는 생각 때문이다. 반면 자신이 너무나 무력하고 의존적이며 눈앞의 문제에 대처할 수 없다는 느낌 때문에 죽기를 바라는 사람들도 있다. 이를 통해 환자들에게 필요한 것은 더 나은 이해, 연민, 보살핌과 시간이며, 이런 것들이 조력 자살보다 훨씬 더 유익하리라고 짐작할 수 있다. 완화 의료 분야에서 일하는 의사들은 임종을 앞둔 환자가 상황을 직접 선택하고 통제할 수 있게 최대한 노력하며 환자에게 무엇이 필요한지 한층 깊이 이해한다. 그래서 그중 상당수가 조력 자살에 반대하는 것이다.

하지만 내 눈앞에 앉은 에이프릴은 자신이 죽을 수 있게 도와달라고 요청하고 있었다. 지금 당장 죽겠다는 건 아니지만 조만간, 그러니까 더 이상 폐암에 따른 증상을 견딜 수 없어지면 그렇게 해달라고. 스위스의 병원까지 가야 한다 해도 상관없으니 어떻게든 자신이 목숨을 끊을 수 있게 도와달라는 것이었다. 도저히 불가능한 일이었다. 영국 의료 지침에 따르면 의사는 조력 자살을 원하는 환자를 부추기거나 도울 수 있는 어떤 행위도 해서는 안 되었다. 나는 에이프릴과 좀 더 대화를 나눠보았지만 아무래도 내가 해줄 수 있는 일은 없을 것 같았다.

그런 상황에서 초연한 자세를 취하기란 쉽지 않은 일이었다. 나는 에이프릴을 이해하고 좋아하게 되었지만, 그의 입장은 일관될지언정 내가 동의할 수 있는 것은 아니었다. 나는 에이프릴에게 종양학과 전문의들이 권한 치료를 고려해보라고 이야기했다. 그는 내 조언을 단호하게 거부했지만 내가 조력 자살을 도울 수 없다는 것은 이해했다. 우리는 막다른 골목에 다다랐다. 에이프릴에게는 내가 진단할 수 있는 정신질환도, 정신이나 두뇌의 장애도 없었다. 한마디로 그가 인생에서 선택을 내리는 데 영향을 미칠 법한 그 어떤 문제도 없었다.

에이프릴은 애석한 얼굴로 내 대답에 깜짝 놀랐다고, 한순간 죽겠다는 결심이 흔들렸다고 말했다. 에이프릴도 자신의 결정이 내게 중요하다는 걸 느낀 듯했다. 실제로 그 느낌은 100퍼센트 옳았다. 에이프릴은 나의 개인적 소견과 직업적 역할을 분리하기 어려웠던 환자 중 하나였다. 나는 에이프릴과 더 많은 시간을 보내고 싶었다. 에이프릴이 치료를 받도록 설득하여 살아남을 기회를 주고 싶었다. 하지만 에이프릴은 이미 마음을 굳힌 뒤였다.

나는 무거운 마음으로 플라스틱 꽃병에 조화가 꽂혀 있는 휴게실 탁자와 그 옆의 꽃무늬 소파에 앉은 에이프릴을 떠났다. 몇 달 뒤 에이프릴이 입원한 지 일주일 만에 병상에서 죽었다는 소식을 들었다. 에이프릴이 조력 자살 클리닉에 가려고 했는지는 모르겠지만, 그곳에서 죽지 않았다는 것만은 확실하다. 그가 어떻게 죽었든 간에 부디 마음의 평안을 얻기를 바란다.

15

도피 끝에 찾아온 정신과

캐런이 나를 처음으로 찾아온 날 오후였다. 나는 며칠 사이 무더기로 쌓여 부담감을 주고 있던 메일함 정리를 해치우는 중이었다. 대부분은 회람용이라 읽고 지우면 되었다. 짧게 답장하면 되는 메일에는 바로 답장을 썼다. 좀 더 생각해보고 답장해야 하는 메일 한두 통은 나중에 처리하기로 했다.

동료 정신과 의사 루이스가 보낸 메일도 있었다. 어쩌다 그렇게 되었는지는 한참 전에 잊었지만, 우리 둘은 메일을 주고받을 때 소비에트 정치국 임원들의 말투를 흉내 내곤 했다. 아마도 국민보건서비스의 행태가 형편없이 운영되는 전체주의 정부 기관과 비슷하다는 무의식적인 인상 때문이었으리라. 나는 루이스에게 자선 병원에서 주최하는 하프 마라톤에 참여할 계획이라고 알리며 후원을 요청한 터였다. 루이스의 답장은 다음과 같았다. "잔트하우스 동지, 우리 지역위원회 청년 위원들에게 각자 3루블 25코페이카씩 자발적으로 기부해달라고 제안했습니다. 이상을 지닌 청년이라면 일주일 동안 감자를 먹지 않고서도 놀라운 성취를 거둘 수 있으니까요. 그들 모두 민주적으로, 그리고 열광적으로 내 제안에 동의했습니다. 우리 '태양 조직'의 여성 회원들은 벌써부터 동지의 우승 축하 모임 준비를 시작했습니다(동지가 완주하지 못할 수도 있으니 소박하게 류반카 인민 구내식당에서 개최하기로 했습니다)." 메일에는 후원 비용 영수증이 첨부되어 있었다. 내가 웃음을 터뜨리고 답장을 쓰기 시작한 그때, 접수대에서 오후의 첫 번째 진료 환자가 도착했음을 알리는 벨소리가 들려 왔다. 나는 책상을 샅샅이 뒤져 환자 의뢰서와 메모를 찾아냈다. 당뇨내분비학과 전문의가 의뢰한 환자였다.

캐런은 마흔아홉 살이었고 당뇨가 있는데도 몇 년 전부터 건강 관리를 게을리해왔다. 이미 합병증이 나타나기 시작해서 신장 기능이 손상되었고 눈에도 문제가 생겨 최근 안과에서 레이저 시술을 받은 터였다. 전문의와 모든 의료진이 인슐린 제재와 투여 방식, 시간 조절 등 온갖 방법을 시도해봤지만 효과가 없었다고 했다. 캐런의 당뇨 관리는 점점 더 소홀해져갔다. 관리에 소홀한 날이 하루하루 쌓여갈수록 병세도 조금씩 꾸준히 악화되었다. 내 앞으로 온 의뢰서에는 분노가 묻어났다("정말 안 써본 방법이 없어요. 하지만 우리가 아무리 경고해도 귀 담아 듣질 않아서……"). 결국 의료진은 마지막 방법으로 정신과에 캐런의 진료를 의뢰했다. 병세가 점차 악화되는 것을 막아보려는 최후의 수단이었다("정신감정을 받아보면 뭔가 해결책을 찾을 수도 있겠죠."). 성난 어조의 의뢰서에서 환자의 건강이 악화되는 것을 지켜보며 의사들이 느끼는 무력감이 드러났다. 환자가 마음을 고쳐먹기만 한다면 충분히 상황을 바꿀 수 있다는 사실이 더욱 그들을 분노하게 했다.

이런 상황은 다들 한번쯤은 겪어본 것과 다르지 않다. 똑똑한 아이들이 '네가 마음만 먹으면 정말 탁월해질 수 있다'라는 교사와 학부모의 애원에도 아랑곳없이 쇠퇴해버리는 건 흔한 일이니까. 축구 유소년 클럽에도 의욕이 부족해 자신의 재능을 깨닫지 못하고 하위 리그로 떠내려가는 선수들이 넘쳐난다. 마찬가지로 의학에서도 분명히 피할 수 있었던 비극의 진행을 지켜보는 것만큼 가슴 아픈 일은 없다.

"평범해지고 싶었어요"

캐런은 내가 예상했던 것처럼 과묵하고 반항적인 성격이 아니었다. 정신과 진료소에 위탁된 환자들 중에는 '어쩔 수 없이 오긴 했지만 순전히 시간 낭비일 뿐'이라며 어떤 질문에도 대답하지 않는 사람도 많다. 하지만 캐런은 느긋하고 편안해 보였다. 비교적 동안이었고 어깨에 닿는 생머리와 활동적인 남색 방수 바지에 진청색 플리스 웃옷 차림이었다. 캐런은 학교를 졸업한 뒤 계속 철도회사에서 일했다. 아들 둘에 딸 하나, 그리고 남편이 있다고 했다. 하지만 남편을 별로 중요하게 여기는 것 같진 않았다. 대놓고 적대감을 보이진 않았지만 경멸스럽고 무심한 태도였다. 남편은 캐런을 사랑했지만, 그런 애정조차도 캐런에게는 남편이 나약하고 응석받이라는 증거로 보이는 듯했다.

캐런은 기억나지도 않을 만큼 오래전부터 제1형당뇨병을 앓았다. 어린 시절 당뇨병 진단을 받은 이후로 성장기의 모든 기억이 투병과 관련되어 있다고 했다. 항상 먹는 것에 조심해야 했다. 식사 전에 매번 직접 인슐린을 주사해야 한다는 것도 난처한 일이었다. 청소년기에 이르자 당뇨로 인해 제한된 생활이 점점 더 짜증스럽게 느껴졌다. 규칙적인 혈당 측정뿐만 아니라 앞으로의 인생 전체가 자기만 짊어진 무겁고 답답한 짐짝 같았다.

캐런은 어릴 적부터 사귄 남자와 10대 후반에 결혼했다. 하지만 열정은 오래가지 못했다. 남편의 욕심 없는 성격이 한심하게 느껴졌고 둘이 함께 사는 것도 금세 싫증이 났다. 그물이 조여드는 기분이었다. 캐런은 당뇨와 권태로운 일상에 갇혀 있었다. 그나마 즐거운 것이라곤 바깥에서 자유롭게 일할 수 있는 직장 생활뿐이었다. "나라면 선생님 같은 일은 못 할 거 같아요. 하루 종일 사무실에 갇혀 있잖아요."

캐런은 직장에 적응하려고 애썼으며 동료들과의 우정을 즐겼다. 거의 종일 바깥에서 일하다 보니 점심은 대충 때워야 했고 인슐린 주사를 놓기도 눈치가 보였다. 당뇨가 있다는 걸 동료들에게 알리기 싫었고, 어차피 주사를 맞을 만한 조용한 공간도 없었다.

"환자분이 당뇨라는 걸 알면 동료들이 꺼림칙하게 느낄 거 같아요?" 내가 물었다.

캐런은 답답하다는 눈길로 나를 바라보더니 한숨을 쉬었다. 나로서는 그 의미를 알 수가 없었다.

"난 그냥 평범해지고 싶었어요. 날마다 당뇨 생각을 하는 게 싫었던 거라고요."

마치 뒤늦게 사춘기가 온 것 같았다. 캐런은 당뇨 관리를 그만두었고 혈당 측정도 아예 안 하는 편이 낫다는 걸 깨달았다고 했다. 그러면 걱정할 일도 없으니까. 퇴근한 뒤 밤늦게까지 밖에서 술을 마시는 등 난생 처음 자유분방한 생활을 즐겼다. 외래 진료도 빼먹게 되었다. 의사의 조언이 잔소리로 들렸던 데다 어차피 자기는 건강하다고 생각했기 때문이다. 그러는 동안 당뇨 합병증은 느리게 조용히 누적되고 있었다. 시간이 지나자 당뇨 관리를 하지 않아서 신장 기능에 문제가 생기기 시작했다. 하지만 합병증이 발생한 걸 알고서도 캐런은 정신을 차리기는커녕 오히려 더 삐딱해졌다. 설명하기는 어려웠지만, 완전히 건강할 수 없다면 차라리 철저하게 건강이 나빠지는 게 낫겠다는 느낌이었다. 그리고 건강이 심각하게 나빠질 때까지 방치하고 난 지금은 너무 늦은 상황이었다.

캐런의 이야기는 비논리적이었지만 어떤 면에서는 이해되는 부분이 있었다. 나는 몇 주 전에 사소하지만 묘하게 짜증스러운 일을 겪은 터였다. 친구에게 신용카드 적립 마일리지로 로마행 비행기를 공짜로 탔다는 얘기를 들은 것이다. 우리는 한동안 항공 마일리지 제도가 어떻게 운영되는가 하는 대화를 나누었다. 그러다 보니 나도 항공 마일리지가 있는 신용카드를 발급했더라면 지금쯤 공짜 항공권을 몇 번 받고도 남을 포인트가 쌓였겠구나 싶었다. 그런 생각을 하니 속상했다. 하지만 지금 와서 항공 마일리지 신용카드를 만든다 해도 몇 년 전에 그랬어야 한다는 생각만 들 터였다. 카드를 만들지 않고 이 일을 잊어버리는 쪽이 더 편할 것 같았다. 나는 굳이 카드를 만들지 않아도 될 핑계를 억지로 쥐어짜냈다.

논리적으로 조금만 따져봤더라면 그런 고집은 내게 득이 안 된다는 걸 깨달았으리라. 어쨌든 아직은 늦진 않았으니까. 난 그렇게 늦지 않았으니 지금부터 마일리지를 쌓으면 되지 않겠는가? 이렇듯 우리가 내리는 결정은(심지어 중요한 결정조차도) 감정에 좌우되며 이성과는 거의 관계가 없는 경우가 많다.

나는 캐런에게 어째서 진료소를 찾아왔는지 물었다. 아직 상담을 할 마음의 준비가 안 된 것처럼 보였으니까. 캐런은 잠시 생각에 잠겼다. 나에게 솔직히 말할지 말지 가늠해보는 듯했다.

"눈 때문에요. 눈이 멀까 봐 무서워요."

캐런은 이렇게 말했다. 죽는 건 상관없지만, 앞을 못 보고 좋아하는 일도 못 하며 산다는 건 죽음보다 끔찍한 운명일 거라고. 다만 이 상태를 어떻게 벗어나야 할지 모르겠다는 것이었다. 캐런은 현재 상황에 패배감을 느꼈고 이 정도로 병세가 악화될 때까지 손 놓고 있었던 자신에게 날마다 분노했다. 아침에 일어나기가 점점 어려워졌고 밀려드는 온갖 집안일을 처리할 의지도 부족했다. 남편은 그 나름대로 최선을 다했지만 캐런에게는 남편에게 내줄 시간 여유가 없었다. 아이들이 어떻게 지내고 있는지 생각하면 한층 더 죄책감을 느꼈다. 의사가 캐런 본인이 아니라 아이들을 생각해서라도 주사를 맞으라고 말하자 죄책감은 감당할 수 없을 만큼 커졌다. 의사가 아이들을 내세워 그렇게 말하는 데 분개하면서도 사실은 그의 말이 옳다는 걸 알았으니까. 캐런은 자신이 만든 함정에 걸려들었지만, 함정을 빠져나가는 것보다는 계속 함정에 빠져들기가 더 쉬운 법이다. 무력감과 반항심이 뒤섞인 캐런의 태도 때문에 그를 돕기가 더욱 어려웠다.

사실 캐런의 상황은 명백하기 그지없었다. 당뇨는 완치가 불가능하긴 해도 충분히 관리할 수 있는 질병이다. 병원에는 치료 과정을 안내할 의학적 전문 지식과 의약품이 있으며, 심지어 영국에서는 이 모든 것이 무료로 제공된다. 당뇨를 제대로 관리하지 않으면 시력, 신장, 신경, 발과 심혈관계가 손상되는 크나큰 대가를 치를 수도 있다. 그러나 병원 측에서 캐런의 치료에 많은 시간과 노력을 들였음에도 캐런이 당뇨 관리를 소홀히 하면서 모든 게 수포가 되었다. 애초에 피할 수 있었고 치료비도 많이 드는 합병증이 발생한 것이다.

정신의학적 관점에서 캐런은 모든 정신과 의사가, 나아가 모든 의사가 익숙해질 수밖에 없는 진단의 회색지대에 있었다. 캐런은 우울증 증상을 보였지만 그의 모든 문제가 우울증 탓은 아니었다. 우울증만으로는 캐런의 반항심과 분노, 불만과 부당하다는 느낌을 설명할 수 없었다. 무엇보다 설사 우울증이 확실하다 해도 캐런 입장에서 항우울제 처방은 기계적이고 무심한 조치로 보일 터였다. 그러니 내 쪽에서 약 복용을 제의하는 건 좋지 않을 듯했다.

캐런은 어떻게 해야 좋을지 이미 귀가 따갑게 들었을 것이다. 그래서 나는 이제부터 어떡해야 할지 전부 캐런 쪽에서 제시하게 하여 스스로 생활을 통제할 수 있게 유도하기로 했다. 앞서 언급했듯이 캐런은 사춘기 아이처럼 행동하고 있었기 때문에, 의료 시스템에 따라야 하는 어린아이로 취급하기보다 어른답게 대해주는 것이 좋은 시작일 듯했다. 나는 캐런에게 계속 지금처럼 지낸다면 어떻게 될 거라 생각하느냐고 물었다. 캐런은 오래 생각지 않고 이렇게 대답했다.

"이미도 눈이 멀고 해고당하겠죠."

잠시 침묵이 흘렀다. 나는 거꾸로 질문해보았다.

"그럼 당뇨내분비학과 의료진이 추천하는 치료를 받는다면 몇 년 뒤 어떻게 될까요?"

"지금과 똑같이 지내고 있겠죠. 일하고, 친구들을 만나고, 평소대로 말예요."

누가 봐도 뻔한 선택이었지만, 내 쪽에서 무엇을 선택하라고 제시할 수는 없었다. 또다시 침묵이 흘렀다.

"그런데도 당신은 어떡해야 할지 확신하지 못하는군요." 내 말은 질문이 아니라 하나의 진술이었다. 반항적이던 캐런이 이제는 눈물을 흘리고 있었다. 내가 캐런이 반항할 여지를 전혀 주지 않았기 때문이었다.

"확신할 수가 없어요. 어떡해야 할지 모르겠어요." 캐런은 사라지지 않는 마음속 불안을 드러내며 안절부절못하고 있었다. 자포자기한 채 자신이 분노와 불행에 갉아 먹히게 놔둘 것인가, 아니면 굴욕적이라고 느껴지는 방식으로 살아남기를 택할 것인가? 나라면 망설일 이유가 없는 선택지였지만, 캐런에게는 그렇지 않았다.

우울증은 질병을 악화한다

캐런과 같은 환자는 결정하지 못하고 망설이느라 큰 고통을 겪으면서 신체 건강이 서서히 악화되어간다. 더구나 개인적 손해 외에 심리 문제에 따른 경제적 비용도 발생한다. 캐런을 위협하는 신부전과 투석, 실명 등의 합병증은 모두 의료 체계에 상당한 비용을 부과한다. 여기에 실직으로 인한 재정 문제, 소득 상실, 장애 수당도 추가된다. 그러나 캐런의 증상은 우울증으로 개념화될 수 있으며, 설사 우울증보다 개인의 성격과 질병에 대한 사고방식이 더 큰 이유라고 해도 캐런의 경우가 보건경제에 미치는 여파에는 변함이 없다.

이 문제를 영국 전체에 걸쳐 살펴본 킹스펀드 보고서에 따르면, 만성 질환자는 나머지 인구보다 정신 건강 문제를 겪을 가능성이 2~3배 더 높다.[1] 이 문제는 개인적 삶의 질 저하를 제외하고서도 영국 경제에 연간 80억~130억 파운드의 추가 지출을 발생시킨다. 또한 미국에서 60만 건 이상의 보험 청구를 조사한 결과, 환자에게 우울증이 있을 때 추가되는 의료비는 병의 종류에 따라 인당 1500~1만 5천 달러 이상에 이르렀다.[2] 서구 전역에서 비슷한 상황을 확인할 수 있다. 30만 명 이상의 환자를 대상으로 한 독일의 연구에 따르면 정신질환 때문에 입원 환자의 의료비가 40퍼센트 증가했으며 의료 체계 전반에 막대한 비용이 부과되었다.[3]

우울증이 질병의 장기적 경과에 미치는 영향을 조사한 연구는 이밖에도 많다. 예상할 수 있듯이 연구 결과는 끔찍하다. 우울증은 언급힐 수 있는 기의 모든 질병에 심각히고 부정적인 영향을 미친다. 예를 들어 우울증은 뇌졸중 이후의 경과를 악화시키며 신체장애와 인지장애 및 사망의 가능성을 높인다.[4] 그러나 이 점이 의학서에 잘 설명되어 있음에도 불구하고, 뇌졸중 환자의 우울증 치료는 결코 혈전 용해제나 물리 요법과 같은 신체 치료만큼 중요하게 여겨지지 않는다.

알려져 있다시피 이는 우울증과 심장병의 경우에도 마찬가지다.[5] 우울증 자체가 심장병 위험을 심각하게 높이는 요인이다. 그리고 우울증 환자가 심장마비를 겪고 나면 만성 질환과 사망 가능성이 높아진다. 우울증으로 인한 화학물질 분비 변화 때문이겠지만, 어쩌면 우울증이 개인의 사기에 미치는 영향이 더욱 중요한 요소일지도 모른다. 우울증 환자는 건강관리에 소홀하기 쉽다. 예를 들어 흡연을 계속하거나, 정적인 생활방식을 유지하거나, 건강에 해로운 식사를 고집하거나, 후속 진료를 받을 의욕이 부족할 수 있다. 앞서 언급했듯이 이 모두가 잘 알려진 사실이지만, 심장 질환 치료의 맥락에서 우울증 치료는 결코 심장약 복용만큼 강조되지 않는다. 이해할 수 없는 모순이다.

우리는 우울증이 나을 수 있는 질병이며 우울증 치료가 경과 전반과 생존율에 영향을 미친다는 걸 안다. 그런데 우울증은 왜 중요하게 여겨지지 않을까? 내 생각에는 크게 두 가지 이유 때문이다. 첫 번째는 환자라면 충분히 우울증에 '걸릴 만하다'는 인식이 만연해 있어서다. 의사를 포함한 많은 사람들이 우울증을 병에 대한 정상적인 반응으로 여긴다("누구든 이런 상황에서는 그렇게 느끼지 않겠어요?"). 두 번째는 의학이 점점 더 분화된 결과 심장 전문의가 심장 질환에 대해서는 대체로 자신만만해하지만 마음의 문제는 치료는 커녕 인식하는 것도 부담스러워하기 때문이다.

어느 병원에서든 내가 매일 하듯이 다양한 분과를 돌아다니다 보면 비슷한 이야기를 듣게 된다. 기도氣道 질환자가 우울증에 걸리면 생존율이 낮아지고 더 많은 증상이 나타나며[6] 담배를 끊을 가능성도 낮다(애초에 바로 그 이유로 흉부 진료소에 오는 경우가 많다). 마찬가지로 우울증에 걸린 당뇨 환자는 약물 투여에 소홀해지기 쉽다(당뇨약과 인슐린 주사는 관리하기가 상당히 복잡하다).[7] 그들은 당뇨 식단을 엄수할 가능성이 낮고 안과 질환, 신경 손상 등의 합병증이 발생할 가능성이 더 높으며, 우울증이 없는 당뇨 환자보다 대체로 의료비가 더 많이 든다. 바꿔 말하면, 우울증 환자가 당뇨 같은 만성 질환에 걸리면 질병과 사망 위험이 증가하는 경향이 있다.

현재 종합병원에서 정신의학의 위치는 우울증과 같은 정신적 문제의 심각성을 전혀 반영하지 못하고 있다. 우울증은 단순히 만성 신체 질환의 추가 요소가 아니며, 병의 인지 여부와 시간과 관심의 유무에 따라 치료해도 되고 편하게 무시해도 되는 존재가 아니다. 오히려 약 복용과 생활방식을 어떻게 개선할지 결정을 좌우하는, 매우 중요한 요소다. 더욱 무서운 점은 우울증 환자가 또래의 다른 사람들보다 사망률이 높다는 여러 연구 결과로 보건대 우울증 자체가 때 이른 사망을 초래하며 신체에 유해하다고 추정된다는 점이다.[8] 그러나 대부분의 종합병원에서 정신과 진료는 전무하거나 미흡한 수준이고, 심지어 정신과가 있는 종합병원에서도 대개는 자해와 자살 기도 중심의 응급 진료에 그친다.

장벽은 마음속에만 있다는 것을

이후로 몇 달간 캐런을 수차례 만났지만 캐런의 당뇨 관리는 달라진 게 없었다. 나는 캐런이 나아지지 않는다는 데 짜증을 넘어 격분과 좌절감을 느꼈다. 캐런의 건강이 서서히 악화되고 신장 기능과 시력이 나빠지는 것을 무력하게 지켜보아야 했던 당뇨내분비학과 의료진의 기분을 이해할 수 있었다. 진전도 없고 노력도 안 하는 것 같은 캐런이 왜 자꾸 찾아오는지 의아했다.

나는 이 문제를 곰곰이 생각한 끝에 두 가지 답을 얻었다. 첫째로 캐런이 나와의 상담을 시간 낭비로 생각했다면 다시 오지 않았을 테니 상담에서 얻어가는 게 있긴한 것 같았다. 둘째로 내가 느끼는 감정은 아마도 캐런 자신의 감정, 다시 말해 무력감과 좌절감과 난감함과 두려움을 반영하는 듯했다. 내 경험에 따르면 환자로 인해 느껴지는 감정에는 비언어적·간접적으로나마 의미가 있기 마련이었다. 나는 캐런에게 내 감정을 밝히고 그에 관한 생각도 말했다. 그러자 우리의 대화가 한층 더 솔직해졌고, 캐런은 어떡해야 할지 모르겠다는 갑갑함과 두려움과 불안감을 더욱 자세히 이야기할 수 있었다.

당뇨내분비학과 의료진의 조언을 따를 경우 가장 어려운 점이 무엇일지 묻자, 캐런은 자기가 당뇨 환자라는 걸 직장 동료들에게 알리고 싶지 않으며 자신의 생활이 변함없이 그대로였으면 한다고 재차 말했다. 나는 여전히 아무런 제안도 하지 않으려고 조심했다. 캐런에게는 나보다 자기 자신의 생각을 따르는 편이 쉬울 테니까. 나는 소위 '동기 부여 상담'의 원칙대로 대화를 진행했다. 이 방식에 따르면 의사는 환자가 직접 자기 문제의 해결책을 찾도록 격려하고 그가 도달하려는 목적지로 안내하되, 무엇을 어떻게 해야 할지 말해서는 안 된다.

캐런도 서서히 생각을 바꿨다. 자기가 당뇨 환자임을 직장 동료들에게 알리되 이후로 그 문제가 언급되지 않고 어색함 없이 인슐린을 투여할 수 있었으면 한다고 했다. 우리는 차츰 나아갔다. 캐런은 우선 직장에서 가장 가까운 친구에게 자기가 당뇨 환자라는 걸 이야기하겠다고 했다. 이 지점에 도달하는 데 몇 주가 걸렸다. 나는 캐런에게 어떻게 그럴 결심을 했는지 물었다.

"그 친구 남편도 당뇨 환자거든요. 그리고 그 친구는 이미 알고 있어요. 내 사물함에서 혈당 측정기를 봤으니까요."

나는 남을 함부로 판단하지 않는 정신과 의사답게 고개만 끄덕이려고 했지만, 나도 모르게 웃음을 터트리고 말았다. "그렇게 고민해놓고서!" 우리 인간들은 정말이지 완고한 자기만의 원칙에 갇혀 있구나 하는 생각에 크나큰 연민을 느꼈다. 캐런 역시 슬프면서도 우스운 감정을 못 이겨 어느새 깔깔 웃고 있었다.

그때부터는 상황이 빠르게 진전되었다. 이후 몇 주 동안 캐런의 기분은 확연히 나아졌다. 극복할 수 없어 보이던 문제도 해결해 나갈 수 있다는 것을, 삶을 개선하는 데 방해가 되는 장벽은 오직 자기 마음속에만 존재한다는 것을 서서히 깨달았기 때문이다. 캐런은 혈당을 측정하고 한층 규칙적으로 인슐린 주사를 맞기 시작했다. 신장과 눈을 손상시킨 자신의 어리석음을 받아들이고 적어도 더 악화되는 것은 막기로 결심했다. 얼마 뒤 나는 캐런의 진료를 끝내기로 했다. 캐런의 삶은 순탄하지 못했고 남편과의 성격 차이도 여전했지만, 적어도 치료에 있어서는 기분 저하와 절망감에 좌우되지 않고 결단을 내릴 수 있었다.

유감스러운 사실은 심리적 문제가 좀처럼 주목받지 못하며 적절한 치료를 받을 가능성도 낮다는 점이다. 심리 치료가 신체 질환 치료처럼 새로 발견된 화학물질을 겨냥하여 제약 회사에서 거창하게 내놓는 최신 약물로 이루어지는 것이 아니기 때문이리라. 정신과 치료에는 난관이 따르기 쉬우며, 이를 돌파하기 위해 전문적 지식과 경험이 필요하다. 게다가 신체와 정신의 연계나 만성 질환의 정신적 여파를 전문으로 하는 정신과 의사는 상당히 드물다. 적당한 정신과 의사나 심리학자를 만날 수 없다면 아예 심리적 문제를 외면하는 편이 쉬울 수 있다. '도구가 망치밖에 없다면 모든 문제를 못으로 만들라'는 영국 속담처럼, 의사는 익숙하고 안이한 치료를 실시할 가능성이 크다.

가끔은 진료소에서 수많은 환자를 하나하나 상담하기가 막막하게 느껴질 때도 있지만, 우리 지역에 정신과 의사가 드문 데는 이유가 있다. 정신과 진료비를 부담하려고 하는 병원이 너무 적기 때문이다. 신체와 정신 건강의 동등성에 대한 논의가 꽤 이루어졌다곤 하지만, 현실은 이론에서 아득히 멀리 있다.

16

치료 선택, 치료 거부

정신과 전문의로서의 첫 달이었다. 내가 의대에 입학한 이후 전문의로 임명되기까지 18년이 걸렸다. 그동안 헤아리기도 어려울 만큼 여러 차례 시험을 치렀다. 마지막 시험을 치른 것은 서른 번째 생일 몇 달 전이었고 이후에도 몇 년간의 훈련을 거쳐야 했다. 그 무렵 나는 30대 중반에 이르렀다. 의사로 일할 준비가 되었다고 느끼긴 했지만, 내가 모든 임상 및 관리 문제를 최종적으로 책임질 수 있게 준비시켜주는 절차 같은 건 병원 내에 없었다. 나는 아직 자리를 잡으며 동료들과 친해지는 중이었고, 병원 안쪽이 내다보이는 새로운 사무실 벽에 집에서는 붙일 수 없었던 온갖 그림과 사진을 붙여놓았다. 내가 다닌 케임브리지 대학교 부속 임마누엘 칼리지의 흐릿한 수채화(부모님이 졸업 선물로 주신 것이었다), 머리를 이마 위로 높이 부풀려 올린 채 대학 축구 팀 동료들과 나란히 선 스물한 살의 내 사진, 열여덟 살 생일에 친구들이 사준 일종의 추상화, 역시 생일 선물로 받았던 맨체스터 시티 축구팀 주권 액자 등이 사무실 벽을 채워 주었다.

내 임무는 종합병원에 정신과 진료 체계를 구축하고 의료진과 수술 팀에 전달하는 것이었다. 첫 달에는 이삿짐을 풀고 안전보건청에서 끝없이 보내는 메일을 확인하느라 진행이 더뎠기에 마침내 신장내과 전문의에게서 나를 찾는 전화가 오자 안도감이 들었다. 그는 지난달 갑자기 신부전증에 걸린 스물여섯 살 남성 돔을 만나 달라고 했다. 돔은 점진적으로 병이 진행되는 다수의 신부전 환자들과 달리 소위 '불시착'이라고 일컬어지는 경우였다. 신장에 문제가 생긴 환자는 대체로 신장 기능이 점차 떨어지는 데 적응하고 투석이나 이식 가능성을 의료진과 논의할 시간이(때로는 몇 년까지도) 있다. 그러나 돔은 이미 신장이 망가진 상태로 응급실에 실려 왔다. 그는 응급 투석을 받고 열흘간 입원하며 안정을 취한 후 귀가하여 외래 환자로 투석을 계속했다.

그로부터 한 달이 지났다. 돔은 일주일에 세 번 월요일, 수요일, 금요일 오후마다 병원에 와서 투석을 받았으며, 내가 그를 만나달라는 요청을 받은 날에도 평소처럼 투석을 하러 왔다. 그 다음에 무슨 일이 일어났는지는 다소 불명확했지만, 요점은 돔이 투석을 중단하기로 마음먹었다는 것이다. 돔은 투석기 연결을 거부했고 간호사들과 대치했으며, 급기야 보안요원까지 호출되기에 이르렀다. 내 경험에 따르면 병원에서 보안요원을 동원한다고 상황이 나아지는 경우는 드물다. 신장내과 의료진은 어떻게 해야 할지 갈피를 잡을 수 없었다. 그들이 확실히 아는 건 돔이 계속 투석을 거부한다면 일 주일 내로 죽을 가능성이 매우 높다는 것이었다. 그러나 돔은 정신 과 의사를 만날 필요가 없다고 했으며, 한참 설득받은 끝에야 나를 만나는 데 동의했다. 나는 돔을 만나러 가면서도 불안했다. 시간이 촉박하고 위험한 데다 지극히 불확실한 상황이었으니까.

돔은 청바지와 검은 셔츠를 입고 외래 진료 대기실에 앉아 있었 다. 험상궂고 동그란 얼굴에 드문드문 수염이 돋아 있었다. 문신이 셔츠 아래 어딘가에서 목까지 올라와 있었는데, 새의 날개처럼 보 였지만 잎사귀나 꽃잎이었을지도 모른다. 돔에게 다가가면서 보니 경비원 두 명이 어쩔 줄 모른 채 뒤에서 서성이고 있었다. 돔은 지 루하고 초조해 죽겠다는 기색이 역력했으며, 나와 함께 진료실로 들어가면서도 충분히 기다렸으니 집에 가고 싶다고 딱 잘라 말했 다. 이런 건 시간 낭비일 뿐이며 자기 생각은 결코 바뀌지 않을 거 라고 말이다. 나는 그에게 앉으라고 손짓했다.

"저와 얘기하려고 그렇게 오래 기다리셨단 말이죠. 무슨 이야기 를 하고 싶었는데요?" 내가 물었다. 그는 잠시 허를 찔린 듯 당혹스 러워 보였다.

"내가 말했잖아요. 당신이랑 얘기할 생각 없었다고요."

"하지만 제가 보기엔 저와 얘기하고 싶으신 것 같던데요. 전 정신과 전문의입니다. 그런데 제가 어떻게 잘못 볼 수 있겠습니까?"

돔은 웃음을 터뜨렸고, 금세 험상궂은 표정으로 돌아가긴 했지만 긴장이 풀린 듯했다. 그는 조금 더 나를 향해 돌아앉아서 지난 몇 주간 있었던 일을 이야기하기 시작했다. 의사들은 돔의 신장이 갑자기 손상된 이유를 밝혀내지 못했지만 그 손상이 회복될 수 없다는 점만은 확실했다. 돔은 여전히 부모님 집에 살고 있다고 했다. 직업은 없지만 이런저런 사업으로 돈을 벌고 있었는데, 내가 이해한 바에 따르면 전부 합법적인 사업은 아니었다.

돔은 평생 계획 없이 되는 대로 살아왔다. 그는 각각 다른 학교에서 두 번 퇴학을 당했다. 첫 번째는 교사의 차 문을 따려다가 들켜서, 두 번째는 학교에서 마약을 복용해서였다. 돔은 자아정체성이 희박하고 가치관이랄 것도 없는 듯했다. 그는 마약과 짧고 강렬하지만 피상적인 관계에서 즐거움을 찾았다. 그런 관계는 항상 몇 주 내로 끝났고 쉽게 빠지는 만큼 쉽게 식어버렸다. 내면의 위기가 닥치면 돔은 어떻게든 긴장을 해소하려고 발버둥치다가 가위나 면도날을 이용한 자해에서 돌파구를 찾곤 했다. 때로는 살갗에 핀을 꽂거나 담뱃불을 갖다 대기도 했다. 그는 고통을 느끼고 피를 보는 데서 카타르시스를 느꼈다. 돔은 나에게 이런 이야기를 하면서 소매를 걷어 수십 개의 흉터를 드러냈다. 오래 묵어 허연 것도 있었고 최근에 생겨 아직 불그스레한 것도 있었다.

돔이 투석을 중단하기로 결정한 것은 바로 그날 아침이었다. 어머니와의 말다툼 끝에 이만하면 충분히 살았다고 결심한 것이다.

"무슨 일로 다퉜는데요?"

"나한테 또 취직하라고 잔소리를 하더라고요. 내가 집에 있는 게 싫다는 거예요. 그래서 내가 그렇게 밉다면 그냥 솔직히 그렇게 말하라고 말해줬죠."

"하지만 어머니께서 환자분을 염려하기 때문에 환자분이 하는 일에 신경 쓰는 것일 수도 있잖아요."

돔은 단호히 고개를 내저었다. 단 한 발짝도 물러나지 않을 기세였다. 그는 자리에서 일어났다.

"그래서 투석은 어떡할 건가요?" 나는 돔에게 물었다.

"난 집에 갈 거고, 당신은 날 막지 못해요. 엄마가 날 기다려요."

"어머니께서요? 어디 계시는데요?"

"대기실에요." 돔이 눈을 굴리며 대꾸했다.

내가 대기실에 들어섰을 때 허리를 곧게 펴고 돔 옆에 앉아 있던 여성이 기억났다. 황갈색 외투 단추를 턱까지 채운 단정하고 평범한 모습이었지만 어쩐지 불안해 보였더랬다.

"그분이 어머니셨어요? 갈색 외투를 입고 있던 분?" 나는 그 여성도 환자인 줄 알았다. 점잖은 태도를 비롯해 어느 모로 보나 돔과 비슷한 구석이 없었으니까. "제가 그분과 얘길 좀 해봐도 될까요?"

나는 대기실로 향했다. 의자 끄트머리에 앉아 진료실과 연결된

문을 응시하고 있던 돔의 어머니가 벌떡 일어났다. 얼굴은 수심으로 주름졌고 눈가에 짙은 그늘이 드리워져 있었다. 나는 그분에게 대화를 요청하고 간호사실 근처의 조용한 구석까지 안내했다. 하지만 막상 우리 둘만 남자, 돔의 어머니는 어떻게 말을 꺼내야 할지 모르겠다는 듯 입을 다물어버렸다. 그 공허한 침묵 속에서 나는 문득 16세기 시인 새뮤얼 대니얼의 시 구절을 떠올렸다. "비애를 말하려고 하면 말이 나오지 않는다. 가벼운 근심은 수다스럽지만 큰 슬픔은 말이 없기에."

"난 그 애가 태어난 이후로 한순간도 행복하지 못했어요." 돔의 어머니는 이렇게 입을 열었다. 충격적일 만큼 무덤덤하고도 솔직한 어조였다. 돔은 삼남매 중 둘째였으며 어머니에 따르면 거의 처음부터 학교에서 말썽을 부렸고 친구도 없었다. 성적은 중간 정도였지만 공부를 거의 하지 않았고 교사들 사이에서도 평판이 나빴다. 항상 도전을 좋아했지만 계산적이기보다는 충동적으로 무모하게 일을 저지르는 성격이었다. 돔의 형제자매도 그와 대화하길 꺼렸다. 돔의 어머니는 아들에게 합당하고 의무적인 모성애를 느꼈지만 그 이상의 감정은 없었다. 하지만 이렇게 아들의 죽음이 눈앞에 다가오자 그간의 모든 회한과 고뇌, 분노가 폭발한 듯했다.

내가 읽은 돔의 신료 기록과 그의 어머니에게 들은 이야기를 토대로 판단해보면, 돔의 문제는 정신질환이 아니라 성격장애였다. 정신의학은 항상 성격장애와 불편한 관계에 있었다.[1] 성격장애를 진단하는 규칙은 존재하지만, 실제로는 진단 방식에 일관성이 없었기 때문이다. 성격장애의 종류는 매우 다양하지만, 한 가지 공통 요인이 있다. 바로 성격장애로 고통받는 사람은 살아가면서 난관에 부딪히게 된다는 것이다. 성격장애는 직장에서의 사교 관계나 연인, 친구와의 깊은 관계를 어렵게 한다. 성격장애가 있는 사람은 충동적이거나 파괴적인 행동, 자해나 위법 행동을 자주 보일 수 있기 때문이다.

게다가 성격장애는 진단하기 어려운 만큼, 마음에 들지 않는 환자에게 이런 딱지를 붙이는 의사도 있었다고 한다.[2] 까다롭거나 무례하거나 귀찮은 환자를 만난 의사는 환자가 두렵거나 속상해서 그럴 수도 있다는 점을 잊고 환자의 상황이 아닌 성격을 탓하기 쉽다. 따라서 나는 보통 확실한 증거가 없으면 성격장애 진단을 내리지 않으며, 환자를 딱 한 번 만나고 그렇게 진단하는 경우는 더욱 드물다. 내가 성격장애 진단을 꺼리는 또 다른 이유는 누군가의 성격에 '장애'가 있다는 말이 그 사람의 영혼과 본질에 대한 공격처럼 느껴지기 때문이다. 그러나 돔의 경우 지금까지의 모든 증거가 그 방향을 가리키고 있었다.

정신과 의사들이 성격장애를 다루기 어려워하는 이유가 하나 더 있다. 성격장애 치료는 대체로 효과가 뚜렷이 드러나지 않는다는 것이다. 성격이 고정되어 있고 안정적인 것이라면, 누군가의 성격에 '문제'가 생겼다거나 이를 '치료'한다는 것 자체가 어불성설이다. 설사 진전이 있다 해도 실제로 변화가 나타나기까지는 보통 몇 달이나 몇 년이 걸린다. 한마디로 돔의 태도나 현재 상황에 대한 견해를 바꾸는 건 거의 불가능해 보였다. 돔은 신장내과를 떠나서 집으로 돌아가 죽을 예정이었다. 나는 침울한 마음으로 진료실에 있는 돔에게 돌아갔다.

문제는 내가 보기에 돔이 정말로 죽고 싶어 하는 건 아니었다는 것이다. 그러나 돔의 의견에 반해 그를 치료하려면 그에게 결정을 내릴 인지능력이 없다고 입증해야 했다. 그것이 돔을 강제로 치료할 수 있는 유일한 합법적 수단이었기 때문이다. 어떤 사람에게 인지능력이 없다고 입증하려면 다음 질문들에 답해야 한다. 1번, 그의 마음이나 두뇌에 장애가 있는가? 정확히는 그렇지 않다. 성격장애는 마음의 장애 아니냐고 말하는 사람도 있겠지만, 그건 단지 세상을 보고 상호 작용하는 방식의 차이다. 누구나 성격이나 세계관은 제각각이지 않은가? 인간은 각자 다른 후보에게 투표하고 남들의 비판에 다르게 반응하며, 좌절을 견디는 정도도 다르다. 성격장애는 정신분열증과 달리 마음의 장애가 아니다.

나는 2번 질문으로 넘어갔다. 그는 의학적 조치(이 경우 투석)와 그 장단점, 그리고 해당 조치를 거부하는 데 따르는 위험을 이해했는가? 투석을 거부하면 며칠 내로 죽을 수 있다는 걸 돔 자신도 아주 잘 알고 있었으니 '그렇다'고 내답할 수밖에 없었다. 3번, 그는 투석을 수락하거나 거부하는 데 따르는 장단점을 저울질하여 합당한 결정을 내릴 수 있는가? 정신의학에서 항상 그렇듯 이것이 가장 어려운 질문이었다. 인간은 수많은 요인을 고려해 결정을 내리는 감정적인 동물이며, 합리적 결정보다 감정적 결정을 내리기 쉽다. 죽겠다는 결정이 살겠다는 결정보다 얼마나 '합리적'일 수 있을까? 이런 경우 정신질환이나 성격장애로 인해 죽음을 선택한 것은 아닌지 어떻게 확인할 수 있을까? 그리고 첫 번째 문제로 돌아가서, 성격장애는 어디서부터 정신질환이 되는가?

돔은 단호했다. 그는 집으로 돌아가려 했고 아무도 그를 막을 수 없었다. 그는 더 이상 살고 싶지 않았으며 그게 전부였다. 나는 마지못해, 그리고 매우 불안하게 돔이 원한다면 그럴 수 있다는 데 동의했다.

내가 퇴근할 때까지 특정한 환자를 생각하는 일은 드물다. 나는 일주일 동안 많은 결정을 내리고 여러 환자들의 이야기를 들으며 그들이 겪는 온갖 정서적 고통에 노출된다. 나는 환자들을 이해하지만 그들이 느끼는 감정을 느끼진 못한다. 그랬다면 이 일을 하긴 힘들었을 것이다. 하지만 그와 별개로 걱정이 되긴 했다. 환자를 보며 내가 느끼는 불안은 공감과는 다르고 사실 나 자신에 대한 불안이기도 하니까. 과연 내가 옳은 결정을 했는지 확신이 서지 않았다.

저녁 내내 가시방석에 앉은 기분이었다. 영화나 보며 마음을 가라앉히려 했지만 소용이 없었다. 싱숭생숭한 마음에 자꾸 일시정지 버튼을 눌러야 했고, 결국 영화를 보는 데도 진력이 났다. 마치 잇새에 낀 오렌지 알갱이를 계속 혀로 건드리게 되는 것과 비슷했다.

잠시 걱정을 잊었다가도 금세 불안감이 엄습해왔다. 나는 걱정의 원인이 무엇인지 기억날 때까지 불안하게 앉아 있다가 재차 걱정을 곱씹곤 했다. 신장내과를 나서던 돔의 모습, 그보다 머리통 하나쯤 더 작은 어머니가 어깨를 숙이고 흐느끼며 뒤따르던 모습이 마음속을 떠나지 않았다.

다음날 아침 나는 진료실에 도착하여 메일을 훑어보기 시작했다. 루이스에게 메일이 와 있었다. 그제야 전날 있었던 일 때문에 병원의 의무교육 행사에 참석하는 걸 깜박했다는 게 생각났다. "잔트하우스 동지, 위원회는 동지가 신탁병원의 활기차고 감동적인 의무교육에 참석하지 않았다는 점을 지적했습니다. 당의 자애로운 날개 아래 당원들에게 평등과 다양성 배려의 귀감이 된 나 자신도 평등과 다양성 교육에 참석했는데 말입니다. 내가 당 간부회에서 '가장 배려 깊은 동지' 메달을 받았다는 사실을 잊으셨는지도 모르지만, 더 이상은 잔트하우스 동지를 배려해줄 수 없습니다. 이 사소한 사건이 우리 모두에게 귀중한 교훈을 준다는 것을 S. 동지도 알아주었으면 합니다."

나는 웃으며 다음번 의무교육을 예약하고 다이어리에 교육받을 날짜를 적어둔 뒤 계속 메일을 정리했다. 신장내과 전문의의 메일이 도착해 있었다. 돔이 생각을 바꾸어 전날 저녁 다시 와서 투석을 받았다는 내용이었다. 다행이다 싶으면서도 어이가 없어 고개가 내저어졌다. 전문의는 내가 무슨 말로 돔을 설득했는지 묻고 있었다.

그렇게 된 것이 과연 나 때문인지 의심스러웠지만, 나는 안도감과
이 세상 모두에 대한 선의를 느끼며 오전 진료를 시작했다.

환자의 결정 능력을 감정하다

종합병원 정신과에서는 환자에게 소위 말하는 '결정 능력', 즉 환
자 본인의 치료 여부를 결정할 능력이 있는지 감정해달라는 의뢰
가 늘어나고 있다. 치료를 받는 것은 단순히 이용 가능한 치료의 유
무가 아니라 치료를 받겠다는 환자의 선택에 달렸기 때문이다. 환
자는 이해하기 어려운 이유로 치료를 선택하거나 거부하기도 한다.
누구나 때로는 현명하지 않거나 비합리적인 결정을 내리며 그렇게
할 권리가 있다. 때로는 진단하기 어려운 정신 건강 문제가 결정 과
정에 영향을 미치기도 한다. 하지만 법에 따르면 정신과 의사는 환
자의 정신을 들여다보고 그 작동 방식을 파악하여 환자에게 치료
를 결정할 능력이 있는지 판단할 수 있다.

정신건강의료기관뿐만 아니라 종합병원에서 치료받는 환자도 치
료 결정 능력이 없는 경우가 드물지 않다. 한 연구에서는 입원 병
동 환자의 최소 40퍼센트가 결정 능력이 없다는 결과가 나왔지만,
임상 의료진은 이런 문제를 좀처럼 인식하지 못한다.[3] 그러나 몸이
아픈 환자들은 대체로 의사의 지시를 따르는 것으로 만족한다. 의

사에 대한 신뢰가 결정 능력과 동일한 것은 아니지만 환자들 대부분은 의사를 믿기로 선택하는 듯하다. 내가 결정 능력이 없는 환자를 의뢰받는 일은 드문 만큼, 종합병원 정신과에서 만날 수 있는 이런 환자들은 빙산의 일각에 지나지 않는다.

돔을 만난 지 얼마 후 외과병동에서 전화가 왔다. 요양원에서 쓰러진 채로 간병인에게 발견되어 입원한 예순아홉 살의 레이 때문이었다. 검사 결과 '자몽만한 크기(비뇨기과 의사들은 항상 오렌지, 자몽, 멜론 등의 과일을 기준으로 전립선 크기를 가늠하는 것 같다)'로 비대해진 전립선이 방광의 배출을 막은 것으로 밝혀졌다. 방광에 가해진 압력이 신장까지 역류하여 기능을 손상시킨 것이다. 비뇨기과 의사들은 비교적 흔한 전립선 제거 수술이 최선의 치료법이라고 판단했다. 위험성이 없는 것은 아니었지만, 레이가 정확히 같은 이유로 내원한 것이 벌써 세 번째였기에 대안이 없을 듯했다.

레이는 외로운 삶을 살아왔다. 한동안 벽돌공으로 일하긴 했지만 오래전부터 실직 상태였다. 가족과는 연락이 끊기다시피 했고 친구도 없었다. 레이와 이야기하다 보니 왜 그런지 알 수 있었다. 그는 말투가 거칠었으며 정답고 친밀한 관계를 맺기가 거의 불가능한 사람이었다. 레이의 세계관은 보통 '정상'으로 간주되는 범위의 경계선에 있었다. 그는 UFO와 초자연적 현상에 관한 견해를 마치 역대 정부가 은폐해온 확고한 진실처럼 피력했다. 그는 자기가 병원에 입원한 것도 모종의 탄압 때문이라고 생각했다. "아뇨, 내 전립선에 문제 같은 건 없어요." 레이는 자신을 입원시켜 수술하려는 것이 무허가 실험을 위해서라고 확신했다. 그는 어떤 반박도 들으려 하지 않았으며 그저 집에 돌아가서 혼자 있게 해달라고 말했다.

나는 요양원에서 레이를 돌보는 간병인들과 통화했다. 그들에 따르면 레이는 손님을 만난 적이 없었고 가족이 요양원에 찾아온 적도 없었으며 거의 항상 방에 틀어박혀 지냈다. 지난 1년 사이 레이의 편집증과 적개심은 한층 더 심해졌다. 그는 자신이 처한 상황의 심각성을 이해하지 못하는 듯했고 몸 상태가 안 좋다는 것도 단호히 부인했다. 그는 정신질환으로 인해 치료의 장단점을 가늠하기가 불가능한 상태였다. 나는 레이가 자신의 치료를 제대로 결정할 능력이 없다고 결론 내릴 수밖에 없었다.

다음날 점심시간이었다. 목요일 오후 진료를 하러 모즐리 병원에 가는 길이었다. 나는 40번 버스 2층 자리에 앉아 있었다. 휴대전화가 울렸다. 나는 늘 그랬듯이 메일 답장을 쓰면서 몇 가지 서류를 읽는 동시에 전화를 받으려고 했다. 비뇨기과 의사였다.

"선생님이 어제 보신 환자 말인데요."

"흐음." 나는 좌석 아래 손이 닿지 않는 곳까지 미끄러져 들어간 서류 한 장을 꺼내려 애쓰며 건성으로 대답했다.

"지금 그 사람을 수술실로 데려온 참입니다."

"그렇군요. 잘해보세요."

"아, 네. 그냥 선생님께서 지금도 수술에 동의하시는지 확인하려고 전화 드렸어요."

나는 퍼뜩 정신을 차리고 통화에 집중했다. 수술에 저항하진 않았지만 반대 의견을 표명한 환자를 수술한다는 것의 무게를 그제야 실감할 수 있었다. 그때까지만 해도 치료로 회복될 환자를 치료하지 않기로 하는 것이야말로 어려운 결정이리라고 생각했다. 하지만 이렇게 수술에 동의하지 않은 환자의 생명을 구하려고 수술을 하게 되니, 설사 그가 정신질환자라서 반대한 것이라 해도 새삼 부담감이 느껴졌다. 수술 담당 의사가 왜 그리 망설였는지 이해할 수 있었다.

이 일은 놀라운 결말로 끝났다. 일주일쯤 뒤 다른 환자를 진료하러 입원 병동에 갔다가 레이를 보았다. 시끄럽게 욕을 먹겠구나 싶어서 조용히 슬쩍 지나치려 했지만, 그는 내가 병동에 들어서자마자 손짓으로 나를 불렀다. 레이는 온화하다고 할 만한 태도로 나를 맞았으며 원한은 없어 보였다. 몸 상태는 어떤지 묻자 훨씬 좋아졌다는 대답이 돌아왔다. 그는 문제가 해결되어 안도하는 것 같았다. 처음에 내게 감정받았을 때보다 정신이 한층 맑아지고 스트레스나 불안도 덜한 듯했다. 수술이 잘되고 레이가 내게 원한을 품지 않아서 다행이라는 생각이 들었지만, 그런 상태가 지속될 거라고 확신할 수는 없었다. 그래서 일부러 병동을 떠날 때는 들어왔던 길과 다른 길로 나갔다.

자신이 의사라는 망상에 빠진 환자

어찌 보면 레이는 쉽고 빠르게 결정할 수 있는 경우였다. 그와 같은 상황에서 시간이 지체되면 심각한 문제가 생길 수 있으니까. 몇 년 뒤 피부과 의사에게서 피부암에 걸린 남성 환자를 만나달라는 의뢰를 받았다. 하비는 50대 후반이었고 나를 만나기 몇 주 전에 피부암 진단을 받았다. 피부과 의사와 종양 전문의가 합의한 치료 계획을 하비에게 제시했지만 거절당했다고 했다.

처음에는 그가 치료를 거절한 이유를 파악하기 어려웠다. 하비는 대화에 흥미가 없어 보였고 내 질문에 자세한 설명이나 미사여구 따위 없이 단도직입적으로 대답했다. 하지만 그의 말을 듣다 보니 어느새 그의 서글프고 고립된 세계에 이끌리는 느낌이었다. 하비는 원룸 아파트에서 혼자 살았다. 근처에 사는 친척들과 가끔 연락하긴 했지만 친구는 없었고 그에게 관심을 가져주는 사람도 없었다. 하루 종일 텔레비전을 보고 최대한 드물게 장을 보았으며 토스트와 홍차로 연명했다. 그는 낡아빠진 옷을 걸친 비쩍 마른 몸에 뺨이 움푹 꺼지고 창백하며 노쇠한 얼굴을 하고 있었다. 수염은 거의 하얗게 세었지만 담배를 하루에 서른 개비씩 피워서 갈색 니코틴 얼룩이 들었고, 중지와 검지 끝도 비슷하게 얼룩져 있었다. 그는 실제 나이보다 훨씬 더 늙어 보였다.

하비와 신뢰 관계를 형성하는 건 쉽지 않았다. 하비는 자기가 유능한 의사라고 확신했으며 의사들의 소견과 달리 자신이 암이 아니라 전염병에 걸렸다는 결론을 내렸다. 그는 자신의 문제가 항생제만 먹으면 해결될 것이며 그러면 모두가 만족할 수 있을 것이라고 말했다. 물론 하비는 의사가 아니었다. 사실 그는 수십 년 동안 일한 적이 없었다. 그의 인생은 정신분열증의 연속이었고, 그의 학력은 열여섯 살에 치른 중등교육학력 검정시험으로 끝났다. 하비는 결코 어리석은 사람이 아니었지만 교육을 많이 받지 않았다는 것도 확실했다. 나는 그의 진료 기록을 다시 살펴보고 그가 오래전부터 스스로 의사라고 망상해왔다는 걸 알았다.

몇 년 전 영국에서 이와 비슷한 사건이 재판에 부쳐진 적이 있다. C라고만 알려진 어느 환자가 있었다. C는 다리에 당뇨로 인해 괴저가 생겼다. 담당 외과의는 패혈증이 혈류로 퍼져 C가 죽는 사태를 피하려면 무릎 아래를 절단해야 한다고 조언했다. 그러지 않으면 C의 생존 가능성이 15퍼센트 정도밖에 되지 않는다고 판단했기 때문이다. 오랜 편집조현병 이력이 있고 그 당시 폐쇄 정신병원에 입원해 있던 C는 수술을 거부했다. 자기가 세계적으로 유명한 의사라는 망상적 신념을 품고 있었으니 아마도 담당 의사보다 자신의 건강 상태를 더 잘 안다고 생각했으리라. 그는 자기가 나을 거라고 확신했으며 의료진을 믿는다고 말했지만, 괴저로 사망할 수 있다는 사실도 인정했다. 재판장은 C가 수술 거부의 장단점과 괴저를 충분히 이해한 상태이며 수술 거부를 스스로 결정할 능력이 있다고 판단했다. C의 조현병이나 망상적 신념이 괴저가 퍼진 다리에 대한 결정 능력을 훼손할 정도는 아니라고 판단한 것이다.

놀랍게도 C는 결국 회복되었지만, 나는 재판 결과가 좀처럼 납득되지 않았다. 정신과 의사이자 왕립정신과의사협회의 정신건강법률 책임자를 지낸 토니 지그먼드Tony Zigmond 박사는 저서 《임상의가 알려주는 정신건강법률 개요A Clinician's Brief Guide to the Mental Health Act》에서 이 사건의 후일담을 들려준다.[4] C의 변호사는 그가 괴저로 죽을 가능성을 고려하여 유언장을 만들자고 제안했다. C는 유언장 작성에 동의했지만 유산은 자기 자신에게 남기겠다고 말했다. 자기가 사망한 뒤에도 돈이 필요할 거라는 이유였다. C가 죽음을 한시적 상태로 이해했다면, 그가 수술을 거부할 경우의 결과를 충분히 이해했다는 재판관의 주장은 납득하기 어렵다. C가 그런 결정에 이른 것은 '외과 의사로서' 자신의 소견을 믿어서였지만, 그는 의사가 아니었으니 더욱 재판 결과를 납득하기 어렵다. C가 회복된 것은 그가 옳은 판단을 해서가 아니라 단지 운이 좋았기 때문이다. 말하자면 계산법을 모르는 수학 문제의 정답을 찍어서 맞힌 셈이다. 그러나 이 사건은 결정 능력이 얼마나 복잡한 것인지, 무엇보다도 사람들이 얼마나 미묘한 방식으로 자신의 상황을 가늠하여 행동을 결정하는지 보여준다.

C의 재판 이야기를 알고 있었지만, 나는 하비가 치료를 거부할 결정 능력이 없다는 판단을 내렸다. 하비는 암 진단을 받아들이지

않았고 자기가 죽으리라는 것도 믿지 않았다. 치명적인 결과가 따를 수 있다는 걸 인식하지 못한다는 점에서 그는 C보다도 치료의 장단점을 저울질할 능력이 부족했다. 하비에게 결정 능력이 있는지 없는지는 큰 문제가 아니었다. 그 점은 누가 봐도 단순하고 명백했으니까.

문제는 바로 하비에게 결정 능력이 없다 해도 우리 의료진이 할 수 있는 일이 별로 없다는 것이었다. 하비는 C나 레이처럼 빨리 수술하기만 하면 문제가 해결되는 경우가 아니었다. 하비에게 화학요법을 실시하려면 그가 한 번도 아닌 상당 기간에 걸쳐 적극적으로 치료에 협조해주어야 했다. 치료를 거부할 뿐만 아니라 직접적으로 저항감을 드러내는 환자에게 화학요법을 실시하기는 불가능하다. 의료진에게 위험할 뿐만 아니라 자칫하면 합병증이 발생하여 사망을 앞당길 수도 있다. 유일한 선택지는 하비의 조현병을 최대한 적극적으로 치료하는 것뿐이었다. 그의 정신 건강이 나아지면 자기가 의사라는 망상적 신념이 잦아들고 진짜 의사들이 하는 말에 좀 더 귀 기울이게 될지도 몰랐다. 결국 시간과의 싸움이었다. 화학요법을 일주일만 미루어도 치료 성공 확률이 급격히 감소하는 상황이었으니까.

또다시 익숙한 불안감이 나를 덮쳐왔다. 유독 결정 능력을 감정할 때만 찾아오는 초조함과 무기력이었다. 솔직히 말하면 하비를 붙잡고 그가 정신이 들어 자기 목숨이 위험하다는 걸 이해할 때까지 마구 흔들어주고 싶었다. 하비와는 여러 모로 다른 경우였지만 돔을 만났을 때도 비슷한 심정이었다. 촉박한 시한 내에 난치성 정신질환을 치료하여 꺼져가는 목숨을 구해낸다는, 불가능한 성취에의 열망. 병을 앓는 사람이 내가 아니라 환자라는 건 잘 알지만, 나역시 마음 한켠에서는 환자들을 보며 함께 괴로워한다.

하비의 정신 건강은 화학요법을 받을 만큼 회복되지 못했고, 결국 암이 치료할 수 없을 만큼 진행되었다. 그 무렵엔 지역 정신건강 의료기관에서 하비를 돌보게 되었다. 얼마 뒤 그곳 의사와 마주쳤을 때 하비가 사망했다는 소식을 전해 들었다.

돔도 사망했다. 나와 처음 만난 지 몇 달 만에 다시 투석 중단을 결정한 것이다. 그사이 많은 일들이 있었고, 돔은 충동적으로 투석을 중단하겠다고 말했다가 마음을 돌리곤 했다. 하지만 투석을 중단하겠다는 생각은 점점 더 일시적 충동이 아니라 확고한 신념으로 변해갔다. 마침내 그는 병원에 발길을 끊었다. 돔의 생명은 그자신의 성격에 희생되어 짧게 반짝이다가 꺼져버리고 말았다.

병원에서는 일일이 기억할 수 없을 만큼 많고 많은 비극이 일어난다. 의사가 그런 비극 하나하나에 감정을 쏟았다가는 정신이 나가고 말 것이다. 하지만 그중에서도 결정 능력과 관련된 비극들이 유난히 통렬하게 내 마음을 건드린다. 결정 능력 감정은 현재 의학계의 관행에 존재하는 구멍을 뚜렷이 드러낸다. 의사들은 기술 발전이 환자의 예후 개선과 직결된다고 자화자찬하지만, 이는 지극히 편협한 생각이다. 환자가 의사의 말을 믿거나 치료를 받아들일지는 의술의 발전과는 무관하며 오히려 환자의 심리 상태와 직결된다. 어떤 증상을 부각시키고 어떤 증상을 숨길지 결정하는 것도 환자에게 달려 있다. 인간은 비합리적일 수도 있고 완고할 수도 있으며 우울할 수도 있다. 혹은 그저 남들과 다르게 생각할 수도 있다. 의료적 상호 작용의 모든 단계에는 이처럼 복잡한 사고 과정과 결정이 존재한다. 화가 나거나 두려워서 치료를 거부하는 환자가 있는가 하면, 치료의 의미를 이해하지 못하면서도 치료를 받는 데 동의하는 환자도 있다. 그중 유난히 특이하거나 논쟁적인 사례만이 언론의 주목을 받고, 대다수는 심각하게 받아들여지기는커녕 인식되지도 못한 채 묻혀버린다.

나는 서서히 결정 능력 감정에 익숙해졌고, 이제는 내가 감정한 환자들을 생각하며 잠 못 이루는 일까진 겪지 않는다. 하지만 여전히 결정 능력 감정은 그 어떤 업무보다도 나를 초조하게 한다.

17

마지막 날을 기다리는 사람들

춥지만 맑은 겨울날 오후였다. 외과 병동에서 수술 불가능한 장암으로 사망 선고를 받은 예순한 살 환자 해리를 만나달라는 의뢰가 들어와 환자의 집을 방문했다. 나는 해리의 침대 맡에 앉아서 그가 살아온 이야기에 귀 기울였다. 해리는 스코틀랜드에서 자랐고 스물한 살에 결혼한 여성과 40년을 함께 살아왔다. 해리 부부의 두 아들은 다 커서 본가에서 길만 몇 개 건너면 되는 동네에 살며 손주들도 가졌다. 해리는 창문 청소 일을 했고, 한동안 직접 청소 회사도 운영한 만큼 규칙적이고 착실한 생활을 해왔다. 동네 술집 다트팀에 속해 있었고 텔레비전 보기를 좋아했으며 친구들과 함께 있는 걸 즐겼다. 해리는 어느 모로 보나 평범하게 살아온 평범한 사람이었고 스스로도 인생에 아무 문제가 없었다고 말했다. 경쟁 업체 사장이 창문 청소업계의 암묵적 규칙을 싹 무시하고 그의 구역을 침범하기 전까지는 말이다. 해리는 당황하고 분노했으며 많은 시간과 비용을 들여 자기 사업을 지키려 했다. 그럼에도 해리의 청소회사는 흔들렸고, 그는 스트레스로 잠시 일을 쉬었지만 병원에 가보진 않았다.

이후로 몇 년 지나지 않아 해리는 첫 번째 암 진단을 받았다. 암치료는 잘 끝났고 그는 몇 년 더 무사히 살아갈 수 있었다. 그러나 암이 재발하고 말았다. 해리는 그것이 무슨 의미인지 알고 있었다. 그는 앞으로 기껏해야 몇 달밖에 살 수 없었고 그런 자신의 상황을 받아들인 터였다.

"내가 죽으리라는 건 압니다, 선생님. 그 누구도 어쩔 수 없는 일이죠. 하지만 가기 전에 끝내야 할 용건이 있거든요."

그 말의 의미는 얼마 지나지 않아 밝혀졌다. 해리는 문제의 경쟁업체 사장을 위협하거나 심지어 죽일 생각이었던 것이다. 이런 상황은 생전 처음이었고 무슨 말을 해야 할지 알 수 없었기에 곧바로 대답하긴 어려웠다. 나는 뭐라고 말해야 할지 고민했다. 진지하게 한 말은 아닐 거야, 그냥 허풍이겠지.

"진심으로 하는 말인가요? 그러니까……."

나는 말문이 막혔다. 내가 왜 그렇게 말했는지 알 수 없었다. 더 정확히는 내가 말하려던 게 무엇이었는지 제대로 표현할 수가 없었다. 해리는 이렇게 대답했다.

"뭐, 나 같은 사람은 법적으로도 어쩔 수 없지 않겠습니까?"

어떤 면에서는 해리의 말이 옳았다. 그 같은 처지의 사람이 수감되진 않을 터였다. 하지만 바싹 말라서 뼈와 가죽밖에 없는 그의 모습을 보니, 뭔가 비장의 무기라도 숨겨놓지 않은 한 누굴 공격할 수는 있을지 의심스러웠다. 그래도 혹시 모르는 일이다. 그간 쌓인 분노로 인해 정확한 순간 최후의 일격을 가할 힘이 생길 수도 있었다. 내가 그 사장이 어디 사는지 아느냐고 묻자 해리는 집 주소는 몰라도 그자가 다니는 술집은 안다고 대답했다. 하지만 "무기는 구할 수 있으세요?"라는 질문에는 어물거리며 제대로 대답하지 않았다. 내가 가장 두려워한 건 총이 등장하는 사태였다. 게다가 런던 남부에서 총을 구하기가 얼마나 쉬운지 누가 알겠는가?

나는 곰곰이 생각해보았다. 나는 정신과 의사다. 나는 해리의 정신질환 이력을 확인했으며 그의 정신 건강에 문제가 있다는 증거를 찾지 못했다(타인을 살해하고 싶다는 충동이 정신 건강 문제가 아니라고 한다면 말이다). 정신 건강에 문제가 없는 사람은 정신과 의사의 치료 대상이 아니다. 그리고 해리가 치료 대상이 아니라면 내 역할은 이걸로 끝난 셈이다. 나는 해리에게 내가 그를 도울 방법은 딱히 없다고 말했다. 하지만 그가 한 말을 들은 이상 가만히 있을 수는 없으며 경찰에 신고를 해야만 한다고도 했다. 해리는 어깨를 으쓱했다. "해야 하는 일을 하세요, 선생님." 그래서 나는 무거운 마음을 다잡으며 진료실로 돌아가 경찰에 전화를 걸었다.

하지만 막상 경찰에 전화하고 보니 누구를 바꿔달라고 해야 할지 알 수가 없었다. 이런 이야기를 누구에게 전해야 한단 말인가? 나는 인터넷에서 찾은 지역 경찰서의 대표 전화번호로 연락하여 방금 들은 이야기를 했고, 마침내 어리둥절해하며 정말로 범죄가 일어났는지 묻는 어느 경사와 연결이 되었다. 벌써 세 번째로 같은 이야기를 되풀이해야 하는 상황이었다. 나는 한숨을 쉬고 경사에게 자세한 이야기를 하며 책상에서 몸을 뻗어 전기 주전자 스위치를 눌렀다. 경사의 진부하거나 혹은 무의미한, 그리고 한결같이 뻔한 질문에 귀를 기울이는 동안 주전자가 점점 더 요란한 소리를 내며 끓어올랐다.

며칠 뒤 진료를 시작하려고 자리에 앉았을 때 어느 고위 경찰관에게서 전화가 왔다. 그는 내 휴대전화로 연락해왔지만, 나는 어느 경찰관에게도 내 번호를 알려준 적이 없었다. 며칠 전 혼란스러워하던 경사와 나눈 것과는 완전히 다른 대화였다. 조지 오웰의 《1984》에서 마침내 빅 브라더 뒤에 있는 지적인 영도자의 손길이 드러나는 장면이 떠올랐다. 경찰이 해리에게 무슨 말을 했는지 몰라도, 해리는 잠시 심사숙고한 뒤 사람을 죽이겠다는 위협은 취소하기로 한 모양이었다. 경찰관은 이렇게 말했다.

"신생님, 지희가 그 흰지분을 찾아가서 이야기를 나눠봤습니다. 장담하건대 그분은 어느 누구도 공격하지 않을 겁니다. 술집 근처에서든 어디서든, 적어도 한동안은요."

내가 들은 이야기는 그걸로 끝이었다. 몇 주 뒤 해리가 가족이 지켜보는 가운데 조용히 세상을 떠났다는 것을 전해 들었다. 이후로 누굴 죽이겠다고 말한 적은 없었다고 했다.

이 사건이 마음에 남았던 것은 죽음이 임박했다는 깨달음 앞에서의 반응 중에서도 아주 특이한 경우였기 때문이다. 사람들에게 보통 죽음과의 대면은 심오한 만큼 고독한 경험이기도 하다. 죽음에 대한 두려움은 보편적이지만, 내 경험에 따르면 살날이 몇 주나 몇 달밖에 남지 않은 사람은 오히려 그런 두려움을 드러내지 않는 경우가 많았다. 아마도 두려움을 드러낼 기회가 전혀 주어지지 않았기 때문에, 그리고 영국 문화에서는 죽음에 대한 두려움을 좀처럼 언급하지 않기 때문이리라.

몇 년 전 종합병원 입원 병동을 회진하다 만난 60대 여성이 아직도 생생히 떠오른다. 불치의 암에 걸렸고 조현병도 있던 그는 서서히 모든 가족과 친구들로부터 단절되었고, 눈앞에 다가온 죽음을 끔찍이 두려워하며 홀로 병동에서 죽어갔다. 일주일에 한 번 그의 정신 건강을 확인하러 찾아갈 때마다 그는 더 쇠약해지고 쪼그라들어 있었다. 내가 병실에 들어가면 그는 괴로워하며 몸부림치곤 했지만, 담당 의료진은 그 고통의 원인을 알아낼 수 없었다. 다만 그것이 심리적 고통이라는 건 정신과 의사가 아니어도 충분히 알아볼 수 있었다. 내가 말을 걸면 그는 계속 "무서워요, 무서워요"라는 말만 되풀이했다.

나는 뭐라고 대답해야 할지 몰랐지만, 그가 느끼는 두려움은 이해할 수 있었다. 나 역시 그 두려움에 전염되었고 나아가 압도당할 수밖에 없었으니까. 그는 기분이 어떤지 길게 이야기하진 않았지만 그 침묵 자체가 내 마음을 뒤흔들어 놓았다. 나는 그의 병실을 방문할 때마다 슬픔과 불안에 빠졌으며 이후로도 몇 시간이나 그런 감정에서 벗어날 수 없었다. 그 어떤 유창한 말로도 그가 느낀 감정을 더 잘 전달할 수는 없었으리라.

문제를 해결하려 애쓰지 말고 의료라는 형식을 벗어나 소통해야 한다는 것을 깨닫고 나서야 상담이 한층 수월해졌다. 나는 환자가 최소한의 정상적 인간관계를 가질 수 있도록 한동안 곁에 앉아서 그의 인생과 과거의 취미에 관해 대화하곤 했다. 한번은 좀 더 오래 머물면서 함께 보드게임을 했더니 환자의 기분이 편안해졌다. 적어도 현대적 기준에 따르면 치료라고 할 수 없을 보드게임이 수많은 진통제로도 불가능했던 일을 해낸 것이다. 덕분에 환자는 30분이나 괴로워하지 않고 차분히 앉아 있었다.

몇 주 내로 사망할 사람들이 죽음에 대한 두려움보다 더 흔히 드러내는 불안은 과연 자신이 제대로 살았는가 하는 의구심이다. 임종을 앞둔 환자들을 돌보았던 호주의 간호사 브로니 웨어Bronnie Ware에 따르면, 사람들이 죽기 전에 가장 많이 하는 후회는 좀 더 자신에게 충실하게 살았어야 했다는 것이었다.[1] 유감스럽게도 대다수는 그렇게 살지 못하며, 경력과 직장과 소속 집단 등 온갖 이유로 자신의 진정한 자아와 이상을 굽히며 살아온 것을 후회하게 된다. 주류에서 벗어난 가치관을 가진 사람이 비웃음과 조롱(그리고 아마도 질투)을 견디며 고집스럽고 절조 있게 자기 가치관을 지키려면 엄청나게 용감해야 한다. 내가 실제로 아는 사람 중에 이런 이들은 극소수이며, 나는 그들이 무척 부럽다.

마지막 나날의 절망을 어떻게 덜어줄 수 있을까

병원에서 임종에 관해 대화하는 일은 드물다. 의사와 간호사를 비롯해 사실상 거의 모든 의료 전문가가 살날이 얼마 안 남은 환자를 상대로 삶과 죽음이라는 중대사를 이야기하길 꺼린다. 그런 상태의 환자에게는 무척 중요한 일인데도 말이다. 의료인들은 자기에겐 환자의 질문에 답할 요령도 시간도 없다고 생각한다. 어쩌면 의료인 자신의 죽음을 생각하게 되어서 불편하기 때문인지도 모른다. 이유가 무엇이든 간에 의료진은 이런 문제보다 기술적 의료 서비스에 집중하는 편이 쉽다고 여기는 듯하다. 누군가의 두려움을 달래주는 것보다는 치료 절차에 집중하는 것이 편안하고 익숙하며 훨씬 용이하니까. 점점 더 기술 관료화되는 의료 체계 속에서 일하는 그들에게 환자의 죽음은 생애 주기의 일부가 아니라 의료의 실패로 여겨진다. 죽음은 피해야 할 주제다.

이 중요한 분야를 연구하는 사람은 극소수지만, 그중 하나가 캐나다 매니토바 대학 교수이자 임종 정신의학의 최전선에 있는 연구자인 하비 초치노프Harvey Chochinov다. 내가 영국 왕립의료학회의 정신의학과장이었을 때 그를 런던에서 열린 임종학술회의의 연설자로 초청할 기회가 있었다. 초치노프는 심각하고 엄숙하게 느껴지는 분야의 연구자답지 않게 예리한 유머 감각으로 나를 놀라게 했다. 내가 그에게서 무엇을 기대했는지는 확실치 않지만, 적어도 눈빛을 반짝이며 활기차게 농담을 하는 사람을 만나게 될 줄은 몰랐다. 그는 또한 날카로운 지성과 깊은 연민을 지닌 인물이기도 했다.

초치노프 교수가 불치병 환자 200명을 대상으로 죽음에 대한 욕구를 조사한 연구가 있다.[2] 참여한 환자의 40퍼센트 이상이 빨리 죽고 싶다고 말했지만, 끝까지 그렇게 말한 환자는 8.5퍼센트뿐이었다. 가족의 부실한 돌봄과 통증 등이 죽고 싶은 마음을 부추기는 요인으로 분석되었지만, 가장 중요한 요인은 우울증이었다. 우울증은 충분히 나을 수 있는 병인데도 불치병 환자의 경우 이 사실을 간과하기 쉽다. 환자와 가족 모두에게 정말로 안타까운 일이다.

의료 전문가들은 불치병 환자에게 우울증에 관해 묻지 않는다. 우울증은 불치병에 대한 정상적 반응이라는 편견 때문이다. 그러나 정신질환을 신속히 인지하고 치료하면 환자에게 남은 며칠, 몇 주, 몇 달은 물론 가족의 경험에도 지대한 영향을 미칠 수 있다. 내가 기억하는 가장 인상적인 사례 하나는 종양 병동에 입원했던 어느 노인 환자였다. 그는 수명이 몇 주밖에 남지 않았고 직접 식사할 의지나 의욕이 없었기에 영양관으로 양분을 주입받고 있었다. 환자로 가득한 긴 병동 가운데서 아무도 귀찮게 하지 않고 베개에 기대 앉아 이불만 쳐다보는 그에게 시간을 할애하는 사람은 없었다. 분주한 병원에서는 우는 아이만이 젖을 얻어먹게 마련이다. 불평하지 않는 조용한 환자는 관심을 받기 어렵다. 의료진이 매일 회진을 하며 그의 병상 곁에 멈춰 몇 가지를 묻긴 했지만, 이제는 그가 거의 말을 하지 않아서 의사, 간호사, 물리치료사, 약사, 작업치료사와 의대생 무리는 그와 소통하는 데 시간을 쓰지 않고 금세 다음 환자에게로 이동하곤 했다.

나를 만났을 때 그는 이미 죽어가는 기색이 역력했다. 그가 심한 우울증 때문에 말문을 잃고 끔찍하게 괴로워한다는 것도 바로 알아볼 수 있었다. 그는 고통으로 눈썹을 찌푸린 채 멀거니 앞만 내다보고 있었다. 그에게 선택의 여지가 있었다면 망설임 없이 바로 그 자리에서 살기를 중단했으리라. 하지만 그럴 수 없었기에 그는 절망에 굳어진 얼굴로 자리에 누워 있었다. 나는 평소 좀처럼 하지 않는 일을 했다. 그가 전기경련요법Electroconvulsive therapy, ECT을 받아야 한다고 결정한 것이다. 나는 내 제안을 그에게 설명하려고 애썼다. 그는 냉정하고 초연하고 무관심했지만 결국엔 내 말을 알아듣고 동의한다는 듯 고개를 끄덕였다.

전기경련요법의 가장 큰 문제는 효과가 있느냐 없느냐가 아니다.

사실 중증 우울증의 경우 현재로서는 전기경련요법이 가장 효과적이라서 다른 모든 치료의 효과를 판단하는 기준이 될 정도다. 문제는 전기경련요법의 이미지다. 사람들은 전기경련요법이라고 하면 대체로 잭 니콜슨이 주연한 영화 〈뻐꾸기 둥지 위로 날아간 새〉를 떠올린다. 이 영화에서 전기경련요법은 난폭한 정신병원 환자를 통제하는 용도로 악용된다. 전기경련요법을 안다고 말하는 사람들도 사실은 이 영화밖에 모르는 경우가 많다. 이 영화는 내가 아는 한 정신의학의 평판을 가장 심하게 훼손한 사례로, 정신의학을 강압적이고 통제적이며 잔인하고 무자비한 규율로 묘사한다. 또한 제작된 지 50여 년이 지난 현재까지도, 이 영화가 처음 상영되었을 때는 태어나지도 않았던 사람들에게 언급되고 있다.

전기경련요법은 희한한 존재다. 이 치료법의 작용 원리나 근거는 아직 밝혀지지 않았다. 의학사 연구자 앤드루 스컬이 저서 《광기와 문명》에서 설명했듯이, 전기경련요법은 인슐린혼수요법이나 척주관에 놓는 말 혈청 주사처럼 1920년대와 1930년대에 개발된 여러 치료법 중 하나였다. 그 대부분은 실패한 의술의 무덤에 들어간 지 오래다.[3] 하지만 당시만 해도 이처럼 새로운 물리적 정신질환 치료법은 정신의학이 수용소에서 벗어나 다른 의학 분야와 마찬가지로 존중받게 된 과학적 진보의 선봉에 있었다. 조현병 치료제로 개발되어 1938년에 처음 사용된 전기경련요법도 그런 치료법에 속했다. 전기경련요법은 환자의 뇌에 전류를 흘려 발작을 일으키는 방식이다. 조현병과 뇌전증은 공존할 수 없으므로 발작을 일으키면 조현병이 몸 밖으로 쫓겨난다는 것이 전기경련요법의 근거였으나, 이 이론은 이미 오래전에 부정되었다.

전기경련요법으로 조현병을 치료할 수는 없었지만, 이 치료가 실제로 우울증에 효과적이라는 것이 밝혀지면서 의학계에서도 손에 꼽을 만큼 논란이 많은 치료법 중 하나가 탄생했다. 전기경련요법은 예전처럼 일반적이진 않지만 지금도 치료가 극도로 힘든 경우에 쓰이며, 전용 기계 안에서 전신마취 후 이루어지는 매우 의학적인 절차가 되었다. 이제 발작의 징후를 보여주는 것은 뇌 내의 전기적 활동을 나타내는 모니터뿐이다. 1분 안에 모든 것이 끝나고 환자는 회복실로 이송된다.

내가 전기경련요법을 자주 쓰지 못하는 건 대체로 논란 때문이다. 환자가 어떻게 반응할지 걱정되어 애초에 이 치료법을 제안하기도 어렵다. 게다가 전기경련요법에 부작용이 있다는 점도 인정해야 한다. 가장 흔한 부작용은 기억력에 미치는 영향이다. 많은 의사들의 주장에 따르면 전기경련요법으로 유의미한 기억력 저하가 나타나지는 않았으며, 애초에 기억력 저하 자체가 이 치료의 대상인 우울증에 흔한 증상이다. 하지만 환자 스스로 기억력에 문제가 생겼다고 느낀다는 것은 부인할 수 없다. 대체로 사실과 숫자에 있어서는 기억력 저하가 나타나지 않는데, 이것이 실험실에서 진행하는 테스트로는 기억력 저하를 확인할 수 없는 이유일 것이다. 기억력 저하는 오히려 생일이나 결혼기념일처럼 사적으로 의미 있지만 테스트에 포함되지 않는 항목에서 발생한다. 그렇지만 전기경련요법을 적시에 적절한 환자에게 사용하면 기적적인 결과가 나타난다. 내가 이 치료법을 쓴 경우는 드물지만, 그때마다 더 빨리 시도하지 않은 게 아쉬울 정도였다.

내가 담당한 암 병동 환자의 경우도 마찬가지였다. 전기경련요법은 보통 일주일에 두 번씩 총 여섯 번에서 열두 번 실시된다. 두 번째 치료를 받은 뒤 그는 병상에 똑바로 앉아 웃으면서 간호사들에게 말을 걸게 되었고, 내가 다른 환자를 보러 가면서 그를 지나쳤을 때는 손을 흔들어 보였다. 그는 식사를 재개했으며 맑고 뚜렷한 정신으로 다른 환자들과 대화를 나눴다. 내 경력을 통틀어 그 어떤 환자도 치료 후 그만큼 놀라운 변화를 보인 적이 없었다. 그는 병동 의료진 사이에서 큰 화제가 되었고, 다들 활기차고 수다스러운 그의 모습에 놀라워했다. 몇 주 후 그는 암으로 사망했지만 인생의 마지막 나날을 유쾌한 대화와 인간관계 속에서 보낼 수 있었다. 전기경련요법이 없었다면 그의 마지막이 어땠을지 생각만 해도 끔찍하다. 하지만 내가 그에게 아무런 말이나 행동을 하지 않았더라도 나를 비난하는 사람은 없었으리라. "누구든 이런 상황에서는 그렇게 느낄" 거라는 사고방식이 만연해 있으니까.

임종을 앞둔 환자에게 가장 고통스러운 것은 주로 비인간적 존재가 되었다는 느낌, 살아 있는데도 더 이상 인간으로 여겨지지 않는다는 느낌이다. 생각만 해도 참혹한 일이다. 이런 상황에서는 아주 작은 배려도 엄청난 변화를 가져온다. 내 생각에는 환자가 마실 음료를 내밀어주거나, 그들이 읽는 책을 놓고 유쾌한 토론을 하거나, 그들이 무슨 일을 하는지 묻거나, 침대 옆 탁자에 놓인 가족사진을 주제로 대화하는 일이 그 어떤 처방약보다도 유익하다. 이처럼 사소한 행동이 환자의 자기 인식을 변화시키고 인생 막바지의 분위기와 기분을 바꿔놓을 수 있다.

최근에 죽어가는 중년 환자 돈의 침대 머리맡에 앉아 있었던 일이 기억난다. 맨체스터 유나이티드 축구팀 레플리카 셔츠를 입고 누운 돈의 몸과 얼굴, 팔다리는 암 때문에 온통 멍투성이였다. 의료진은 더 이상 그에게 해줄 수 있는 치료가 없다고 했다. 돈은 신장 기능을 상실하여 일주일에 세 번 투석을 받아야 했다. 그는 평생 운전사로 일했고 나이 들어서는 배달업체에서 일했으며, 결혼은 안 했지만 예전 파트너와 아이를 가진 적이 있었다. 그러나 이제는 파트너와 아이 모두 연락이 끊겼다고 했다. 그는 주택조합의 임대 아파트에 혼자 살았다. 지인이 몇 명 있었지만 가까운 친구라 할 사람은 없었으며 영국에 사는 가족도 없었다. 돈의 마지막 소원은 그에게 남은 유일한 피붙이로 캐나다에 살고 있는 형을 만나는 것이었다. 하지만 그는 캐나다에 가거나 거기서 투석을 받을 돈이 없었고, 형 또한 심하게 아파서 영국에 있는 동생을 방문할 수 없는 처지였다.

돈은 이처럼 고통스러운 내용을 자기 연민 없이 무덤덤하게 이야기했다. 그가 말을 그치자 잠시 침묵이 흘렀다. 서글프고 절망적인 분위기였다. 나는 곰곰이 생각한 끝에 이렇게 대답했다. "하지만 당신은 맨체스터 유나이티드 팬이잖아요. 그러니까 이미 최악의 상황인 거죠." 우리 둘 다 웃음을 터뜨렸고, 그 순간을 넘어 인생 전반의 덧없음과 진부함에 대한 우스꽝스러움과 슬픔 속에서 서로 연결되는 것을 느꼈다. 더 이상 내가 할 수 있는 일이 없었다. 나는 잠시 더 앉아 있다가 이렇게 말했다. 그가 죽기 전에 마지막으로 형을 만날 수 있게 자선단체에 문의하거나 캐나다 방문 비용을 모으는 크라우드펀딩을 할 수도 있다고. 돈은 허약하고 지친 상태였지만 그 말을 듣고 기운을 내는 듯했다. 나는 고맙다고 말하는 그를 말리며 난 아직 아무것도 하지 않았다고, 주말 이후에 다시 만나서 얘기하자고 말했다.

월요일 오후에 수련의 진료실에서 입원 환자 명단을 훑어보았을 때 돈의 이름은 게시판에 없었다. 알고 보니 주말 사이 사망했다고 했다. 그는 병원에 입원해 있었으니 임종을 지킨 가족이나 친구도 없었을 터였다. 그런 생각을 하니 쓸쓸한 회한이 밀려왔다. 나는 이런 상황에서 노련한 의사들이 대부분 그러듯이 죽은 환자를 너무 깊이 생각지 않으려 애썼다. 병원에서 일하는 의사라면 비일비재하게 겪는 일이니까. 나는 돈과의 마지막 대회를 곰곰이 생각하며 그가 나와의 대화에서 일말의 위안을 얻었길 바랐다.

의사가 의사일 수 없을 때, 의학적으로 더 이상 할 수 있는 일이 없을 때 의사는 환자와 같은 인간으로서 행동해야 한다. 공허한 약속이 아닌 실질적 희망을 제시하는 능력은 훌륭한 의사가 되는 데 무척 중요하다. 의사는 환자의 곁에서 그가 어떻게 될지 염려하는 동료임을 인식시켜야 한다. 환자를 구체적으로 도울 방법에는 한계가 있겠지만, 임종을 앞둔 한 인간의 절망을 덜어주는 일을 어떻게 숫자로 따질 수 있겠는가?

'존엄 치료'가 주는 위로

1979년 〈미국역학저널American Journal of Epidemiology〉에 핀란드에서 실시된 연구가 발표되었다. 연구 결과 치료를 받지 못한 암 환자의 자살률이 치료를 받은 환자보다 높다는 것이 밝혀졌지만[4] 그 이유는 불분명했다. 자살한 환자들 중 상당수는 암 진단을 받은 지 몇 주 되지 않았고 아직 치료도 받지 않은 상태였기 때문이다. 아마도 이들은 치료가 시작되기 전에 자살한 것이겠지만, 그중 치료가 불가능하다고 선고받은 이들도 있었으리라. 이는 의사가 의학적으로 가망이 없는 환자보다도 치료 가능성이 있는 환자 위주로 자원을 할당하기 위한 실용적이고 합리적인 결정이었을지 모른다. 그러나 의사에게 버림받았다고 느껴 희망을 잃어버린 사람은 생각과 말과 행동에 있어 순식간에 스스로를 포기하게 마련이다. 더 최근인

2012년의 연구에서는 미국에서 암 진단을 받은 환자 350만 명 이상을 추적했는데, 자살 위험은 진단 후 1개월 동안 가장 높았으며 절망감과 불안도 이 시기에 가장 심한 것으로 나타났다.[5]

물론 그 반대도 성립한다. 초치노프 교수는 불치병 환자의 심리적·실존적 고통을 해소하기 위해 고안한 '존엄 치료' 이야기를 들려주었다.[6] 임종을 앞둔 환자가 일련의 인터뷰를 통해 자신의 인생에서 가장 중요한 것들을 이야기하는 치료다. 환자가 원할 경우 이 인터뷰는 녹음과 편집을 거쳐 유족에게 남길 수 있다. 후손들은 일종의 개인적 유산인 이 인터뷰를 통해 고인의 삶에서 무엇이 중요했는지 알 수 있을 것이며, 나아가 그의 정체성과 이 세상에서의 역할을 더욱 잘 이해하게 될 것이다. 존엄 치료를 받은 환자들 절반이 삶에 대한 의지가 커졌다고 했으며 3분의 2는 삶의 목적과 의미를 실감했다고 했다. 존엄 치료는 의심할 여지없이 유족에게도 도움이 되었다. 한 연구에 따르면 유족의 78퍼센트는 존엄 치료가 슬픔을 달래는 데 유익했으며 앞으로도 위로가 될 거라고 생각했다.[7]

내가 초치노프 교수의 연구를 새삼 떠올린 것은 〈영국의학저널〉에 실린 또 다른 연구를 읽으면서였다.[8] 2017년에 발표된 이 연구는 유럽 의약품기구가 2009~2013년에 새로 승인한 항암제 48가지를 조사했다. 연구 결과 유감스럽게도 승인된 항암제 대부분이 생존율이나 삶의 질을 상승시킨다는 증거 없이 시장에 도입되었다는 사실이 밝혀졌다. 다시 말해 새로운 항암제에 대한 비용이 급격히 증가했음에도 불구하고 그 효과의 증거는 매우 희박했다.

이는 오늘날 의료 관행의 축소판과도 같다. 의학계는 건강을 의료화하고 있으며, 그로 인해 환자의 안녕감을 폭넓게 고려하지 못하고 인생의 마지막 나날을 거의 개선해주지 못하는 약물에 예산을 낭비하고 있다. 물론 신약을 시장에 내놓으려고 애쓴 이들이 선의를 품고 최선의 암 치료를 위해 노력했다는 사실에는 의심할 여지가 없다. 나도 뛰어나게 향상된 약이 나오는 것에는 분야를 막론하고 찬성한다. 희망적으로 생각해보자면 아마도 그 항암제들은 암 치료의 큰 진보로 여겨졌으리라. 그러나 연구 결과를 보면 크게 나아진 것은 없다는 걸 알 수 있다.

반면 임종 경험을 실제로 변화시킬 수 있는 존엄 치료와 같은 방법들은 지원금을 받기는커녕 진지하게 고려되지도 않는다. 모두가 갈망하는 새롭고 짜릿한 의학적 돌파구가 아니기 때문이다. 심리 치료의 놀라운 영향력은 신약을 향한 열광에 묻혀 간과당하고 있다. 사람들의 악의나 고의적 방치 때문이 아니라, 현대 의학 자체가 그런 방향으로 흘러가고 있기 때문이다.

18

무너진 세상이 남긴 연민

코로나19바이러스 팬데믹의 시작을 돌아보면 파편적인 이미지들이 떠오른다. 모두가 숨죽이고 다가오는 재난을 기다리던 무렵, 나는 중국 우한에서 한 남성이 차를 몰고 봉쇄된 거리를 벗어나려 시도하는 트위터 동영상을 접했다. 경찰이 차를 세우고 주위를 둘러싸더니 차에서 내린 남자를 체포한다. 경찰은 평소에 사람을 검거할 때처럼 '손 들어'라고 말하거나 도망치려던 남자와 대화하는 대신 남자에게 그물을 씌운다. 여름의 잠자리채를 연상시키는 긴 장대가 달린 그물이다. 하지만 남자의 머리에 씌워진 이 그물은 전신을 방호복으로 감싼 경찰이 남자를 움직이지 못하게 제압하고 쓰러뜨리기 위한 것이다. 당시 상황의 비현실성을 드러내는 초현실적인 장면이었다.

세계적인 전염병이 중국을 휩쓸고 서쪽으로 다가왔다. 홍콩, 태국, 한국에서 들어오던 뉴스가 갑자기 유럽의 뉴스로 바뀌었다. 텔레비전 뉴스 화면에 황망하여 눈물을 흘리는 이탈리아 의사들의 마스크 자국이 선명한 얼굴이 나타났다. 눈앞에서 벌어지는 엄청난 사태에 압도된 모습이다. 공황이 심해지면서 영국과 미국에서 화장지가 떨어질지도 모른다는 편협한 우려가 일어났고, 내가 기억하는 한 처음으로 슈퍼마켓 선반에 빈자리가 생겨났다.

바이러스는 최고 성능의 광학 현미경으로도 볼 수 없을 만큼 작은 입자이며, 일반적인 의미에서 '살아 있다'고 말할 수 없는 존재다. 다른 생물과 달리 바이러스는 스스로를 복제할 수 없다. 더 많은 바이러스를 생성하려면 살아 있는 유기체의 숙주 세포에 침입하여 그곳을 차지해야 한다. 그러면 곧 수억 수조 개의 바이러스 입자가 생성되어 공기나 혈액이나 접촉을 통해 다른 숙주로 확산된다. 바이러스에게 마음이나 의도, 악의, 목적 같은 건 없다. 우리는 바이러스를 의인화하여 악이라고 부르며 그것에 맞서 싸우자고 말하지만, 상대는 자기가 우리와 싸우고 있다는 것도 인식하지 못한다. 그래서 더욱 바이러스가 냉혹하고 무자비한 것이다.

인류의 세상을 굴복시킨 존재가 바이러스라는 사실이 의미심장하게 느껴졌다. 나는 코로나19 이진에는 기후변화, 진쟁, 어쩌면 테러로 우리의 일상생활이 변할까 봐 두려워했다. 그러나 자연을 통틀어도 손꼽을 만큼 작은 입자가 인간의 오만함을 까발렸다는 건 우스

우면서도 매우 비극적인 일이다. 바이러스는 삶을 가장 기본적인 상태로 되돌려놓으며 우리 마음 깊은 곳의 본질을 드러냈다. 개인과 사회에 있어서뿐만 아니라 전 세계의 정치 체제에 있어서도 말이다. 바이러스는 노련한 살인마일 뿐만 아니라 뛰어난 폭로자였다.

바이러스와 싸우는 의사들

병원 의료진 전체가 전투 배치에 돌입했다. 긴급회의가 열렸다. 비대면 회의가 아직 생소하게 느껴지던 시기였다. 사태의 초기였던 만큼 우리는 패기가 넘쳤고 냉소주의를 피하려 했다. 많은 말들이 나왔지만, 이 전염병이 어떻게 진행될지 아무도 모른다는 뻔한 결론을 피하려다 보니 무의미한 말이 대부분이었다. 명확한 증거가 없으면 상당 부분을 추측에 의존할 수밖에 없다. 팬데믹 사태에서 정신과의 역할이 무엇일지는 알 수 없었지만 매우 중요할 것으로 예상되었다.

놀랍게도 가장 먼저 제기된 문제는 환자에 관한 것이 아니라 '의료진이 어떻게 대처할 것인가'였다. 의료인의 정신적 부담이 엄청날 것이라는 추측이 나왔다. 원래 군사 용어로 그때까지 의학에서는 쓰이지 않던 '도덕적 상해' 개념도 제시되었다.[1] 우리가 바이러스와 '싸운다'고 말했던 것을 생각하면 군사 용어가 쓰이는 것도 그리 놀라운 일은 아니다. 군사 용어로서의 도덕적 상해는 갈등의 보이지 않는 여파, 자신의 도덕적 가치에 반하는 행위에 가담하라는 요구를 받거나 그러한 행위를 막지 않고 관망하는 일의 감정적 영향을 뜻한다. 윤리적·도덕적으로 손상되었다는 느낌은 만성적인 수치심과 죄책감, 정신 건강 문제, 때로는 의존증으로 이어진다. 개인을 이런 상황에 처하게 한 상관이나 조직에 분노와 원한의 감정을 품을 수도 있다. 회의 중에 병원 의료진도 곧 그런 상태에 처하지 않겠느냐는 우려가 나오기도 했다. 의료진은 어떤 환자에게 인공호흡기를 사용할 것인지, 누가 죽게 될 것인지 선택해야 할 터였다. 더 이상은 유족의 눈을 바라보며 '우리는 최선을 다했습니다'라고 말할 수 없게 될지도 몰랐다.[2]

며칠이 지나고 몇 주가 지났지만, 우리가 두려워한 사태는 일어나지 않았다. 세계 여러 나라에서 의료 체계가 붕괴 위기에 처했고 의사들은 이에 대처하기 위해 더욱 고군분투하고 있었다. 그러나 영국에서는 중환자실 의사들이 바빠지거나 심지어 기진맥진해진 반면, 일반 내과와 외과의들은 반대로 할 일이 별로 없다고 보고했다. 추가 병상을 확보하기 위해 외래 환자 진료와 일반 수술, 장기 이식 일정이 취소되었지만 그럴 필요까지는 없었던 것으로 밝혀졌다(적어도 1차 대유행 때는 그랬다. 2차 대유행은 전반적으로 더욱 잔인하고 모든 의료인의 사기를 꺾어놓는 경험이었다). 원래 병원을 찾던 환자들도 싹 사라져버렸다. 심장마비, 뇌졸중, 천식 발작, 망막박리 등의 응급 환자들은 다 어디 간 걸까? 그들은 더 이상 병원에 오지 않는 것 같았다. 정신과 진료 의뢰도 줄어들었고, 적어도 우리 지역에서는 자해 환자가 감소한 것처럼 보였다.

취약함, 무력감, 두려움

문득 미국에서 9.11 테러가 일어난 뒤 〈영국정신의학저널〉에 발표된 논문이 떠올랐다.[3] 테러 이후의 자살률을 조사한 결과 2001년 9월은 1979년 이후 가장 자살률이 낮은 9월이었다는 사실이 밝혀졌다. 19세기에 태어나 20세기 초에 사망한 프랑스 사회학자 에밀 뒤르켐의 이론을 뒷받침하는 듯한 결과다.[4] 뒤르켐은 사회학적 관점에서 자살을 탐구한 최초의 인물 중 하나였다. 그는 개인과 사회가 자살률에 미치는 영향을 조사했는데, 그중에는 여타 사회 요소뿐만 아니라 경제의 영향도 포함되었다. 뒤르켐은 유럽 대륙 곳곳에서 혁명이 일어난 1848년에 유럽의 자살률이 급격히 감소했다는 사실을 강조했다. 그는 전쟁이나 분쟁같이 특별한 위기가 발생하면 사람들이 단결한다는 가설을 세웠다. 원자화된 사회에서의 고독감은 자살 위험을 높이는 반면, 결속된 공동체에서 공동의 적에 맞서 싸운다는 인식은 자살률을 감소시켰다.

코로나19는 의심할 여지없이 하나의 위기였으며 뒤르켐의 이론이 옳다고 증명해주는 듯했다. 그러나 나는 그 이론의 이면을 잊지 않았다. 경제 위기의 시기에 자살률이 높아진다는 것 말이다. 전 세계 정부들이 국가 경제를 유지하기 위해 어마어마한 돈을 빌리고 경제학자들이 제2차 세계대전 이후 최대의 경기 침체를 경고하는 걸 보며, 코로나 이후로 자살이 늘어나지 않을지 걱정스러워졌다.

영국 정부가 1차 봉쇄를 발표하기 전날이었다. 다들 이미 그런 발표가 있으리라는 걸 알고 있었다. 나는 집에서 차로 20분 거리인 공원에 갔다. 사람들로부터 떨어진 넓고 열린 공간에서 잠시 고독을 즐기고 싶었다. 애석함을 무릅쓰고 아마도 삶이 영원히 바뀔 것이라는 사실을 받아들이며 산책을 의식적으로 만끽하려 애썼다. 그러나 공원은 나와 정확히 똑같은 생각으로 나온 런던 시민들로 꽉차 있었다. 모든 사람이 서로 2미터 거리두기를 유지하는 기하학적 군무에 참여한 첫 순간이었다. 어이없기도 하고 비극적이기도 했다. 차로 돌아오는데 문득 길 위에 떨어진 채 버려진 프리즈비가 눈에 띄었다. 다들 감염될까 봐 두려워서 주워 가지 않은 것이었다.

다음 날 봉쇄가 시작되자 심리적 영향이 나타났다. 시작은 내 아내 세라가 관청에서 받은 편지였다. 세라는 천식 환자라 코로나19 바이러스 취약 집단에 속하는 만큼 '보호'받아야 한다고 했다. 다시 말해 12주 동안 직계 가족을 포함한 그 누구와도 2미터 이내로 접근하지 말아야 했다. 편지의 여파는 즉각적이었다. 세라도 나처럼 의사였고 평소에는 충분히 냉정한 사람이었지만, 그런 사람도 이런 상황에서는 '취약하다'는 말밖에 보이지 않는 듯했다. 나는 손님용 침실로 쫓겨났다. 어쩌다 우리가 함께 부엌에 있게 되기라도 하면 아일랜드 작업대를 둘러싸고 기이한 싱크로나이즈드 댄스가 벌어졌다. 내가 냉장고 쪽으로 가려고 하면 세라는 슬금슬금 작업대를 돌아서 싱크대로 물러났다.

"세라, 뭐 하는 거야."

"정부에서 그랬잖아. 난 보호받아야 해."

"당신 어제 차 안에서 내 옆자리에 앉았잖아. 난 그 뒤로 아무 데도 안 갔다고."

우리의 많은 감정이 그렇듯이, 이것은 현실적이고 합리적인 판단에 근거한 감정이 아니라 공식적으로 '취약하다'고 여겨질 때 따라오는 무력감과 관련된 감정이었다. '취약하다'는 딱지는 우리를 좀먹어 두려움과 의심을 불러일으키고 최악의 상황을 예상하게 만든다. 이후로 몇 주간 나는 '보호받는' 것에 대해 비슷하게 반응하는 여러 환자나 친구들과 이야기했다. 그들의 말을 들어보니 공식적으로 취약하다고 분류되면 사기가 저하되는 듯했다. 환자들 상당수가 죽음의 앙상한 손가락이 어깨를 두드릴까 봐 두려워하기 시작했다. 이렇듯 코로나19바이러스는 우리 모두의 내면에 존재하는 실존적 두려움을 드러냈다.

의학계 안에서도 취약함에 대한 인식이 넘쳐났다. 현대 의학의 명성은 전염병을 치료하는 능력에 바탕을 두고 있다. 우리가 전염병이나 손가락 상처 감염으로 죽을까 봐 두려워하지 않게 된 것은 의학 덕분이다. 그런데 코로나19바이러스 때문에 그런 관념 전체가 무너지려 했다. 바이러스는 우리가 제어하기는커녕 거의 이해할 수도 없는 이상하고 예측 불가능한 방식으로 움직였다. 여성보다 남성에게 더 많은 영향을 미쳤고, 노년층에서 특히 심각했지만 젊고 건강한 사람도 갑작스러운 중병에 빠뜨렸다. 의심과 불확실성이 대중의 심리를 파고들었다. 그야말로 가장 끔찍한 의심이었다.

도박에서 가장 중독적인 부분은 무작위 강화다. 무작위 강화란 예측할 수 없고 간헐적인 승리를 말한다. 한 번만 더 룰렛을 돌리거나 주사위를 굴리면 모든 것이 바뀔 수 있다는 뜻이다. 무작위 강화를 제어할 수 있는 규칙이나 방법은 없다. 모든 도박꾼에게는 상황을 '내 마음대로 돌아가게' 한다는 자기만의 미신이 있지만, 현실은 그렇게 되지 않는다. 끔찍한 결과가 나올 수 있는데도 결과를 예상하거나 제어하기가 거의 불가능한 상황은 인간의 사기를 크게 떨어뜨린다. 불확실성은 인간의 안녕감에 가장 해로운 요인이다. (어린 시절 들은 유대인들의 오래된 농담이 떠오른다. 한 남자가 어머니로부터 "지금부터 걱정할 것. 이유는 차후 전달"이라는 전보를 받았다는 이야기 말이다.) 코로나19바이러스는 변덕스럽고 예측 불가능하며 두려워하지 않을 수 없는 존재였다.

바이러스는 의학계 전반의 동료들에게도 미묘한 감정을 불러일으킨 듯했다. 다들 자신의 가치와 중요성을 느끼고 바이러스에 대항하는 공격을 주도하는 사람처럼 보이고 싶어 했다. 인터넷에는 의료진이 음악에 맞춰 군무를 추는 영상과 개인 보호구를 착용한 의사들의 셀카가 올라왔다. 현실 세계에서도 온갖 모방 시도가 있었다. 의사들은 누구나 충분히 떠올릴 수 있을 바이러스 대책을 자기만의 새로운 아이디어라고 내세우려 했다. 문득 심리학자들 사이에 오가는 말이 생각났다. "다른 사람의 평가만 가만히 받아들이느니 차라리 다른 사람의 칫솔을 쓰겠다." 다른 분야에서도 마찬가지일 것이다. 누구나 발밑이 뒤흔들릴 때면 자기 삶이 중요하다는 걸 실감하고 싶어 하니까.

뉴스 화면에서는 앵커들이 끝도 없이 코로나19바이러스 소식을 전달하고 있었다. 처음에는 놀라웠지만 나중에는 지긋지긋했고 마침내는 참을 수 없게 되었다. 〈블랙 미러〉의 각본가 찰리 브루커가 〈뉴스나이트〉와의 인터뷰에서 한 말이 떠올랐다. 그는 코로나19바이러스 뉴스 시청을 과일 먹기에 비교했다. "어느 정도는 몸에 좋지만 적정선을 지나치면 똥만 되죠." 그럼에도 우리는 마치 최면에 걸린 것처럼 우리를 응시하는 죽음에서 눈을 돌리지 못하고 뉴스만 쳐다보고 있었다. 모든 사람들이 바이러스학과 역학 전문가가 되었다. 백신이 우리의 희망이었다. 하지만 희망은 결코 좋은 위기 대처 전략은 못 된다.

내가 담당한 환자들은 엇갈리는 반응을 보였다. 그중 일부는 평소보다 행복하다고 했다. 나로서는 전염병이 터졌을 때만 해도 예상치 못했던 반응이었다. 그들은 매일 출퇴근해야 하는 의무에서 해방되고 업무 공간을 마음대로 관리할 수 있어서 좋다고 했다. 업무 환경 통제는 과소평가되고 있지만 사실 우리의 건강과 안녕감에 무척 중요한 요소다. 영국 정치의 심장인 화이트홀(다수의 관공서가 위치한 런던의 거리 이름—옮긴이)에서 근무하는 공무원들의 심장병 발병률을 조사한 연구는 잘 알려져 있다.[5] 이 '화이트홀 연구'에 참여한 학자들은 업무 환경을 통제할 수 있는 정도, 즉 업무를 언제 어떻게 수행하는지가 미래의 심장병 위험과 상관관계에 있다는 사실을 발견했다. 업무에 대한 통제권이 거의 없는 직원, 연구에서 '의사결정 권한이 낮다'고 언급된 직원은 업무 환경을 스스로 통제할 수 있는 직원보다 스트레스를 더 많이 받았다. 통제권이 없는 직원은 추적 관찰 기간에 관상동맥 질환에 걸릴 확률도 더 높았다. 이런 이유 때문에 내 환자들 몇몇도 난생 처음 자율성과 신뢰, 통제권이 커졌다고 느끼며 성취감을 키울 수 있었던 것이다.

더욱 놀라운 점은 불안장애나 우울증 환자들 중에 봉쇄가 견딜 만하며 심지어 즐겁다고 말하는 경우도 있었다는 것이다. 이제는 모두가 자기만의 세계에 살게 되었으며, 이런 환자들보다 더 자주 외출하거나 즐겁게 지내는 사람도 없어졌기 때문이었다. 봉쇄 기간에는 이들도 잊히고 소외된 소수가 아니라, 같은 경험을 겪는 인류의 일부가 될 수 있었다. 몇몇 환자들은 이런 재난을 너무나 오랫동안 두려워해왔기 때문에 실제로 재난이 일어나자 거의 안도감을 느꼈다고 말했다. 그들은 걱정과 불확실성을 잊어버리고 최선을 다해 상황을 헤쳐 나가는 데 몰두해 있었다.

하지만 이런 일부를 제외한 환자들 대부분은 괴로워했다. 나는 몇달 전 처음 진료를 받은 환자에게 전화를 걸어보았다. 그의 의뢰 사유는 지속적인 기분 저조와 불안이었지만, 이유 모를 가려움 증상도 있다고 했다. 처음에 의료진은 간이나 신장 질환인지 의심했으나 모든 검사 결과가 정상이었기에 뚜렷한 원인을 밝히지 못했다.

20대 중반에 마른 체격인 그는 초조한 태도를 보이며 내 책상 맞은편 의자에 앉아 있었다. 그의 증상이 전부 마약 복용 때문이라는 걸 그 자신도 알고 있었을 것이다. 나도 금세 눈치 챌 수 있었을 정도니까. 하지만 그는 담당 의사들에게 솔직히 말하는 수치스러움보다는 차라리 이런저런 검사를 견디길 택한 것이다. 게다가 그가 품은 막연한 희망과 현실 부정도 한몫했을 것이다. 하지만 일단 마약 문제를 터놓고 이야기하게 되자 그는 내게 털어놓을 수 있어서 후련한 기색이었다. 그는 지루함을 견디지 못해 거의 매일 마약을 복용하며 인생의 공허를 채우려고 했다. 그에게는 가까운 가족도, 진솔한 이야기를 나눌 친구도, 사회생활을 할 곳도 없었다. 그는 반려견과 단둘이 살았고 낮에는 사무직으로 열심히 일했지만 저녁에는 할 일이 아무것도 없어서 마약에 손을 대기 시작했다고 말했다. 나는 그의 이야기를 들으며 치료 계획을 짰다. 그가 저녁 시간을 마약에 의존해 혼자 보내지 않아도 되도록 사람들과의 접촉을 늘리고 단계별로 차근차근 일상을 재구축하려 했다.

봉쇄와 강제 격리 이전까지는 계획이 잘 진행되고 있었다. 하지만 팬데믹으로 다시 지루함을 견뎌야 하게 된 그는 얼마 지나지 않아 마약 복용을 재개했다. 내가 보기엔 그가 말한 것보다 훨씬 중독이 심해진 듯했다. 아마도 그는 나를 실망시키기 싫었던 것이리라. 아니, 그보다도 자신의 현실을 인정하기가 싫었을 것이다. 어느 쪽이든 간에, 환자가 후퇴하는 모습을 지켜보기란 힘든 일이었다.

편집증이 한층 심해진 환자들도 있었다. 고립은 사람들의 편집적 면모를 이끌어내게 마련이다. 내게도 나이가 들면서 점점 더 편집증이 심해진 친척이 있었다. 그분은 젊을 때에도 남을 못 믿는 편이었고 항상 청소부가 물건을 훔친다거나 식품점 점원이 질 낮은 제품을 판다고 굳게 믿었다. 나이를 먹고 남편과 사별한 뒤에는 한밤중에 우리 가족에게 전화해서 누가 자기 아파트에 침입해 비누를 가져갔다거나 신발을 옮겨놓았다고 주장하기도 했다.

우리 모두 그분이 치매에 걸린 것이며 편집증은 그 징후라고 생각했지만, 놀랍게도 그분이 노인 요양원에 들어가면서 편집증은 싹 사라졌다. 새로운 인간관계는 일종의 속성 치매 검사가 될 수 있다.

생각이나 감정을 제3자의 시선으로 평가하여 자신의 정신이 일반적인 궤도를 벗어나지 않았는지 확인할 수 있기 때문이다. 누구나 남들의 말을 곰곰이 생각하고 머릿속에서 굴려보다가 결국에는 과잉 해석하여 실제와 다른 의미를 부여한 경험이 있을 것이다. 이렇게 과민 반응을 할 때 그 사실을 짚어주는 믿을 만한 사람이 곁에 있어야 한다. 고립은 이런 건강한 견제와 균형 감각을 제거하고 불신과 적의로 이어지게 마련인 사고방식을 부추긴다.

팬데믹으로 점점 더 위축되고 우울해하는 환자들도 많았다. 사회적 접촉의 결여도 힘들었지만, 무엇보다도 실직 또는 무급휴직(대부분이 코로나 이전까지는 들어본 적도 없는 말이었다) 때문에 고통받는 사람들이었다. 공허한 시간이 생겨났고, 그때까지는 바쁜 일상생활로 억제되어 있던 모든 의심과 불확실성이 그 속으로 흘러들었다. 불안에 취약한 사람들은 코로나 사태가 언제 어떻게 끝날 것인지 초조한 생각에 빠져들었다. 우울증 성향이 있는 사람들은 코로나로 인한 무력감, 갑갑함, 절망감 속에 허우적거렸다.

정치에 있어 코로나19바이러스는 대통령을 비롯한 정치인들과 정치 체제 전반의 결점을 드러내고 증폭시켰다. 정치인들은 통제하기 어렵고 모든 결정의 부정적 결과가 일일 초과 사망자 수로 측정되는 위기에 직면해 당혹스러워했다. 결국은 진실이 밝혀지리라는 것을 뻔히 알면서도 진실을 어지럽히고 부정하려 드는 정치인들도 있었다. 의지로 문제를 해결할 수 있다고 믿었지만 결국에는 정신

승리가 희망보다도 나쁜 전략임을 깨닫게 된 정치인들도 있었다. 정치인이 권위주의 성향일수록, 즉 과학을 실질적으로 활용하기보다 바이러스에 맞서려 들수록 상황은 더 악화되는 듯했다. 문득 각국의 지도자들이 어떤 기분으로 침대에 누워 있을지 궁금해졌다. 두려움 혹은 죄책감? 무관심 혹은 운명론? 공포, 아니면 자신은 도덕적으로 정직하다는 평온함? 나는 그들이 부럽지 않았다. 아마도 그들은 자신의 결정에 따르는 인적 비용을 전혀 생각지 않으려고 애썼으리라.

그러면 나는? 맨체스터에 계시고 몇 달을 만나지 못한 부모님이 걱정스러웠다. 친구도, 축구 경기도, 카페도, 술집도, 휴일도 없이 집과 직장만 오가다 보니 밀실공포증 비슷한 느낌이 들었다. 시간이 계속 흘러가는 게 느껴졌다. 해가 뜨고 해가 졌다. 하루하루가 지나갔다. 숲속에서 새들이 지저귀는 소리가 들렸다. 밤이 되어 침대에 누우면 내가 그날 하루를 가치 있게 살았는지 생각하게 되었다. 때로는 이러한 반추에 심한 초조감과 깊은 불안이 따르기도 했다. 코로나19바이러스는 모든 진실을 드러내는 존재였다. 나는 내가 홀로 있기를 힘들어하고 고독을 두려워하며 불모의 노년과 죽음을 두려워한다는 걸 깨달았다. 그리고 인류의 미래가 어떻게 될지도 두려웠다.

하지만 나는 인간이 긍지와 회복력을 지닌 생물이라고 믿는다. 코로나19바이러스는 더욱 굳게 연대하고 서로 베푸는 관대한 사회를 만들기 위해 서로의 관계를 재고할 기회가 될지도 모른다. 인간은 많은 결점을 지니고 있지만, 그래도 소속감을 갖고 공익에 기여하며 언젠가 삶을 되돌아볼 때 자신의 기여로 세상이 예전보다 나아졌다고 말할 수 있기를 바라는 존재다. 아마도 이후 몇 년 동안 그런 변화가 일어날 것이다.

코로나19바이러스는 한동안 우리의 맨얼굴을 드러냈다. 우리는 자신이 구축한 삶의 근본을 돌아보게 되었다. 나의 경우 자신을 더 깊이 이해할 수 있었고 내가 본질적으로 사람들을 좋아한다는 걸 깨달았다. 나는 비록 내가 직접 겪진 않았지만 진료소를 찾아온 환자들의 이야기에 공감한다. 그들의 이야기를 듣다 보면 인류 전체에, 우리의 두려움과 취약성에, 불안과 인생살이의 슬픔에, 이 행성에서 함께 여행하는 동료들의 본질적 인간성에 깊은 연민을 느낀다. 나는 최선을 다해 사람들이 고통받는 문제에서 빠져 나올 수 있게 돕고 싶다. 아마도 그래서 내가 정신과 의사가 된 것이리라.

~~~~~~~~~~~~~~~~~~~~~~~~~~~~~~

정신과 의사가 감사 편지를 받는 경우는 드물다. 많은 사람들에게 정신과 방문은 훌훌 털어내고 싶은 기억이다. 그래서 손 글씨가 적힌 크림색 봉투에 담겨 우편함에서 나를 기다리고 있던 편지를 보았을 때는 무슨 편지인지 짐작도 할 수 없었다. 봉투가 잘 찢기지 않아서 끙끙대다가 그 속에 든 편지까지 찢어버릴 뻔했다. 오랫동안 잊고 있던 환자가 보낸 편지였다. 4년 전 딱 한 번 만난 환자였기에 진료 기록을 찾아보고 나서야 그가 찾아온 이유를 기억할 수 있었다. 그는 우울증 병력으로 진료를 받으러 온 간호사였다. 수년 동안 정기적으로 항우울제 처방을 받았지만 효과가 있는지 모르겠고, 우울증이 제멋대로 도졌다가 사라지는 것 같다고 했다. 자기가 치료 저항성 우울증일지도 모른다는 두려움 때문에 일상생활이 힘들어졌다는 말도 했다.

상담해보니 항우울제가 들지 않았던 건 애초에 그가 우울증이 아니어서였다. 그는 몇 년 전에 한 번 우울증 삽화를 겪었지만 항우울제를 복용하자 바로 나아졌고, 이후에 스쳐간 감정들도 전부 항우울제로 해결된 듯했다. 우울증을 겪은 사람들은 일이 뜻대로 되지 않을 때 속상하고 슬퍼서 우는 것이 지극히 정상적인 행동이라는 사실을 잊곤 한다. 이들은 부정적인 감정을 우울증이 재발한 탓으로 돌리기 쉬우며, 의사들도 종종 이들에게 맞장구를 쳐준다. 우울증 진단은 꼬리표라기보다, 끈적거리는 흔적을 남겨서 깔끔하게 떼어내기 어려운 스티커와 같다. 심지어 우울증 환자가 자기는 제정신이 아니며 인생의 난관 앞에 무기력한 존재라고 확신하는 치명적인 결과가 발생할 수도 있다. 나는 그에게 계속 인생을 살아가고 만끽하고 즐기라고 조언했다. 결국 그는 건강했고, 스스로 만들어낸 문제 말고는 아무 문제도 없었다. 나는 그에게 다시 오지 않아도 된다고 말한 다음 행운을 빌어주었다.

그는 주택 대출 서류를 찾다가 서류함 구석에서 당시 내가 진료 내용을 정리해 보낸 편지를 발견했다. 그날의 진료 이후로 내 조언을 곰곰이 생각해봤다고, 자신의 인생이 꼬인 건 정신질환에 집착했던 탓이라는 걸 깨달았다고 했다. 관점을 바꾸자 자기가 기본적으로 건강하며 그저 자제력이 다소 약한 것뿐임을 알게 되었다. 그렇게 생각을 고쳐먹고 나니 남자친구의 프러포즈를 받아들이지 않을 이유가 없었다. 이제 그는 결혼한 지 3년이 되었고 쌍둥이 아기도 낳았으며, 자기가 잘살고 있다는 걸 알면 나도 기뻐할 거라고 생각해 편지를 보냈다고 했다.

편지를 읽고 나니 흐뭇해졌다. 이름도 기억나지 않는 환자와의 오랫동안 잊고 있던 상담이 그에게 깊은 인상을 남겼으며 결혼과 출산으로까지 이어졌다니 희한한 일이었다. 하지만 나는 사실 아무것도 하지 않았다. 예리한 진단을 내린 것도 아니었고 특별한 최신 영상 기술을 사용하지도 않았다. 눈이 튀어나오게 비싼 최신 약물로 환자를 치료한 것도 아니었다. 만약 내가 그랬다면 환자의 상태가 나아진 것이 뛰어난 의료 덕분이라고 여겨졌으리라. 내가 한 일은 단지 환자의 병력을 세심하게 살피고 인생 경험을 파악하여 그에게 건강 문제가 없다는 결론을 낸 것뿐이다.

의대생 시절 도서관에서 기말고사를 준비하다가 발견한 오래된 먼지투성이 책이 생각났다. 1940년대 후반 영국 의사협회에서 의학은 과학인가 혹은 예술인가 하는 논쟁이 벌어졌다는 내용이었다. 그 단락을 읽고 또 읽었던 기억이 난다. 나로서는 도저히 이해할 수 없는 논쟁이었다. 애초에 어떻게 그런 의문을 제기할 수 있는지 알 수 없었다. 나는 병리학, 생화학, 생리학, 해부학, 외과 교과서에 몰두해 있었다. 엑스레이 읽는 법을 배우던 참이었으며, 당시의 최신 기술로 아름다운 이미지를 통해 신체를 직접 들여다볼 수 있다는 MRI 이야기도 들은 바 있었다. 내게 의학이 과학이라는 건 너무나도 명백한 일이었기에, 나는 어떻게 지성인들이 이런 주제로 논쟁할 가치가 있다고 생각했는지 이해하려 애썼다. 페이지를 넘겨가며 계속 읽다 보니 논쟁 끝에 근소한 차이로 의학은 과학이라는 결론이 났다고 했다. '다행이야'라고 생각하면서도 여전히 의아한 느낌이었다. 청중의 거의 절반이 의학은 과학이 아니라고 생각했다니. 나는 고개를 내저으며 이 논쟁이 이제는 사라진 세대의 의사들이 벌인 것임을 되새겼다. 괴상한 프록코트를 입고 정화제와 습포, 거머리 따위의 미신적인 방식을 쓰는 의사들 말이다. 그들의 의학은 내가 배운 의학과는 아무런 연관이 없었다.

하지만 시간이 지나면서 나는 의학의 토대는 과학이지만 의학의 실행은 예술과 같다는 것을 깨달았다. 물론 나는 과학에 커다란 경의를 느끼며 의료의 혁신에 경탄한다. 유전체학, 표적 단클론항체, 새로운 수술에 관한 글을 탐독한다. 그러나 이런 발전의 수혜를 입는 것은 의사를 찾아와 자신의 문제를 상담하는 소수의 사람들에 불과하다. 유감스럽게도 의학은 과학적 발전이야말로 '진정한' 의학이라는 관념을 전파해왔다. 수술 의료진을 영웅적으로 묘사하고 DNA 나선을 확대해 보여주며 열광하는 다큐멘터리들을 생각해보라. 대중이 보는 것이 이런 다큐멘터리뿐이라는 점을 고려하면 그들로서는 바로 그것이 의학이라고 생각할 수밖에 없다. 사람들은 의학의 주된 기반이 피펫과 시험관, 생체 검사와 병리학 슬라이드, 영상과 정밀 수술이라고 믿는다. 이런 믿음은 너무나 만연해 있어 거의 모두에게 의심 없이 받아들여진다.

의대생 시절 소아과 수련을 위해 런던에서 몇 킬로미터 떨어진

외곽에 있는 병원으로 파견된 적이 있다. 의대생의 삶은 지루하지만, 그 지루함보다 더 끔찍한 것은 내가 모두에게 방해만 되고 환자의 건강에 실제로 기여하지도 못하는 무능한 존재라는 생각이 떠나지 않는다는 것이다. 진료소에 나가서 조용히 앉아 지켜보기만 하는 따분한 나날이 끝없이 이어졌다. 결코 고무적이거나 효과적이라고는 할 수 없을 학습 방식이었다. 나더러 환자나 부모와 이야기해보라고 지시하는 의사들은 그나마 나았다. 어쩌다 가끔 내가 거기 있다는 걸 기억하고 방금 떠난 환자에 대한 피상적 논의에 끼워주는 의사도 있었다. 그런가 하면 나를 완전히 무시하고 방에 놓인 가구처럼 취급하는 의사도 있었다. 당시 나는 세 번째 유형에 속하는 진료소에서, 진료가 끝나거나 아니면 점심 먹으러 가라는 지시가 떨어지기를 기다리고 있었다.

등이 굳어지는 것 같아서 의자에 앉은 채 이리저리 꿈지럭대고 있는데, 어린이 천식 환자들이 한 줄로 걸어 들어왔다. 아이들의 진료가 모두 끝나고 나서 나는 진료소를 관장하는 수련의에게 거기서 일하는 게 즐거운지, 소아과 의사를 직업으로 추천하겠는지 물었다. 내 말에 그는 물꼬가 터진 듯 하소연을 시작했다. 그는 이 직업을 선택한 걸 얼마나 깊이 후회하는지 말했다. 소아과 의사가 되면 생명을 구해내고 부모들에게 감사의 말을 들으며 긴박한 결정이 주는 흥분 속에서 극적인 삶을 살 거라 믿었다고. 하지만 기대와 달리 학교에 연락하고 사회복지사를 만나고 안절부절못하는 부모를 달래며 살게 되었다고. 그는 자기 삶의 매 순간을 혐오했다. 아무도 그에게 의사의 삶이 이런 거라고 말해주지 않았다. 의료는 번득이는 통찰력과 천재성으로 세상을 구해내는 영웅적 서사시가 아니라는 걸 그는 너무 늦게야 깨달았다. 천재적인 의사가 텔레비전 드라마 소재로는 좋을지 몰라도, 그런 의사를 실제로 만나는 환자는 드물다.

충분한 대화의 중요성

의료는 점점 더 전문화되고 전문의들의 집단으로 세분화되어간다. 전문의들은 점점 더 똑똑하고 꼼꼼해지지만 더 큰 그림은 보지 못하게 되었다. 전문의를 대여섯 명 거치고 나서야 내게로 보내지는 환자들이 많다. 환자는 새로운 전문의를 만날 때마다 시간과 감정적 에너지를 소모해야 하지만, 내게 전달되는 전문의들의 진단서는 거의 모두 비슷비슷하다. '환자의 문제가 자신의 전문 분야인 신체 기관과 무관하다는 것만은 확실하게 말할 수 있다'는 것이다. 때로는 전문의들이 일단 스캔이나 혈액 검사부터 실시하고 무의미한 검사 결과를 살펴본 뒤에야 이런 결론에 도달하기도 한다. 그러고 나면 다른 전문의에게 환자를 보내 다른 신체 기관에서 문제의 원인을 찾게 한다. 모두가 자신의 제한된 전문 영역에서만 안전하며 그 영역 밖에서는 점점 더 무력해지고 있다.

의료는 환자의 증상이 기저 질환 때문이라는 전제하에 실시된다. 환자의 어지러운 서술이나 문제에 관한 부정확한 인식은 의사의 정밀 검사로 대체되어야 한다. 의사들은 잡음을 차단하고 신호를 찾으려 한다. 한 연구에 따르면 의사가 초진 환자의 이야기를 가로막고 끼어들기까지 11초 정도밖에 걸리지 않는다고 한다.[1] 강령을 정하는 것은 환자가 아니라 의사다. 그리고 의사의 강령은 치밀한 질문과 표적 조사의 조합을 통해 병리학이 개입할 지점을 찾아내고 레이저 같은 정밀함으로 환자의 신체에 숨겨진 비밀을 드러내는 것이다. 말하자면 혼돈에서 질서를 세우려는 시도다. 그리하여 비로소 안개가 걷히고 진단명이 밝혀지고 햇빛 아래 초점이 선명해진다.

그러나 현실 세계는 선명하지 않은 회색지대이기에 이런 방식이 항상 통하진 않는다. 환자는 질병이나 진단과 무관한 증상을 보일 수 있다. 의사가 환자의 생각을 이해하면 훨씬 더 유익한 상담을 할 수 있으며, 병에 관한 환자의 추측과 걱정을 직접 해소해줄 수도 있다. 그러나 의사 입장에서는 그런 걱정을 짐작할 수 없는 경우가 많다.

나는 두통에 시달리는 젊은 여성을 만난 적이 있다. 그를 진료한 의사가 딱히 걱정할 것 없다고 했지만, 의사를 설득해 뇌 스캔과 그 밖의 여러 검사를 받았다고 했다. 그는 자신이 원한 진료를 받았음에도 의사가 자기를 '무시했다'고 느꼈다. 의사가 그를 철저히 검사한 것을 감안하면 다소 편향된 의견이 아닌가 싶었지만, 그는 의사의 태도가 시큰둥하고 형식적이었다고 말했다. 마침내 모든 게 정상이라는 결과가 나오자 의사는 "좋은 소식입니다. 환자분은 아무 문제가 없습니다"라고 말했다.

하지만 그는 여전히 두통을 느꼈기 때문에 자기 몸에 문제가 있다고 확신했다. 내가 그 의사를 믿지 않는 거냐고 묻자 그는 아니라고 대답했다. "흠, 확실히 이 문제로 고민을 많이 하신 것 같네요. 그렇다면 환자분은 이 두통의 원인이 뭐라고 생각하시나요?" 내 질문에 그는 다소 멋쩍어하며 대답했다. 사실 과잉 반응이라는 걸 알지만 한편으로는 정말 두렵기도 하다고. 그는 대학에서 만난 지인이 뇌종양으로 자퇴를 했다는 소식을 들었다고 했다. 그 사람과 가까운 사이는 아니라서 구체적으로 무슨 병에 걸렸는지는 모르지만, 주변에서 그런 일이 생기니 너무 불안해졌다고. 그는 단지 자기에게 뇌종양이 없다는 걸 확신하고 싶었을 뿐이었다. 나와의 상담으로 확신이 생기자 그의 두통은 저절로 사라졌다.

의사는 환자와 **제대로** 이야기할 시간이 없는 게 보통이다. 외래 진료소는 할당된 환자 수를 채우기가 거의 불가능할 만큼 심한 압박에 시달리며, 비용 효율이 낮은 체계로 인해 '서두를수록 느려진다'는 말의 본보기처럼 되어버렸다. 불필요한 검사 때문에 매년 수십억 달러의 추가 비용이 발생한다는 점은 앞에서 언급한 바 있다. 만성 질환을 의료비와 재정 양쪽 측면에서 복잡하게 만드는 정신과 문제의 비용도 살펴보았다. 임종 치료에 드는 비용, 환자가 어떤 결정을 내리는 이유를 이해하지 못하거나 처방약을 제대로 복용하는지 확인할 수 없어서 생기는 비용도 마찬가지다.

누군가의 마음을 돌리려고 언쟁을 해본 경험이 있다면 우선 상대의 입장을 듣고 이해하려 애써야 함을 알 것이다. 사람들의 마음을 돌리려면 소리를 지를 게 아니라 내가 듣고 있다는 걸 느끼게 해야 한다. 내가 그들의 말을 듣는다고 느껴져야 그들도 내 말에 귀 기울일 것이다. 의료에 있어서도 마찬가지다. 의사가 환자를 효과적으로 치료하고 싶다면, 무엇보다도 환자에게 자신의 관점을 이해시키고 싶다면 일방적으로 말하기보다는 경청해야 한다. 그러나 다들 알듯이 의사들은 상담 시간 대부분을 자기가 말하는 데 쓰며 환자의 말에 너무 일찍, 그리고 자주 끼어든다.

의사들도 대부분 이 사실을 안다. 그러나 아는 것과 실천하는 것은 별개다. 환자의 아픔과 행동에 대한 의사들의 인식과 달리, 의료 관행은 합리적이고 과학적인 관점에 치우쳐 있다. 이런 현실은 전문의 진료에서 더욱 두드러지는데, 전문의는 대체로 자신의 역할은 아픈 정신이 아니라 병든 신체를 다루는 것이라고 믿기 때문이다. 인생의 근심이 진단명(이후에는 진단서에 적힐 보험사 제출용 질병코드)으로 환원되는 상황에서 의사가 문제의 주도권을 쥐려고 하는 건 이해할 만한 일이다.

하지만 이런 접근 방식은 의사에게 좋을지언정 환자에게는 근본적으로 도움이 되지 않는다. 환자의 문제를 단순화하여 이해하면 단순화된 해결책밖에 나오지 않기 때문이다. 효과적이고 좋은 의료는 환자가 살아온 인생의 맥락과 환자가 받은 영향을 이해하고 환자 스스로도 '이해받았다'고 느끼게 하는 것이다. 현대 의학이 그러지 못하기 때문에 많은 환자들이 대체 의학이나 보완 의학을 선택하는 게 아닐까. 환자는 의학의 기술적 능력을 존중할지 몰라도 인간적 측면에서는 표준 의학에 만족하지 못한다.

대학병원에서 내가 맡은 역할 중에는 의대생을 배정하는 일도 있다. 나는 이 일을 즐긴다. 의대생들은 대체로 아직 의학 교육보다 상식에 의거해 판단하는 만큼 종종 예리한 질문을 던지기 때문이다. 하지만 의료계에는 이들을 단순화로 몰고 가는 강력한 추동력이 존재한다. 의대생에게 질병 치료법을 가르친다는 것은 보통 한 단어로 된 답변을 이끌어내는 것이며, 그 답은 약품의 명칭일 때가 많다.

나는 우울증 치료가 '항우울제'와 동의어는 아니라고, 적어도 항우울제만이 아니라 개인의 생활 방식, 정서적 지원, 직업적 고용, 약물 복용, 자존감을 비롯하여 회복을 위해 최적화되어야 하는 모든 사항을 이해하는 것이라고 설명하려 애쓴다. 신체 건강에 있어서도 마찬가지다. 통증 치료의 해법은 진통제만이 아니라 통증의 맥락을, 그와 관련된 감정적 유인을 이해하는 것이다. 환자가 통증을 제어할 수 있다고 느끼는지, 통증이 어떤 의미라고 생각하는지,

통증을 두려워하는 이유가 무엇인지 이해하는 것이다. 증상의 맥락이나 심리적 측면을 광범위하게 파악하지 않고 시행되는 의료는 분별없는 짓이나 다름없다. 수십 년 동안 굳어진 '과학적 의료'가 우리를 지금의 상황에 이르게 했다.

의학은 사람을 위하는 것

의사들은 듣는 사람이 없다고 확신할 때면 '골칫거리 환자'라는 표현을 쓴다. 진료를 받으러 오기만 해도 머리가 아픈 환자를 가리키는 말이다. 예전에 이런 환자에게는 두툼한 의료 기록 파일이 따라붙었지만, 이제는 열어보는 데만 한참 걸리는 방대한 전자 메모가 따라붙는다. 이들은 증상이 낫지 않는다며 의사를 찾아오지만, 의사는 이들의 증상을 해결하지 못하고 전문의는 이들을 매번 진단명 없이 지역 보건의에게 돌려보낸다. 가벼운 요통, 가실 줄 모르는 두통, 현기증, 부비동염, 골반 통증, 피로, 목에 걸린 덩어리, 만성기침, 지속적 가려움. '낫지 않는 환자'만큼 의사에게 끔찍한 것도 없다. 의학계에서 이런 환자들은 무력감과 좌절감을 일으키는 존재다. 환자가 병원으로 계속 돌아온다는 것은 의사에게 일종의 도발로 여겨진다. 현재의 의료 관행으로는 이 환자의 문제를 해결할 수 없음을 실감하고 자기가 무능한 의사인 것 같은 느낌이 들기 때문이다. 이 때문에 증상을 해결하려고 의사를 찾아온 환자를 '진짜로 아프지는 않은' 것으로 여기기까지 한다. 이것만 봐도 의료계가 의학을 사고하고 실행하는 방식이 잘못된 게 분명하다.

내 친구이자 비뇨기과 의사인 조너선 글래스Jonathan Glass는 '골칫거리 환자'에 대한 의견을 표명한 바 있다(이 내용은 훗날 그의 훌륭한 블로그에 게시되었다).[2] 비뇨기과에서 수년 전부터 주최한 주간 회의의 주제로 골칫거리 환자가 선정된 적이 있었다. 비뇨기과 구성원들은 차례로 자기가 담당한 골칫거리 환자를 소개했다. 조너선은 환자의 관점에서 상황을 고려해야 한다는 생각에 이와 대칭되는 '골칫거리 의사'라는 용어를 만들었다. 진료를 시작하자마자 환자의 머리를 아프게 하는 의사 말이다. 환자는 상담이 형식적일 것이며 의사가 자기에게 감정적 에너지는커녕 최소한의 관심도 주려 하지 않는다는 사실을 금세 인식한다. 골칫거리 의사는 "눈앞의 환자가 언급한 증상 이상을 알아내려 하지 않는다. 정해진 절차대로만 움직이며 개인에게 맞는 치료를 제공하지 못한다. 가능한 한 빨리 환자를 다른 전문의에게 의뢰하려고 한다."

진정한 관심과 호기심을 가지고 눈앞의 환자를 탐구하려는 자세는 습득하기 어렵지만, 이런 자세 없이는 그 어떤 의사도 뛰어난 임상의가 될 수 없다. 환자의 삶을 이해하지 않고서는 증상의 의미나 환자가 그 증상을 두려워하는 이유를 이해할 수 없다. 흔한 눈꺼풀 경련도 다발성 경화증을 앓는 친척이 있는 사람에게는 며칠 수면

이 부족했을 뿐인 사람과 전혀 다른 의미로 받아들여질 수 있다. 환자의 가치관과 세계관을 모르면 그가 약을 먹지 않으려거나 의사가 권한 치료를 받지 않으려는 이유를 이해할 수 없다. 의사가 치료에 대한 '불복종'으로 받아들이는 환자의 언행은 사실 환자의 관점을 의사가 이해하지 못했을 뿐인 경우가 많다.

내가 지금까지 일하면서 만난 나쁜 의사는 극소수에 지나지 않는다. 내가 만난 의사들은 거의 모두 원칙에 충실하고 근면했으며 소명 의식과 자기가 돌보는 이들의 삶을 개선하려는 열망이 넘쳤다. 궤도를 벗어난 것은 의사들 스스로 만들어낸 의학이라는 체계뿐이다. 미국과 유엔 주재 이스라엘 대사를 역임한 아바 에반은 "합의란 아무도 믿지 않는 바를 모두가 집단적으로 말하는 데 동의하는 것이다"라고 말한 바 있다. 의사들 대부분이 믿지 않지만 보편적으로 실행되고 있는 의학계의 합의는 '많이 치료할수록 좋은 치료'라는 것이다. 더 많은 검사와 더 많은 치료가 결과를 개선한다는 착각 말이다. 이런 오해를 해소하기 위해 몇 년 전부터 북미에서 '현명한 선택' 캠페인이 시작되어 여러 서구 국가로 확산되었지만, 아직도 과잉 검사와 처방을 하는 관행이 만연해 있다.

내 경력의 상당 부분은 이런 관행이 남긴 잔해를 수습하는 일로 채워졌다. 만성 편두통에 시달리던 마흔네 살의 개빈이 생각난다. 그는 10년 전부터 끊임없이 편두통을 앓아왔다고 했다. 편두통 때문에 일을 그만두어야 했고 부부 관계가 거의 파탄 났으며 친구들도 서서히 멀어져갔다. 그는 예고도 없이 편두통이 찾아온 운명적인 아침을 회상했다. 잠에서 깨자마자 머리가 쑤시고 욱신거렸던 걸 보면 밤새 이를 갈았던 게 분명하다고 했다. 개빈은 그렇게 자신의 사연을 이야기하기 시작했다.

개빈은 온화하고 섬세한 성격이었다. 일, 배우자, 가족 등 삶의 우선순위 간에 균형을 유지하면서 누구의 심기도 건드리지 않으려고 고군분투하는, 친절하지만 소심한 사람이었다. 개빈은 아내의 의견을 거스르며 병으로 죽어가는 어머니를 돌보고 있었다. 아내는 그를 이해하지 못했다. 왜 나머지 가족들은 모른 척하는지, 왜 항상 개빈이 어머니를 돌봐야 하는지 알 수 없으며 그가 책임져야 하는 사람은 아내인 자기라고 했다. 그러나 개빈이 어머니의 간병을 도맡자 그의 형은 동생이 조만간 생길 유산을 독차지할 속셈이라고 믿었다. 형의 불신이 어찌나 깊었는지 이후로 몇 달이나 집안싸움이 이어졌다.

하지만 어머니가 돌아가시고 유언장이 발표되었을 때 개빈은 아무것도 받지 못했다. 왜인지 설명조차 없었다. 도저히 이해할 수 없는 일이었다. 어머니가 형에게 더 돈이 필요하다고 생각했거나, 아니면 형이 을러대고 회유한 끝에 어머니가 형에게 항복하고 유언장을 고치는 데 동의한 듯했다(개빈이 보기엔 후자일 가능성이 훨씬 더 높았다). 하지만 그는 속상한 마음을 형에게 드러내기가 불가능하다는 것을 깨달았다. 꿈속에서 개빈은 형에게 소리 지르며 현실에서는 못한 말을 마음껏 했다. 그는 밤에 이를 갈았다. 긴장과 불안 속에서 하루 종일 불길한 생각에 시달렸다. 형제는 사이가 나빠졌고 결국 서로 말도 하지 않게 되었다("제게 형은 이제 죽은 사람이나 마찬가지예요.").

개빈이 찾아간 지역 보건의는 그를 지역병원 신경과로 보내 두통 검사를 받게 했다. 그는 뇌 MRI와 광범위한 혈액 검사를 받았다. 모든 검사 결과가 정상으로 나오자 이번에는 통증 완화를 위한 저주파 치료와 처방약을 받았다. 저주파 치료기는 살갗에 전극을 붙이고 약한 전기 충격을 가하여 뇌로 전달되는 통증 신호를 차단하는 작은 상자 형태의 기구다. 이 치료는 가벼운 접촉이 우선적으로 뇌에 전달되어 통각을 차단한다는, 통증 게이트 이론에 기반을 두고 있다. 하지만 개빈에게는 전혀 효과가 없었다.

치료 과정 내내 개빈은 자신의 두통이 형과 다투고 어머니의 유언장에서 자기 지분이 삭제된 탓일 수도 있다는 생각을 의사들에게 전달하려고 애썼다. 하지만 그런 의견은 논의조차 되지 않았다. 개빈의 생각은 그저 완전히 무시되었다. 10년 후 병원과 의료진이 바뀌어 누군가 개빈에게 그의 병에 관한 의견을 묻기 전까지는. 그렇게 오랜 시간이 지나서야, 이젠 거의 아무것도 할 수 없는 무력한 상태가 되고서야 그는 줄곧 요청해왔던 도움을 받게 되었다. "내 인생의 10년을 낭비했죠." 개빈은 종이를 뭉쳐 방 한구석의 쓰레기통에 던져 넣는 시늉을 하며 말했다. "그 많은 진료 시간, 그 모든 검사와 치료가 헛짓이었던 거예요."

상담을 마친 뒤 나는 개빈을 생각했다. 내게 인상적이었던 것은 그의 시각적 표현이었다. 개빈의 인생을 상징하는 종이 뭉치는 쓰레기통에 내버려졌다. 그의 이야기를 귀 기울여 듣는 것도 힘겨웠고, 어떻게 그런 일이 일어날 수 있었는지 설명하는 것도 쉽지 않았다. 건강 문제에 있어 복잡한 심리적 설명을 기피하고 질병의 단순화를 선호하는 의료 관행 때문이라고밖에 말할 수 없었다.

현재의 진료 방식이 병원을 찾아오는 환자들 다수에게 부적합한 의료 체계를 지속시키고 있는 게 분명하다. 나는 20년 넘게 정신과 의사로 일하면서 이전 세대 의사들의 지혜로움을 깨닫게 되었다. 그들은 항상 의학이 무엇보다도(정확하게는 오로지) 사람에 관한 것임을 이해하고 있었다. 의학계는 세대가 바뀔 때마다 이 사실을 잊어버리지만, 그런 만큼 세대가 바뀔 때마다 다시 배워야 한다. 기술의 발전으로 진단과 치료 과정에서 사람 간의 관계의 비중이 줄어들었다는 착각은 의학계의 모든 세대에 있어 왔다.

정신의학은 의학의 주변 지대가 아니라 **그 자체로** 의학이다. 그럼에도 병원 대부분은 정신의학을 피상적으로 취급한다. 영국에서는 만성 신체 질환자의 정신 건강 문제를 해결하지 못한 결과로 연간 80억~130억 파운드의 추가 비용이 발생한다.[3] 여기에는 개빈과 같이 심리적 원인에 따른 신체적 증상으로 병원을 찾는 환자들이 무의미한 검사를 받는 비용인 연간 30억 파운드도 포함된다. 미국에서는 의학적으로 설명할 수 없는 증상에 따른 비용이 연간 2560억 달러로 추산된다.[4] 환자가 거치는 경로의 모든 단계(지역병원 방문과 응급 치료, 외래 진료와 병원 입원까지)에서, 의학적으로 설명할 수 없는 증상을 지닌 사람들은 병원을 더 자주 찾아오며 더 많은 비용을 초래한다.

나는 의사가 된 뒤로 줄곧 통계 자료가 보여주는 진실을 목격해왔다. 똑같은 신체 질환자 중에서도 우울증 환자는 우울증이 없는 사람보다 더 빨리 사망한다. 증상을 느끼고 지역병원에 찾아가는 사람들 상당수는 증상에 대한 구체적 설명을 듣지 못한다. 나는 개인의 정신 건강과 성격이 평생에 걸쳐 증상의 경험뿐만 아니라 신체 질환의 경과를 좌우한다는 것도 알게 되었다.

의사는 의학의 예술적 측면과 과학적 측면을 결합시켜 한층 더 강력하고 효과적으로 활용할 필요가 있다. 그러려면 사람들이 마음속의 장벽을 넘어설 수 있게 도와야 하며, 무엇보다도 몸과 마음의 상호 작용을 이해해야 한다는 것을 나는 수많은 환자와의 만남을 통해 깨달았다.

감사의 말

〰〰〰〰〰〰〰〰

내가 책을 쓰기로 했을 때, 다시 말해 신체 건강이 정신 건강과 얼마나 긴밀하게 얽혀 있는지 내 생각을 풀어보기로 마음먹었을 때는 그 과정이 간단할 줄만 알았다. 책을 쓰고 그걸 찍어줄 출판사를 고르기만 하면 되는 줄 알았던 것이다. 인생을 살다 보면 이런 순진함이 이로울 때도 있지만, 대개는 뭔가를 시작하는 데 걸림돌이 되게 마련이다. 하지만 내 경우 책을 쓴다는 일의 현실과 출판의 신비스러운 공정을 비교적 빨리 깨우칠 수 있었다. 엄청나게 운이 좋아 조너선 콘웨이를 에이전트로 만난 덕분이다. 내가 아는 모든 이들 중에서도 손꼽을 만큼 친절하고 정중하고 현명한 조너선은 내가 이 책의 틀을 잡고 저술에 집중할 수 있게 도왔으며, 내 글이 엉성하기 그지없었던 집필 초기에도 나를 믿어주었다.

애버리 출판사의 캐럴라인 서튼과 애틀랜틱 출판사의 마이크 하플리 같은 뛰어난 편집자들과 함께 일한 것도 감사한 일이다. 이 책이 나올 수 있었던 것은 여러 모로 그들의 통찰력과 예리한 질문, 세세한 것도 놓치지 않는 시선과 소신 덕분이다. 미국에서 내 책을 담당한 에이전트 조지 루카스와 애버리의 보조 편집자 해나 스타이그마이어를 알게 된 것도 반가운 일이다. 두 사람 모두 친절하고 유능했으며 내가 메일 전송 버튼을 누르기도 전에 답장을 보내주곤 했다.

영국 전역의 여러 동료 의사들이 관대하게도 시간을 내어 나와 의견을 나누고 이런저런 아이디어를 발전시킬 수 있게 도와주었다. 옥스퍼드 대학교의 마이클 샤프Michael Sharpe 교수, 에든버러 대학교의 앨런 카슨Alan Carson 교수, 케임브리지 대학교 정신의학과의 애너벨 프라이스Annabel Price 박사, 해러깃의 내과 의사 클레어 애덤스Clare Adams, 이스라엘의 심장병 전문의 기디언 폴Gideon Paul 박사는 오직 의학에 관한 애정만으로 대가 없이 이 책에 관한 의견을 들려주었다. 내가 사는 런던 근처에서도 많은 의사들이 여러 모로 유익한 도움을 주었다. 비뇨기과 의사 조너선 글래스(내게는 사실상 정신과 의사와 같은 존재다), 앨릭스 레프Alex Lef 교수, 로스 퍼너Ros Ferner 교수, 신경과의 가이 레치너Guy Leschziner 교수와 폴 벤틀리Paul Bentley 박사, 신장내과의 데이비드 게임David Game 박사와 레픽 괴크먼Refik Gökmen 박사와 리시 프루디Rishi Pruthi 박사, 당뇨내분비학과의 루이지 누디Luigi Gnudi 교수, 약학과의 시오반 지Siobhan Gee 박사, 심리학과의 리나타 피르스Renata Pires 박사와 대니얼라 앨브스Daniela Alves 박사와 도로타 야기엘스

카홀^{Dorota Jagielska-Hall} 박사, 정신의학과의 팀 시걸^{Tim Segal} 박사와 개러스 오언^{Gareth Owen} 박사와 니콜라 컨^{Nikola Kern} 박사, 지속성 신체 증상 분과의 트루디 챌더^{Trudie Chalder} 교수 등이다. 여기에 그동안 내가 진료한 환자들, 힘든 시기에 다소나마 도움을 줄 수 있어 기뻤던 그 모든 이들에게 감사하고 싶다. 내 직장이자 그간 모범적인 고용주였던 사우스런던 앤 모즐리 병원에, 또한 내가 평일의 여러 시간을 근무하는 가이스 앤 세인트토머스 병원에도 감사를 표한다.

책을 쓰다 보면 내가 쓴 글이 안전한 컴퓨터를 벗어나 날카로운 세평에 노출될 수밖에 없는 순간이 온다. 이런 순간은 항상 불안하게 마련이며, 그런 만큼 내 누나인 케이트 풀턴에게 항상 고마움을 느낀다. 케이트는 나를 가장 열렬히 응원해주는 사람이며, 이 책의 모든 장을 누구보다 먼저 읽고 비평해주되 비난하기보다 항상 격려하는 어조를 잃지 않았다. 내 친구이자 열렬한 책 애호가로서 이 책의 또 다른 비평가가 되어야 했던 댄 그린에게도 감사한다. 그는 내가 맡긴 임무를 명쾌하고도 유머러스한 태도로 완수해주었다.

마지막으로 나와 멀거나 가까운 사이인 다음 인물들에게 감사하고 싶다. 일단 먼 사람들부터 얘기하자면, 이 책의 대부분은 날마다 런던 지하철 노던 선으로 출퇴근하면서 쓴 것이다. 좁은 자리에 끼어 앉거나 선 채 한 손에 아이패드를 들고 다른 한 손으로 글을 작성하다 보면 항상 어깨 너머로 화면을 훔쳐 보는 승객들의 시선이 신경 쓰였다. 결국은 사람들이 읽도록 출간될 책인데도 말이다. 노던 선에서 나와 함께 고통받는 동승자 여러분, 이제 한 권씩 사서 읽어주시면 고맙겠습니다.

마지막으로 우리 가족이 남았다. 부모님은 항상 나를 무한히 응원해주었고 내 아이디어에 대해 주저 없이 의견을 표현했으며 서로의 생각이 조화를 이룰 때 뿌듯해하셨다. 그간 여러 모로 나를 도와준 처가 식구들에게, 나의 형제자매이자 가장 절친한 친구들인 케이트와 팀에게 감사한다. 세상만사를 가치 있게 만들어주는 나의 네 아들들에게도 고마움을 표한다. 녀석들은 내 컴퓨터 옆을 지나치면서 문법 오류와 과도한 쉼표 사용을 지적하는 걸 즐겼다. 마지막으로 내 배우자이자 나의 북극성, 내 평생의 사랑이며 나에게 영감을 주는 유능한 혈액학자 세라에게 감사의 마음을 전한다.

참고 문헌

1장 종합병원의 정신과 의사

1 Finkelstein, E. A., Haaland, B. A., Bilger, M., Sahasranaman, A., Sloan, R. A., Nang, E. E. K., & Evenson, K.R. (2016). Effectiveness of activity trackers with and without incentives to increase physical activity (TRIPPA): A randomised controlled trial. *The Lancet Diabetes & Endocrinology*, *4*(12), 983 – 95.

2 Verbrugge, L. M. (1984). Longer life but worsening health? Trends in health and mortality of middle-aged and older persons. *The Milbank Memorial Fund Quarterly. Health and Society*, *62*(3), 475 – 519.

3 Colvez, A., & Blanchet, M. (1981). Disability trends in the United States population 1966 – 76: Analysis of reported causes. *American Journal of Public Health*, *71*(5), 464 – 71.

4 Katz, J. N. (2006). Lumbar disc disorders and low-back pain: Socioeconomic factors and consequences. *The Journal of Bone and Joint Surgery*, *88*(suppl 2), 21 – 4.

5 Palmer, K. T., Walsh, K., Bendall, H., Cooper, C., & Coggon, D. (2000). Back pain in Britain: Comparison of two prevalence surveys at an interval of 10 years. *BMJ*, *320*(7249), 1577 – 8.

6 Freburger, J. K., Holmes, G. M., Agans, R. P., Jackman, A. M., Darter, J. D., Wallace, A. S., Castel, L. D., Kalsbeek, W. D., & Carey, T. S. (2009).

The rising prevalence of chronic low back pain. *Archives of Internal Medicine, 169*(3), 251 – 8.

7   Raspe, H., Hueppe, A., & Neuhauser, H. (2008). Back pain, a communicable disease? *International Journal of Epidemiology, 37*(1), 69 – 74.

8   Petrie, K. J., Weinman, J., Sharpe, N., & Buckley, J. (1996). Role of patients' view of their illness in predicting return to work and functioning after myocardial infarction: longitudinal study. *BMJ, 312*(7040), 1191 – 94.

9   Ekblom, O., Ek, A., Cider, A., Hambraeus, K., & Borjesson, M. (2018). Increased physical activity post-myocardial infarction is related to reduced mortality: Results from the SWEDEHEART Registry. *Journal of the American Heart Association, 7*(24), e010108.

2장 정신질환자라는 낙인

1   Calati, R., Ferrari, C., Brittner, M., Oasi, O., Olié, E., Carvalho, A. F., & Courtet, P. (2019). Suicidal thoughts and behaviors and social isolation: A narrative review of the literature. *Journal of Affective Disorders, 245*, 653 – 67.

3장 과잉 검사, 차가운 병원

1   Haynes, S. D., & Bennett, T. L. (1992). Historical perspective and overview. In T.L. Bennett (Ed.), *The Neuropsychology of Epilepsy* (pp. 3 – 15). Springer.

2   Carlson, R. J. (1975). *The End of Medicine*. Wiley.

3   Kroenke, K., & Mangelsdorff, A.D. (1989). Common symptoms in ambulatory care: Incidence, evaluation, therapy, and outcome. *The American Journal of Medicine, 86* (3), 262 – 6. 4 Nimnuan, C., Hotopf, M., & Wessely, S. (2001). Medically unexplained symptoms: An epidemiological study in seven specialities. *Journal of Psychosomatic*

Research, 51(1), 361 – 7.

4   Nimnuan, C., Hotopf, M., & Wessely, S. (2001). Medically unexplained
     symptoms: An epidemiological study in seven specialities. *Journal of
     Psychosomatic Research*, 51(1), 361 – 7.

5   Van Hemert, A. M., Hengeveld, M. W., Bolk, J. H., Rooijmans, H. G. M.,
     & Vandenbroucke, J. P. (1993). Psychiatric disorders in relation to medical
     illness among patients of a general medical out-patient clinic. *Psychological
     Medicine*, 23(1), 167 – 73.

6   Naylor, C., Das, P., Ross, S., Honeyman, M., Thompson, J., & Gilburt, H.
     (2016). Bringing together physical and mental health. The King's Fund.
     Retrieved from https://www.kingsfund.org.uk/sites/default/files/field/
     field_publication_file/Bringing-together-Kings-Fund-March-2016_1.pdf
     (accessed 26 Nov. 2020).

7   Howard, L., Wessely, S., Leese, M., Page, L., McCrone, P., Husain,
     K., Tong, J., & Dowson, A. (2005). Are investigations anxiolytic or
     anxiogenic? A randomised controlled trial of neuroimaging to provide
     reassurance in chronic daily headache. *Journal of Neurology, Neurosurgery
     and Psychiatry*, 76(11), 1558 – 64.

8   Sharpe, M., & Greco, M. (2019). Chronic fatigue syndrome and an
     illnessfocused approach to care: Controversy, morality and paradox. *Medical
     Humanities*, 45(2), 183 – 7.

9   Agha, R., & Agha, M. (2011). A history of Guy's, King's and St. Thomas'
     hospitals from 1649 to 2009: 360 years of innovation in science and
     surgery. *International Journal of Surgery*, 9(5), 414 – 27.

10   Singal, R., Singal, R. P., Mittal, A., Sangwan, S., & Gupta, N. (2011). Sir
     Astley Paston Cooper: History, English surgeon and anatomist. *The Indian
     Journal of Surgery*, 73(1), 82 – 4.

4장 무기력과 우울증

1   Scull, A. (2009). *Hysteria: The Biography*. Oxford University Press.

2   Seligman, M. E. P. (1972). Learned helplessness. *Annual Review of Medicine, 23* (1), 407‒12.

5장 신장 기증자 정신감정

1   NHS Blood and Transplant. (2020). Organ donation and transplantation activity report 2019/20. Retrieved from https://nhsbtdbe.blob.core. windows.net/umbraco‒assets‒corp/19220/activity‒report‒2019‒2020.pdf (accessed 26 Nov. 2020).

2   Matas, A. J., Smith, J. M., Skeans, M. A., Thompson, B., Gustafson, S. K., Schnitzler, M. A., Stewart, D. E., Cherikh, W. S., Wainright, J. L., Snyder, J. J., & Israni, A. K. (2014). OPTN/SRTR 2012 annual data report: Kidney. *American Journal of Transplantation, 14*(suppl 1 (January)), 11‒44.

3   Scheper‒Hughes, N. (2007). The tyranny of the gift: Sacrificial violence in living donor transplants. *American Journal of Transplantation, 7*(3), 507‒11.

4   Kahneman, D. (2011). *Thinking, Fast and Slow.* Macmillan. 《생각에 관한 생각》, 대니얼 카너먼 지음, 이창신 옮김, 김영사, 2018.

5   Denes‒Raj, V., & Epstein, S. (1994). Conflict between intuitive and rational processing: When people behave against their better judgment. *Journal of Personality and Social Psychology, 66*(5), 819.

6   Maple, N. H., Hadjianastassiou, V., Jones, R., & Mamode, N. (2010). Understanding risk in living donor nephrectomy. *Journal of Medical Ethics, 36*(3), 142‒7.

7   Brickman, P., Coates, D., & Janoff‒Bulman, R. (1978). Lottery winners and accident victims: Is happiness relative? *Journal of Personality and Social Psychology, 36*(8), 917.

7장 자살, 희망과 절망 사이

1   Murphy, J. (2019). New epidemic affects nearly half of American adults.

Retrieved from https://www.mdlinx.com/internal-medicine/article/3272 (accessed 10 Dec. 2020).

2   British Red Cross. (n. d.). Action on loneliness. Retrieved from https://www.redcross.org.uk/about-us/what-we-do/action-on-loneliness (accessed 12 Dec. 2020).

3   Davidson, S., & Rossall, P. (2015). Age UK Evidence review: Loneliness in later life. Retrieved from https://www.ageuk.org.uk/globalassets/age-uk/ documents/reports-and-publications/reports-and-briefings/health--wellbeing/rb_june15_lonelines_in_later_life_evidence_review.pdf (accessed 26 Nov. 2020).

4   Reiche, E. M. V., Nunes, S. O. V., & Morimoto, H. K. (2004). Stress, depression, the immune system, and cancer. *The Lancet Oncology, 5*(10), 617-25.

5   McKenzie, K. (2003). Racism and health. *BMJ (Clinical Research Ed.), 326*(7380), 65-6.

6   Kennedy, B. P., Kawachi, I., Lochner, K., Jones, C., & Prothrow-Stith, D. (1997). (Dis)respect and black mortality. *Ethnicity & Disease, 7*(3), 207-14.

7   Gould, M. S., & Shaffer, D. (1986). The impact of suicide in television movies. Evidence of imitation. *New England Journal of Medicine, 315*(11), 690-4. Erratum in: *New England Journal of Medicine, 319*(24), 1616.

8   Kreitman, N. (1976). The coal gas story. United Kingdom suicide rates, 1960-71. *British Journal of Preventive & Social Medicine, 30*(2), 86-93.

9   Miller, M., Azrael, D., & Barber, C. (2012). Suicide mortality in the United States: The importance of attending to method in understanding population-level disparities in the burden of suicide. *Annual Review of Public Health, 33*, 393-408.

8장 비만을 불러온 슬픔

1   Centers for Disease Control and Prevention. (n. d.). Obesity trends among

US adults between 1985 and 2010. Retrieved from https://www.cdc.gov/
obesity/downloads/obesity_trends_2010.pdf (accessed 26 Nov. 2020).

2   Tindle, H. A., Omalu, B., Courcoulas, A., Marcus, M., Hammers, J., &
Kuller, L. H. (2010). Risk of suicide after long-term follow-up from
bariatric surgery. *The American Journal of Medicine, 123*(11), 1036 – 42.

9장 의사의 말을 믿지 못하는 이유

1   Layton, T. J., Barnett, M. L., Hicks, T. R., & Jena, A. B. (2018). Attention
deficit-hyperactivity disorder and month of school enrollment. *The New
England Journal of Medicine, 379*(22), 2122 – 30.

2   Blashfield, R. K., Keeley, J. W., Flanagan, E. H. & Miles, S. R. (2014) The
cycle of classification: DSM-I through DSM-5. *Annual review of clinical
psychology*, 10, 25 – 51.

3   rpmackey. (21 Jun. 2016). Gove: Britons 'have had enough of
experts' [video]. YouTube. Retrieved from https://www.youtube.com/
watch?v=GGgiGtJk7MA (accessed 6 Dec. 2020).

4   Kahneman, D. (2011). *Thinking, Fast and Slow*. Macmillan.
《생각에 관한 생각》, 대니얼 카너먼 지음, 이창신 옮김, 김영사, 2018.

5   Kruger, J., & Dunning, D. (1999). Unskilled and unaware of it: How
difficulties in recognizing one's own incompetence lead to inflated
selfassessments. *Journal of Personality and Social Psychology, 77*(6),
1121 – 34.

6   Centers for Disease Control and Prevention. (2020). Measles cases and
outbreaks. Retrieved from https://www.cdc.gov/measles/cases-outbreaks.
html (accessed 26 Nov. 2020).

7   World Health Organization. (2019). Over 100,000 people sick with
measles in 14 months: With measles cases at an alarming level in the
European Region, WHO scales up response. Retrieved from https://www.
euro.who. int/en/media-centre/sections/press-releases/2019/over-100-
000-peoplesick-with-measles-in-14-months-with-measles-cases-at-

an-alarming-levelin-the-european-region,-who-scales-up-response (accessed 26 Nov. 2020).

8   Centers for Disease Control and Prevention (2020). Measles history. Retrieved from https://www.cdc.gov/measles/about/history.html (accessed 26 Nov. 2020).

9   Astin, J. A. (1998). Why patients use alternative medicine: Results of a national study. *JAMA, 279*(19), 1548 – 53.

10   Nahin, R. L., Barnes, P. M., & Stussman, B. J. (2016). Expenditures on complementary health approaches: United States, 2012. *National Health Statistics Reports, 95*(June), 1 – 11.

10장 증상을 꾸며낸 환자

1   World Health Organization. (2003). Adherence to long-term therapies: Evidence for action. Retrieved from https://www.who.int/chp/knowledge/publications/adherence_full_report.pdf (accessed 26 Nov. 2020).

2   Sutherland, A. J., & Rodin, G. M. (1990). Factitious disorders in a general hospital setting: Clinical features and a review of the literature. *Psychosomatics, 31*, 392 – 9.

3   Olry, R., & Haines, D. E. (2013). Historical and literary roots of Münchhausen syndromes: As intriguing as the syndromes themselves. In S. Finger, F. Boller, & A. Stiles (Eds.), *Literature, Neurology, and Neuroscience: Neurological and Psychiatric Disorders* (Vol. 206) (pp. 123 – 41). Elsevier.

4   Parsons T. *The Social System*. London: Routledge; 1951.

11장 환자의 마음을 읽는다는 것

1   Frank, M. G., Maccario, C. J., & Govindaraju, V. (2009). Behavior and security. In P. Seidenstat & F. Splane (Eds.), *Protecting Airline Passengers in the Age of Terrorism* (pp. 86 – 107). Greenwood Publishing Group.

2   Malleson, A. (2005). *Whiplash and Other Useful Illnesses*. McGill-

Queen's University Press.

3   Frankl, V. E. (1985). *Man's Search for Meaning*. Simon and Schuster. 《죽음의 수용소에서》, 빅터 프랭클 지음, 이시형 옮김, 청아출판사, 2005.

4   Santhouse, A. M. (2008). The person in the patient. *BMJ, 337*.

5   Tabuchi, H. (2013, August). Layoffs taboo, Japan workers are sent to the boredom room. *The New York Times*.

12장 외모 강박과 불안

1   Guez, J., Lev-Wiesel, R., Valetsky, M. A., Sztul, M. A., & Pener, P. D. (2010). Self-figure drawings in women with anorexia; bulimia; overweight; and normal weight: A possible tool for assessment. *The Arts in Psychotherapy, 37*, 400 – 6.

2   Klump, K. L., Miller, K. B., Keel, P. K., McGue, M., & Iacono, W. G. (2001). Genetic and environmental influences on anorexia nervosa syndromes in a population-based twin sample. *Psychological Medicine, 31* (4), 737 – 40.

3   Sykes, S. (2017). Six countries taking steps to tackle super-skinny models. Euronews. Retrieved from https://www.euronews.com/2017/09/06/counties-fighting-underweight-modelling (accessed 6 Dec. 2020).

4   Becker, A. E., Burwell, R. A., Herzog, D. B., Hamburg, P., & Gilman, S. E. (2002). Eating behaviours and attitudes following prolonged exposure to television among ethnic Fijian adolescent girls. *The British Journal of Psychiatry, 180*(6), 509 – 14.

5   Harris, C., & Barraclough, B. (1998). Excess mortality of mental disorder. *The British Journal of Psychiatry, 173*(1), 11 – 53.

6   Arcelus, J., Mitchell, A. J., Wales, J., & Nielsen, S. (2011). Mortality rates in patients with anorexia nervosa and other eating disorders: A meta-analysis of 36 studies. Archives of General Psychiatry, 68(7), 724 – 31.

7   Research and Markets. (2019). Male grooming products market: Global industry trends, share, size, growth, opportunity and forecast 2019 – 2024.

Retrieved from https://www.researchandmarkets.com/reports/4775701/ male-grooming-products-market-global-industry?utm_ code=6f9v23&utm_ medium=BW (accessed 26 Nov. 2020).

8   Godwin, R. (2018, September). How close is a cure for baldness? Guardian. Retrieved from https://www.theguardian.com/fashion/2018/ sep/02/ hair-today-gone-tomorrow (accessed 26 Nov. 2020).

9   Drescher, J. (2015) Out of DSM: Depathologizing Homosexuality. *Behavioral sciences (Basel, Switzerland)*, 5, 565 – 575.

10   Thorne, B., & Sanders, P. (2013). *Carl Rogers* (third edition). SAGE Publications Ltd.

13장 어떤 치료로도 낫지 않은 통증

1   Clarke, E., & Stannard, J. (1963). Aristotle on the anatomy of the brain. *Journal of the History of Medicine and Allied Sciences, 18*(2), 130 – 48.

2   Moayedi, M., & Davis, K. D. (2013). Theories of pain: From specificity to gate control. *Journal of Neurophysiology, 109*(1), 5 – 12.

3   Tracey, I., & Bushnell, M. C. (2009). How neuroimaging studies have challenged us to rethink: Is chronic pain a disease? *The Journal of Pain, 10*(11), 1113 – 20.

4   Zborowski, M. (1952). Cultural components in responses to pain 1. *Journal of Social Issues, 8*(4), 16 – 30.

5   Wolff, B. B., & Langley, S. (1968). Cultural factors and the response to pain: A review. *American Anthropologist, 70*(3), 494 – 501.

6   Lambert, W. E., Libman, E., & Poser, E. G. (1960). The effect of increased salience of a membership group on pain tolerance. *Journal of Personality, 28*, 350 – 7.

7   Rollman, G. B. (2004). Ethnocultural variations in pain. In T. Hadjistavropoulos & K.D. Craig (Eds.), *Pain: Psychological Perspectives* (pp. 155 – 78). Psychology Press.

8   Rollman, G. B. (1998). Culture and pain. In S. S. Kazarian & D. R. Evans (Eds.), *Cultural Clinical Psychology: Theory, Research, and Practice*. Oxford University Press.

9   Semino, E. (2010). Descriptions of pain, metaphor, and embodied simulation. *Metaphor and Symbol, 25*(4), 205 – 26.

10 Freeman, D., Slater, M., Bebbington, P. E., Garety, P. A., Kuipers, E., Fowler, D., Met, A., Read, C. M., Jordan, J., & Vinayagamoorthy, V. (2003). Can virtual reality be used to investigate persecutory ideation? *The Journal of Nervous and Mental Disease, 191*(8), 509 – 14.

11 Simon, G. E., VonKorff, M., Piccinelli, M., Fullerton, C., & Ormel, J. (1999). An international study of the relation between somatic symptoms and depression. *New England Journal of Medicine, 341*(18), 1329 – 35.

12 Shem, S. (1978). *The House of God*. Black Swan.
    《하우스 오브 갓》, 사무엘 셈 지음, 정희선 옮김, 남궁인 감수, 세종서적, 2019.

13 Jones, G. T., Power, C., & Macfarlane, G. J. (2009). Adverse events in childhood and chronic widespread pain in adult life: Results from the 1958 British Birth Cohort Study. *Pain, 143* (1 – 2), 92-6.

14 Felitti, V. J., Anda, R. F., Nordenberg, D., Williamson, D. F., Spitz, A. M., Edwards, V., & Marks, J. S. (1998). Relationship of childhood abuse and household dysfunction to many of the leading causes of death in adults: The Adverse Childhood Experiences (ACE) Study. *American Journal of Preventive Medicine, 14*(4), 245 – 58.

14장 스스로 삶을 끝내고 싶은 암 환자

1   Appelbaum, P. S. (2018). Physician-assisted death in psychiatry. *World Psychiatry, 17*(2), 145 – 6.

2   Verhofstadt, M., Thienpont, L., & Peters, G. J. Y. (2017). When unbearable suffering incites psychiatric patients to request euthanasia: Qualitative study. *The British Journal of Psychiatry, 211*(4), 238 – 45.

3　Van der Heide, A., Van Delden, J. J., & Onwuteaka-Philipsen, B. D. (2017). End-of-life decisions in the Netherlands over 25 years. *New England Journal of Medicine, 377*(5), 492 – 4.

4　Kim, S. Y., De Vries, R. G., & Peteet, J. R. (2016). Euthanasia and assisted suicide of patients with psychiatric disorders in the Netherlands 2011 to 2014. *JAMA Psychiatry, 73*(4), 362 – 8.

5　Thienpont, L., Verhofstadt, M., Van Loon, T., Distelmans, W., Audenaert, K., & De Deyn, P. P. (2015). Euthanasia requests, procedures and outcomes for 100 Belgian patients suffering from psychiatric disorders: A retrospective, descriptive study. *BMJ Open, 5*(7).

6　Doernberg, S. N., Peteet, J. R., & Kim, S. Y. (2016). Capacity evaluations of psychiatric patients requesting assisted death in the Netherlands. *Psychosomatics, 57*(6), 556 – 65.

7　Swales, K., & Taylor, E. A. (2017). British social attitudes 34: Moral issues. The National Centre for Social Research. Retrieved from https://www.bsa. natcen.ac.uk/media/39147/bsa34_moral_issues_final.pdf (accessed 26 Nov. 2020).

8　Seale, C. (2009). Legalisation of euthanasia or physician-assisted suicide: Survey of doctors' attitudes. *Palliative Medicine, 23*(3), 205 – 12.

15장 도피 끝에 찾아온 정신과

1　Naylor, C., Parsonage, M., McDaid, D., Knapp, M., Fossey, M., & Galea, A. (2012). Long-term conditions and mental health: The cost of co-morbidities. The King's Fund and Centre for Mental Health.

2　Welch, C. A., Czerwinski, D., Ghimire, B., & Bertsimas, D. (2009). Depression and costs of health care. *Psychosomatics, 50*(4), 392 – 401.

3　Wolff, J., Heister, T., Normann, C., & Kaier, K. (2018). Hospital costs associated with psychiatric comorbidities: A retrospective study. *BMC Health Services Research, 18*(1), 67.

4　Whyte, E. M., & Mulsant, B. H. (2002). Post stroke depression:

Epidemiology, pathophysiology, and biological treatment. *Biological Psychiatry, 52*(3), 253－64.

5   Dhar, A. K., & Barton, D. A. (2016). Depression and the link with cardiovascular disease. *Frontiers in Psychiatry, 7*, 33.

6   Pumar, M. I., Gray, C. R., Walsh, J. R., Yang, I. A., Rolls, T. A., & Ward, D. L. (2014). Anxiety and depression － Important psychological comorbidities of COPD. *Journal of Thoracic Disease, 6*(11), 1615－31.

7   Musselman, D. L., Betan, E., Larsen, H., & Phillips, L. S. (2003). Relationship of depression to diabetes types 1 and 2: Epidemiology, biology, and treatment. Biological Psychiatry, 54(3), 317－29.

8   Wulsin, L. R., Vaillant, G. E., & Wells, V. E. (1999). A systematic review of the mortality of depression. *Psychosomatic Medicine, 61*(1), 6－17.

16장 치료 선택, 치료 거부

1   Lewis, G., & Appleby, L. (1988). Personality disorder: The patients psychiatrists dislike. *The British Journal of Psychiatry, 153*, 44－9.

2   같은 자료.

3   Raymont, V., Bingley, W., Buchanan, A., David, A. S., Hayward, P., Wessely, S., & Hotopf, M. (2004). Prevalence of mental incapacity in medical inpatients and associated risk factors: Cross-sectional study. *The Lancet, 364*(9443), 1421－7.

4   Zigmond, T. (2012). *A Clinician's Brief Guide to the Mental Health Act.* RCPsych Publications.

17장 마지막 날을 기다리는 사람들

1   Ware, B. (n. d.). Regrets of the dying. Retrieved from https://bronnieware. com/blog/regrets-of-the-dying/ (accessed 26 Nov. 2020).

2   Chochinov, H. M., Wilson, K. G., Enns, M., Mowchun, N., Lander, S., Levitt, M., & Clinch, J. J. (1995). Desire for death in the terminally ill. *The American Journal of Psychiatry, 152*(8), 1185－91.

3   Scull, A. (2015). *Madness in Civilization*. Princeton University Press. 《광기와 문명》, 앤드류 스컬 지음, 김미선 옮김, 뿌리와이파리, 2017.

4   Louhivuori, K. A., & Hakama, M. (1979). Risk of suicide among cancer patients. *American Journal of Epidemiology, 109*(1), 59－65.

5   Johnson, T. V., Garlow, S. J., Brawley, O. W., & Master, V. A. (2012). Peak window of suicides occurs within the first month of diagnosis: Implications for clinical oncology. *Psycho-Oncology, 21*(4), 351－6.

6   Chochinov, H. M., Hack, T., Hassard, T., Kristjanson, L. J., McClement, S., & Harlos, M. (2005). Dignity therapy: A novel psychotherapeutic intervention for patients near the end of life. *Journal of Clinical Oncology, 23*(24), 5520－5.

7   McClement, S., Chochinov, H. M., Hack, T., Hassard, T., Kristjanson, L. J., & Harlos, M. (2007). Dignity therapy: Family member perspectives. *Journal of Palliative Medicine, 10*(5), 1076－82.

8   Davis, C., Naci, H., Gurpinar, E., Poplavska, E., Pinto, A., & Aggarwal, A. (2017). Availability of evidence of benefits on overall survival and quality of life of cancer drugs approved by European Medicines Agency: Retrospective cohort study of drug approvals 2009－13. *BMJ, 359.*

18장 무너진 세상이 남긴 연민

1   Litz, B. T., Stein, N., Delaney, E., Lebowitz, L., Nash, W. P., Silva, C., & Maguen, S. (2009). Moral injury and moral repair in war veterans: A preliminary model and intervention strategy. *Clinical Psychology Review, 29*(8), 695－706.

2   Greenberg, N., Docherty, M., Gnanapragasam, S. & Wessely, S. (2020) Managing mental health challenges faced by healthcare workers during covid-19 pandemic. BMJ, 368, Available at: https://www.bmj.com/content/368/bmj.m1211

3   Salib, E. (2003). Effect of 11 September 2001 on suicide and homicide in England and Wales. *The British Journal of Psychiatry, 183*(3), 207－12.

4 Durkheim, E. (1952). *Suicide: A Study in Sociology*. Routledge & K. Paul.

5 Bosma, H., Marmot, M. G., Hemingway, H., Nicholson, A. C., Brunner, E., & Stansfeld, S. A. (1997). Low job control and risk of coronary heart disease in Whitehall II (prospective cohort) study. *BMJ, 314*(7080), 558.

맺음말

1 Ospina, N. S., Phillips, K. A., Rodriguez-Gutierrez, R., Castaneda-Guarderas, A., Gionfriddo, M. R., Branda, M. E., & Montori, V. M. (2019). Eliciting the patient's agenda - secondary analysis of recorded clinical encounters. *Journal of General Internal Medicine, 34*(1), 36-40.

2 Glass, J. (2019). The heart sink doctor [blog]. The BMJ Opinion. Retrieved from https://blogs.bmj.com/bmj/2019/10/23/jonathan-glass-the-heartsink-doctor/ (accessed 26 Nov. 2020).

3 Naylor, C., Parsonage, M., McDaid, D., Knapp, M., Fossey, M., & Galea, A. (2012). Long-term conditions and mental health: The cost of co-morbidities. The King's Fund and Centre for Mental Health.

4 Barsky, A. J., Orav, E. J., & Bates, D. W. (2005). Somatization increases medical utilization and costs independent of psychiatric and medical comorbidity. *Archives of General Psychiatry, 62*(8), 903-10.

옮긴이 신소희

서울대학교 국어국문과를 졸업하고 출판 편집자로 일했다. 지금은 다양한 분야의 책을 번역하고 있다. 그동안 옮긴 책으로《야생의 위로》,《내가 왜 계속 살아야 합니까》,《엉망인 채 완전한 축제》,《에피쿠로스의 네 가지 처방》,《피너츠 완전판》등이 있다.

몸이 아프다고 생각했습니다

첫판 1쇄 펴낸날 2022년 12월 6일

지은이 앨러스테어 샌트하우스
옮긴이 신소희
발행인 김혜경
편집인 김수진
책임편집 전하연
편집기획 김교석 조한나 김단희 유승연 김유진 임지원 곽세라
디자인 한승연 성윤정
경영지원국 안정숙
마케팅 문창운 백윤진 박희원
회계 임옥희 양여진 김주연

펴낸곳 (주)도서출판 푸른숲
출판등록 2003년 12월 17일 제2003-000032호
주소 경기도 파주시 심학산로 10(서패동) 3층. 우편번호 10881
전화 031)955-9005(마케팅부), 031)955-9010(편집부)
팩스 031)955-9015(마케팅부), 031)955-9017(편집부)
홈페이지 www.prunsoop.co.kr
페이스북 www.facebook.com/simsimpress   **인스타그램** @simsimbooks

ⓒ 푸른숲, 2022
ISBN 979-11-5675-127-4(03180)